Les procédures de dédouanement en RD Congo

L'expérience du « guichet unique » au poste de Matadi

Alain Tenday Lupumba

Les procédures de dédouanement en RD Congo

L'expérience du « guichet unique » au poste de Matadi

Préface de Déo Rugwiza Magera
Postface d'Ahmed Boilil

Comptes rendus

L'Harmattan

5-7, rue de l'École-Polytechnique ; 75005 Paris
http://www.harmattan.fr
diffusion.harmattan@wanadoo.fr
harmattan1@wanadoo.fr
ISBN : 978-2-343-04124-7
EAN : 9782343041247

Sommaire

A ma bienheureuse maman
Marie-José Ngoy Nkongolo

Abréviations et acronymes

AIC : Association Internationale du Congo
ALENA : Accord de Libre Echange Nord-Américain
ANAPI : Agence Nationale pour la Promotion de l'Industrie
ANR: Agence Nationale de Renseignement
ARA : Avis de Refus d'Attestation (ARA)
ASYCUDA: Automated System for Customs Data
AV : Attestation de Vérification

BCC : Banque Centrale du Congo
BRLR-AC/OMD : Bureau Régional de Liaison Chargé du Renseignement pour l'Afrique et les Grands Lacs

CADECO : Caisse d'Epargne du Congo
CEDEAO : Communauté Economique Des Etats d'Afrique de l'Ouest
CEEC : Centre d'Expertise, d'Evaluation et de Certification des matières précieuses et semi- précieuses
CFE : Centres de Formalités des Entreprises
CIF : Cost Insurance Freight ou CAF: Coût Assurance Fret
CNUCED : Conférence des Nations Unies sur le Commerce et le Développement
COMESA: Common Market for Eastern and Southern Africa/Marché Commun pour l'Afrique Orientale et Australe
COPIREP : Comité de Pilotage des Réformes des Entreprises Publiques

DDCOM : Déclaration Douanière modèle COMESA
DEMIAP: Détection Militaire des Activités anti-Patrie
DGDA : Direction Générale des Douanes et Accises
DGI : Direction Générale des Impôts
DGM : Direction Générale de Migration
DGRAD : Direction Générale des Recettes Administratives, judiciaires, Domaniales et des participations

EIC : Etat Indépendant du Congo

FEC : Fédération des Entreprises du Congo / le patronat
FMI : Fonds Monétaire International
FONER : Fonds National d'Entretien Routier
FPI : Fonds de Promotion de l'Industrie
GAINDE 2000 : Gestion Automatisée des Informations Douanières et des échanges Extérieurs 2000

GATT : General Agreement on Trade and Tariff /Accord général sur les tarifs douaniers et le Commerce
GIE : Groupement d'Intérêt Economique
GUDOC : Guichet Unique de prédédouanement pour les formalités Documentaires
GUDOU : Guichet Unique de la Douane pour le dédouanement
GUICE : Guichet Unique Intégral du Commerce Extérieur
GULOG : Guichet Unique post-dédouanement pour la gestion Logistique

INSEE : Institut National de la Statistique et des Etudes Economiques
ISO : International Standards Organisation / Organisation Internationale de Normalisation

OCC : Office Congolais de Contrôle
OCDE : Organisation pour la Coopération et le Développement Economique
ODC : Office Douanier Colonial, office des douanes du Congo Belge
OEA : Opérateur Economique Agréé
OFIDA : Office des Douanes et Accises
OGEFREM : Office de Gestion du Fret Multimodal
OMC : Organisation Mondiale du Commerce
OMD : Organisation Mondiale des Douanes
OMS : Organisation Mondiale de la Santé
ONATRA: Office National de Transport
ONC : Office National du Café
ONU : Organisation des Nations Unies

PEG : Programme Economique du Gouvernement
PPTE : Pays Pauvres Très Endettés

RADDEx: Revenue Authorities Digital Data Exchange

SADC : South Africa Development Community
SCTP : Société Commerciale de Transport et des Ports
SGBDR : Système de Gestion de Base de Données Relationnel
SGP : Système de Préférence Généralisé
SINDA : Système d'Information Douanier Automatisé
SONAS : Société Nationale d'Assurance
SYDONIA : Système Douanier Automatisé

TVA : Taxe sur la Valeur Ajoutée

UDTS : Unité de Développement Technique SYDONIA de la CNUCED

Remerciements de l'auteur

La publication de ce livre n'aurait été possible sans le généreux soutien de diverses personnalités et institutions qui nous ont gratifié de leurs précieux conseils, remarques et orientations, à partir de l'exaltante expérience de la mise en œuvre du « Guichet Unique » de Matadi. Œuvre à laquelle nous avons la prétention d'avoir apporté notre humble expérience.

Qu'il nous soit permis à ce titre de remercier en premier lieu Monsieur Déo Rugwiza Magera, Directeur Général de la DGDA, pour sa belle préface. Et, bien plus, pour ses sages et riches remarques apportées particulièrement aux aspects touchant les étapes historiques en rapport avec les grandes réformes de l'Administration douanière en République Démocratique du Congo.

C'est le lieu également de redire toute notre gratitude à tous les collègues douaniers, les partenaires de la plateforme de Matadi et à bien d'autres personnes rencontrées au gré de nos premières investigations. Nous leur devons aujourd'hui une meilleure maîtrise du fonctionnement global du Guichet Unique de Matadi.

Autant nous mesurons avec une extrême gratitude l'apport du Groupe de Projet des Réformes de la DGDA à l'élaboration de ce travail, bien entendu à travers ses précieux conseils et ressources dans le pilotage de ce livre, autant il nous sied d'exprimer nos vifs remerciements aux personnalités qui comptent à nos yeux, tant leur charisme et leur générosité continuent d'inspirer en nous un épais faisceau de reconnaissances. Il s'agit, en l'occurrence, d'Anicet Belito Belie et Jodel Diongo Belinga, tous les deux Directeurs à la DGDA, du Sous-directeur Voltaire Mampinda, Ondjuo dont la disponibilité dans la relecture de ce livre a été déterminante. Pour autant qu'il visait un haut niveau d'exigence, ce livre a également bénéficié du regard expert et docte de Ahmed Boilil, expert du FMI et ancien Directeur général adjoint des douanes mauritaniennes ; de Franck Mukanya Lusanga, Directeur de l'OCC ; de Damien Molo, Inspecteur de l'ONATRA Matadi, d'Ameliane Cardoso Lopese, Receveur principal au Guichet Unique de Kin-aéroport ; et d'Andrick Mahemene Kumakele, Assistant du Receveur principal au Guichet Unique de Matadi. Aux uns et aux autres, nous devons tant de générosité et d'attention renouvelée dans la relecture et la collecte des statistiques et d'autres éléments d'information qui nous ont permis de meubler avec assurance les annexes du présent ouvrage. Qu'ils en soient vivement remerciés.

Last but not least, nous sommes redevable à plus d'un titre au Professeur Antoine Manda Tchebwa, à qui nous témoignons notre sincère reconnaissance pour son dévouement, son infaillible disponibilité et pour tant d'efforts consentis dans la coordination, la conduite d'entretiens, l'assemblage ainsi que la compilation de la littérature qui a permis de donner sens et cohérence à cet ouvrage. Cela dans une convocation continuelle des enjeux de notre devenir.

Préface

De Déo Rugwiza Magera [1]

Parmi les leviers économiques essentiels destinés à offrir à la République Démocratique du Congo des moyens de sa politique économique et financière figure en bonne place la Direction Générale des Douanes et Accises (DGDA). Régie financière de première importance, cette administration douanière se positionne, à ce titre, dans le dispositif stratégique de maximisation des recettes de l'Etat, comme le chaînon principal de la fiscalité congolaise. Sans doute est-ce pour cette raison que l'autorité suprême de la nation a doté notre administration douanière de meilleurs atouts susceptibles de l'aider à atteindre ses objectifs en lui confiant le monopole de gestion et d'administration de ses services autour d'un certain nombre d'objectifs :

- *la perception des droits, taxes et redevances à caractère douanier et fiscal, présents et à venir, qui sont dus soit du fait de l'importation ou de l'exportation des marchandises de toute nature, soit du fait de leur transit ou de leur séjour en entrepôt douanier;*
- *la perception des droits d'accises et de consommation présents et à venir ;*
- *la conception et la mise en œuvre des mesures visant la facilitation et la sécurisation des échanges commerciaux, ainsi que celles relatives à la production locale des produits soumis aux droits d'accises;*
- *la lutte contre la fraude sous toutes ses formes.*

Dans le souci d'améliorer tant soit peu les lourdeurs et autres incommodités qui, dans le passé, ont pu indisposer les « assujettis » (qu'ils soient du secteur privé ou institutionnel), frisant parfois l'indignité dans la procédure de dédouanement de leurs biens, le besoin de réformer l'Administration fiscale et ses servitudes subséquentes s'est avérée comme une extrême

[1] Déo RUGWIZA MAGERA est Directeur général des Douanes et Accises.

nécessité. Cela, en vue, d'une part, « de protéger les recettes intérieures » et, d'autre part, de « réaliser et consolider la souveraineté financière, et la fierté nationale ».

Ces aspirations, du reste légitimes, telles que l'auteur de ce livre les a mises en exergue, s'inscrivent pleinement dans la perspective de l'amélioration du climat des affaires en République Démocratique du Congo, autant qu'elles indiquent à notre pays une des meilleures voies à suivre pour atteindre les critères de l'émergence. C'est donc ce questionnement qui est au centre du livre d'Alain Tenday dont la publication est à saluer avec enthousiasme en tant que production intellectuelle pionnière en cette matière. Venant d'un cadre de l'Administration douanière congolaise qui a eu à suivre toutes les péripéties de l'implantation des Guichets Uniques, cela ne peut que nous réjouir dans la mesure où l'ouvrage nous gratifie d'une double assurance : une bonne maîtrise du fonctionnement global de notre Administration et des procédures internes de fonctionnement de nos guichets, ainsi qu'une intériorisation effective et affective de l'implication des Technologies de l'Information et la Communication (TIC) dans la fluidité du négoce international, arrimée à une parfaite célérité dans les opérations de dédouanement. A cet égard, ce livre gagne en crédibilité dans la mesure où il a su opérer sans complaisance l'évaluation des performances ou échecs du passé en matière de prise en charge et encadrement des assujettis dans l'accomplissement des formalités douanières. Ce qui permet à Alain Tenday d'opérer, *in fine,* avec une once de réalisme, des projections d'amélioration performative à l'aune des objectifs et défis de la douane moderne du XXIe siècle.

Relevons ici qu'une Administration douanière bien ordonnée et coordonnée est celle qui est capable de contribuer à une minorisation des incertitudes. Partant, elle devient dès lors capable d'assurer un accroissement de la maîtrise du pouvoir de décision et une sécurisation des trajectoires futures des marchandises et d'autres biens des tiers soumis à sa gestion.

Hors de tout déni de l'exigence managériale, tout cela invite à une réforme objective et performante des pratiques professionnelles, fondées sur une mutualisation assumée de l'éthique et des règles opérationnelles sous-jacentes entre les services douaniers et les assujettis. Il sied d'avoir conscience que pour tout pays qui aspire à la prospérité, aux transformations techniques et technologiques, à l'élargissement de l'assiette fiscale – en somme au développement durable –, se doit forcément d'adapter sa vision managériale aux impératifs du temps. A cet effet, disons que la bonne maîtrise de l'information et des technologies qui concourent à la performance est nécessaire en tant qu'elle peut aider à doper la rentabilité actuelle adossée à une approche systémique.

L'expertise que fournit Alain Tenday au lecteur, à travers cet excellent essai, interroge et réinterroge avec suffisamment de jugeote les mécanismes qui ont jusque-là permis d'assurer l'accompagnement des redevables dans le long et tortueux processus de dédouanement de leurs biens. Cela en partant du constat que la douane congolaise, au-delà des performances intéressantes qu'elle réalise, souffre d'un certain dysfonctionnement à cause de la lourdeur de la phase prédédouanement. Ce qui a comme incidence : le difficile acquittement des assujettis de leurs obligations vis-à-vis de la douane (puisque suffocant sous le poids des taxes éparses), et de surcroît l'engorgement subséquent des quais et entrepôts. A cause de ces incommodités, l'on comprend pourquoi l'Administration douanière congolaise n'a pu aider (à côté d'autres services générateurs des recettes fiscales internes) à rendre plus visible la République Démocratique du Congo dans les statistiques que produisent régulièrement les organismes internationaux, comme l'ONU, l'OCDE, le FMI… dans l'évaluation des performances économiques à l'échelle mondiale. Exceptées, bien entendu, quelques apparitions anecdotiques dans certaines statistiques sommaires produites çà et là dans le contexte de l'urgence d'une enquête conjoncturelle. Lorsqu'on parcourt cette intéressante étude, il est heureux de constater que cette problématique a été méthodiquement étudiée à travers les nombreuses pages que comporte ce livre. Dans un style limpide, précis, articulé avec une clarté admirable, puisque portée par des approches méthodologiques bien maîtrisées, l'ouvrage permet d'identifier trois grandes périodes qui correspondent à l'évolution de la douane en République Démocratique du Congo. La première fixe les origines à partir de l'expérience précoloniale instituée sous le régime léopoldien. Régime drastique proche d'un système féodal où l'économie de ce qu'on appelait jadis l'Etat Indépendant du Congo (EIC) — un Etat du reste assimilé à une propriété privée du monarque belge — était astreint à une économie extravertie, qui plus est portée par un code douanier original opérant autour du seul profit du propriétaire du territoire « privatisé ».

Puis lorsqu'il s'agira de céder l'ancien EIC à la Belgique, dès 1908, période où se constitue un embryon d'Etat reposant sur une administration sommaire, une seconde séquence de l'Administration douanière, de type colonial celle-là, se met en place au même moment où apparaissent les prémices d'une industrie capitaliste (agricole, minière, etc.). C'est là que la gestion de cet espace social en gestation commence elle aussi à se complexifier.

Prolongeant l'héritage léopoldien, la gestion des services douaniers sur le mode colonial, en plus de s'adosser à la logique de l'économie de type rentier dynamisée par une industrialisation extractive tournée essentiellement vers la métropole, a, elle, tiré le meilleur parti d'une pratique douanière fondée sur un système de taxation circulaire : colonie-métropole-colonie.

La troisième période (postcoloniale), inaugurée à partir de 1960, annonce une reprise en mains de la gestion des douanes congolaises à l'aune d'une législation hybride, charriant encore des vestiges des règles coloniales alliées à la vision autonomiste forgée par les institutions législatives nationales à travers une succession de textes législatifs.

Une évidence s'impose ici : si la nature de la production des statistiques douanières semble plus fiable et gérée avec une certaine rigueur au cours de la période postcoloniale, les premiers gestionnaires patriotes veillant encore rigoureusement au grain, chemin faisant un embourgeoisement sans cause a commencé à marquer d'une manière assez flagrante une certaine catégorie du personnel dirigeant de la douane, surtout à partir de la Deuxième République. L'une des incidences d'un tel enrichissement injustifié, et qui a fini par désabuser l'opinion, est l'amoralité qui envahit l'Administration douanière, en plus du hiatus qui s'instaura entre l'éthique sociale et le patriotisme fiscal. Devant un tel déficit de crédibilité, les indicateurs de performance des recettes douanières et des produits d'accises, puisque finalement viciés, ont dû sûrement en prendre un coup. A cela s'ajoutent de nouvelles tares découlant de la lourdeur des procédures et de la multiplicité des services taxateurs aux postes frontières. Au nombre de celles-ci : des taxations fantaisistes sinon complaisantes, l'émergence d'un système interlope de dédouanement, qui en est venu à fragiliser l'organisation licite du service. Tout indiquait dès lors qu'il fût utile, de notre part, de repenser l'organisation de toute la chaîne de fonctionnement de l'Administration des douanes et accises si l'on souhaitait voir notre pays s'affranchir de cette forme sclérosée de gestion des recettes douanières. Et c'est en cela que le travail d'Alain Tenday, s'inspirant habilement des expériences positives conduites avec succès sous d'autres cieux, s'avère d'un grand intérêt, dans la mesure où il ne se limite pas qu'à décrire le dysfonctionnement de l'ancien système qui a montré ses limites ; il est surtout porteur de propositions pratiques, réalistes et adaptées à un terrain qu'il maîtrise parfaitement. Technicien de haut niveau, il ouvre largement son champ de connaissances en fournissant aux décideurs, selon une vision moderne, les meilleurs outils scientifiques qui peuvent leur permettre de généraliser, à partir du succès de la phase-pilote du port de Matadi, le système de Guichet Unique à l'échelle nationale, porté en cela par la téléprocédure via le système SYDONIA. Il en indique, en plus, les moyens et les ressources techniques nécessaires.

En cette période de globalisation des échanges, la compétitivité enjoint tout gestionnaire à entrer en résonance avec la dynamique de changement qu'elle induit, à l'idée que rien ne reste longtemps figé, et que la gestion moderne des services des douanes et accises est appelée à s'inscrire impérativement dans le principe dit du PODC (planifier, organiser, diriger, contrôler) si cher aux managers. Il s'agit là d'une exigence essentielle dont doit s'accommoder toute administration moderne.

Notre vœu le plus ardent est que le lecteur prête une attention soutenue à cette vision et aux suggestions dont elles sont porteuses ainsi qu'à la pertinence du propos de l'auteur, riche de démonstrations chiffrées et illustrées, et de sources bibliographiques crédibles. Il en est de même de sa doctrine qui nous convie à des pratiques de gestion d'un type nouveau capable de donner sens à notre destin commun.

Avant-propos de l'auteur

La nécessité de réformer l'Administration fiscale de la République Démocratique du Congo fait partie des préoccupations qui ont, de longue date, été mises en lumière au cœur des stratégies de développement des autorités politiques et législatives nationales. Depuis 2003, ces réformes se sont amplifiées surtout avec la publication du « Programme de Réforme et de Modernisation Douanière ». Ne pouvant trop longtemps supporter l'indignité et l'indigence qui ont tant accablé les masses populaires au cours de ces dernières années, les autorités étatiques ont pris toute la mesure de l'utilité de doter le pays d'un système de perception des taxes capable d'alimenter efficacement les recettes intérieures en cumulant une fiscalité à visage humain et la modernisation de ses outils d'exploitation.

Trois jalons importants marquent ce processus :

i) la publication du Programme de Réforme et Modernisation Douanière en 2003 ;
ii) la création des Guichets Uniques et celle de la Direction Générale des Douanes et Accises en 2009 ;
iii) la promulgation du nouveau Code des douanes, en 2010.

Trois moments forts qui ont permis de parachever la modernisation du secteur douanier dans le sens d'une plus grande efficacité.

Depuis l'amorce de cette révolution, des interrogations de fond ont traversé notre esprit, entraînant un regard nouveau sur un métier gangrené tant par l'esprit de prédation que par une gestion alambiquée des procédures douanières routinières, qui ont fini par alourdir, sinon complexifier les conditions de dédouanement. Parfois, avec une incidence non négligeable sur le développement économique de notre pays. La question était de savoir comment et par où commencer pour conjurer cette fatalité. Car il s'agit bien, à nos yeux, d'une fatalité quasi intangible qui poursuit notre économie depuis des temps immémoriaux. En fait, depuis les razzias léopoldiennes autour des enjeux découlant de la fameuse sève du caoutchouc congolais de triste mémoire et ses dérives sanglantes, en passant par l'économie coloniale extravertie (puisque orientée vers la métropole), jusque (il y a peu encore) à la forme manuelle de gestion (à travers de multiples services taxateurs à l'affût des asservis déboussolés). Tares que tente de conjurer la réflexion que suggère ce travail.

Là, nous nous retrouvons sans doute dans une démarche où l'auteur du présent ouvrage, lui-même douanier de métier et de carrière, est appelé à transcender sa vision interne et routinière de douanier tenté par le lucre personnel qui gangrène tant son milieu professionnel pour se hisser à la posture d'un scientifique soucieux de contribuer à résorber la question principale qui se pose à l'amélioration qualitative et l'optimisation des méthodes de travail au sein de la douane.

A vrai dire, il s'agit d'adapter ce travail à la marche du monde moderne qui, sous les pesanteurs de la globalisation, impose d'uniformiser si pas l'accommoder (fût-ce partiellement) aux règles de gestion commune à l'échelle planétaire. C'est là que nous vous devons un aveu : sans notre formation scientifique de polytechnicien d'origine, doublé d'un fervent de l'informatique, peut-être que nous n'y serions arrivé qu'en partie. Car ce dont il est question dans cette étude, c'est bien de la rationalisation de la gestion des procédures douanières sur la base d'une exploitation pragmatique des ressources binaires qu'offrent les calculateurs informatiques. Autant qu'il nous en souvienne, des missions d'experts étrangers ont eu à se pencher sur le cas de la douane congolaise, avec des fortunes divers.

De nombreux livres, articles et commentaires écrits ont été consacrés à l'expérience de la douane congolaise par de nombreux auteurs bien intentionnés, nous en sommes pleinement reconnaissants. De tout cela, aucune réforme structurelle plus compatible avec les aspirations des « assujettis » n'a pu être mise en œuvre à l'aune des intérêts des deux parties, entendez : les services taxateurs de l'Etat et les assujettis. Au fond, c'est l'histoire de la fin heureuse de cette rencontre entre les deux parties qui est au cœur de cet essai. Il pourrait s'agir, pourrait-on nous rétorquer, d'une analyse objective assortie d'une prise de position certes personnelle, mais que nous voudrions partager avec un plus nombre sur la base de l'expérience que nous avons vécue personnellement à partir de la mise en œuvre du Guichet unique de Matadi. Œuvre pionnière à laquelle nous avons modestement contribué, et que nous avons eu le privilège de conduire, entouré de nombreux collaborateurs de la Direction provinciale de la DGDA. Comme dans toute réforme pionnière, c'est au cours de cette expérience que nous avions réalisé combien il était difficile de mener une telle refonte du système sans se buter à la rugosité des routines immuables. Pour deux raisons : la nouveauté est toujours déroutante, parfois déstabilisante ; ensuite l'absence de documentation au sujet d'une matière nouvelle ne peut qu'accentuer la crise du savoir-faire dans un domaine où il n'y a pas encore autant d'experts que de spécialistes.

C'est avec un réel plaisir que nous vous proposons à travers cet essai notre vision quant aux meilleures possibilités de réformer le processus de dédouanement des marchandises en assouplissant les procédures traditionnelles à l'aide de l'outil informatique, sous le prisme d'un Guichet Unique. L'historique de cette expérience dont les premiers résultats concluants ont été obtenus à partir du port de Matadi, nous enjoint maintenant à l'étendre sur l'ensemble du territoire national. Particulièrement, à la faveur du nouveau code des douanes qui préconise notamment :

i) la simplification des procédures ;

ii) l'utilisation des nouvelles technologies de l'information et de la communication et la force probante des données électroniques ;

iii) le droit pour toute personne d'accomplir par soi-même les actes et formalités douaniers, et possibilité de recourir à un commissionnaire en douane pour la déclaration des marchandises ;

iv) les mesures de lutte contre la corruption ;

v) le renforcement des pouvoirs des agents des douanes et le droit au port d'armes ;

vi) la protection de la propriété intellectuelle ;

vii) les mesures de lutte contre le trafic illicite des stupéfiants et le blanchiment d'argent, et la sécurisation de la chaîne logistique ;

viii) les facilités de paiement ;

ix) les régimes douaniers économiques et la possibilité de création des zones franches et des zones économiques spéciales sur le territoire national ;

x) les voies de recours contre les décisions des autorités douanières (création de la Commission de règlement des litiges douaniers) ;

xi) la redéfinition des infractions douanières et des peines ;

xii) le partenariat avec les opérateurs économiques (consultation et collaboration) ; l'établissement des bureaux de douane en consultation avec les milieux d'affaires ;

xiii) le principe du Guichet Unique aux frontières : intégration des procédures et centralisation des paiements, la sélectivité des contrôles (recours à la gestion des risques), de l'approche des contrôles physiques à celle de l'audit ;

xiv) la coordination des contrôles avec les autres services publics aux frontières ;

xv) la mainlevée des marchandises dans des délais les plus courts possibles.

Ainsi que quelques avantages qu'offre ce nouveau code des douanes pour les milieux d'affaires : *les procédures simplifiées (déclaration électronique, déclaration avant l'arrivée des marchandises, déclaration provisoire ou incomplète, déclaration sans documents requis, concept d'Opérateur Economique Agréé (OEA), autres procédures simplifiées) ;*

i) la vérification des marchandises avant paiement ;

ii) la possibilité de mainlevée avant règlement de la procédure contentieuse ;

iii) le crédit d'enlèvement des marchandises avant liquidation et paiement des droits (14 jours) ;

iv) le report de paiement des droits (14 - 30 jours) ; et

v) les facilités de paiement autres que le report de paiement des droits.

En vue de susciter une interactivité constructive avec les pratiquants de la douane et les assujettis, nous avons pensé utile de consacrer quelques pages à une discussion sur l'institution Guichet Unique dans ses rapports avec le nouveau code douanier congolais et les nouvelles exigences de l'import/export dans le cadre de la mondialisation. Pour relever les défis qui s'imposent à la nouvelle gestion douanière, nous recommandons vivement cet ouvrage aux décideurs, aux technocrates, aux négociants, aux chercheurs, aux universités, et à tous les usagers des services douaniers. Concernant les organismes partenaires du secteur public, au nombre desquels les régies financières traditionnelles, ils gagneraient en s'appropriant les nouvelles règles de gestion et les manières bien pragmatiques de dédouaner leurs biens telles que professées - modestement - dans cet ouvrage.

Introduction générale

Qu'y aurait-il de commun entre nos réflexions traditionnelles sur la douane congolaise, découlant de notre longue et stimulante pratique de terrain, doublée d'une passion intangible pour la science économique et fiscale, et l'innovation quasi utopique — pourrait-on nous rétorquer — que semble promouvoir cet essai, à la limite d'un dogmatisme imprudent saturé d'un certain angélisme, autour du Guichet Unique de Matadi-Beach?

Toutes choses étant égales par ailleurs, l'irréalisme tel que suggéré ici ressemble à l'angoisse qu'éprouverait une dame qui, désemparée, quittant sa robe de mariée, se laisse aller à une folle déprime rien qu'à l'idée d'affronter l'inconnu. Certes toute nostalgie repose sur un passé idyllique, mais rarement sur une volonté déterminée de surpasser le présent. "On ne réinvente pas la roue en matière douanière", vous répliqueront certains esprits chagrins. « Les règles actuelles puisque suffisamment rodées se suffisent à elles-mêmes, car elles ont toujours fait leur preuve », renchérit-on. Or, là, en s'arc-boutant sur le présent, visiblement agrippé aux illusions des vieux modèles de gestion, on ne fait à mieux y voir que du sur-place ; on ne fait que reproduire la routine dans une mécanique fonctionnelle délestée d'ambition de croissance.

Comment serait-il possible - dans ce monde qui bouge au gré des innovations les plus diverses, les plus déroutantes, certaines plus révolutionnaires que d'autres - de continuer à végéter dans la répétition du geste archétypal, au point de risquer de livrer tout un pays à un « suicide » collectif, alors même qu'au cœur de la compétition née des enjeux de la mondialisation des économies, aucune nation ne tirerait quelque profit en restant en marge du progrès et des nouvelles exigences que celui-ci induit?

Il n'y a qu'à regarder autour de nous, tout bouge. Mais alors à grande enjambée! Le capitalisme libéral rampant, modèle de plus en plus dominant, dicte (au de-là de ses frasques libertaires) une nouvelle cadence aux règles économiques traditionnelles. Dans cette compétition, l'agent public affecté aux frontières (agent de douane, agent de l'OCC, inspecteur de la Quarantaine...) lui non plus n'est pas en reste. Lui qui hier réglait manuellement toute sa gestion, puisque désormais confronté à son tour à cette grande révolution (après la découverte de l'atome) - qu'est l'univers en *...tique* (l'informa*tique*, la cyberné*tique*, la connec*tique*, téléma*tique*, moné*tique*, etc.) - est contraint à la conversion.

Depuis longtemps, on rêvait de cette révolution. L'augmentation régulière de la puissance des microprocesseurs, les progrès des développements du logiciel avec les techniques graphiques et orientées des objets, la numérisation du son puis des images, les techniques de compression des signaux, le déploiement accéléré des réseaux par les fibres optiques et les satellites ont depuis donné naissance à un nouveau cadre de vie : la Société de l'information.

La montée en puissance du concept des autoroutes de l'information correspond ainsi à l'avènement de «l'âge de l'information». Cette société sera construite autour des voies électroniques ou réseaux chargés d'acheminer dans les maisons, les entreprises, les universités, les administrations, les écoles ou les hôpitaux une palette de nouveaux services interactifs : messagerie, visiophonie, télé-enseignement, consultation de banques de données, télé-achat, télévision à la demande, médecine assistée à distance... bouleversant au passage et de manière radicale la vie des gens et des entreprises.

Quelle que soit l'ampleur de cette mutation, elle n'est pourtant que l'aboutissement logique et prévisible des deux tendances lourdes de la fin du XXe siècle : la numérisation de l'information et la dématérialisation de l'activité économique. Cette économie de l'information repose sur plusieurs principes : l'information comme énergie du futur, la circulation rapide des images et des sons comme fondement de la civilisation des loisirs, l'instantanéité de la satisfaction des désirs comme mode de consommation, la disparition des distances et des frontières géographiques comme mode d'organisation.

Comme on pouvait s'y attendre, la vraie question n'est pas tant de savoir si la technologie sera à l'heure au rendez-vous. Il est surtout à se demander si les comportements changeront suffisamment vite pour que l'on puisse tirer profit des nouvelles possibilités offertes par cette nouvelle donne sociétale. La durée nécessaire aux individus et aux entreprises pour assimiler la technologie et se l'approprier comme une chose familière se réduit davantage. C'est ce qui donne la véritable mesure des enjeux de cette révolution, enjeux qui sont autant de défis pour tout le monde.

Autrement dit, l'agent public affecté aux frontières se doit de quitter sa "robe de mariée" pour affronter avec courage la nouvelle réalité "mondiale" en ...*tique*. Ce qui, sûrement, ne manquera pas de susciter quelque résistance. A cause évidemment de la crainte qu'il y aurait à perdre les "avantages" et autres "privilèges" que certains "agents véreux" tiraient de l'opacité de l'ancien système. C'est en cela que toute nouveauté est parfois vécue avec la même angoisse que le fameux "bug" annoncé en prévision du passage de la période 1900 à l'an 2000. A cette charnière-là, la crainte était fondée sur le fait que tous les ordinateurs non configurés au nouveau système (c'est-à-dire non adapté à l'an 2000) devraient automatiquement et fatalement arrêter de fonctionner. Résultat des courses? Plus de peur que de mal car rien de tel ne put se produire! Bien au contraire. Il n'y eut ni mort d'homme ni régression, mais plutôt une tension vers de nouvelles performances. A la place, de nouveaux logiciels encore plus novateurs vinrent consolider la gestion informatisée de l'information.

A une époque où les technologies permettent une plus grande souplesse dans les traitements des données, en même temps qu'elles en organisent assurément les schémas opératoires, certains ont cru y déceler la fin des temps, tout comme certains ont voulu proclamer la décrépitude du pouvoir économique de la R.D Congo. On en dirait autant du changement apporté par le Décret n° 05/183 du 30 décembre 2005 portant institution du Guichet Unique à l'importation et à l'exportation, ainsi que l'Arrêté interministériel n° 098 / CAB / MIN / FINANCES et n°003 / CAB/ 140/ MIN /CE /2006 du 12 juin 2006 portant mesures d'application dudit Décret. Innovation par laquelle, en effet, le législateur a consacré le primat de l'outil informatique au détriment de l'ancien système manuel des traitements des données. Ce qui est une manière d'éviter d'évoluer à contre-courant de l'histoire d'autant que désormais s'esquisse un nouvel univers, quasi dématérialisé. Il s'agit là d'une rupture radicale et révolutionnaire qui n'a pas manqué, dans un premier temps, de désorienter quelque peu les différents intervenants dans le circuit de la déclaration des marchandises. Car cette modernisation du système de gestion passe aussi par une certaine forme de standardisation des habitudes entre le déclarant et les différents services taxateurs traditionnels, et aussi par un réaménagement fondamental du rapport à la procédure douanière.

Le contexte dans lequel les marchandises doivent désormais être déclarées a donc changé, d'autant qu'il est passé de "l'artisanat" le plus sophistiqué à une modernité des plus exigeantes. L'informatique étant devenue, ce faisant, la nouvelle "langue universelle", point n'est besoin de payer dorénavant telle taxe par ci, telle autre redevance par là. Tout paiement doit obligatoirement être effectué à la banque, et ce conformément au Décret précité. Et c'est dans le souci d'affranchir le déclarant des lourdeurs de la procédure douanière que, au terme de ce nouveau Décret, la douane vient d'être désignée comme seule institution compétente pour la liquidation, la perception et le recouvrement de toutes les perceptions pour le compte du Trésor et d'autres organismes étatiques. Tout cela dépasse à vue d'œil la dispersion d'énergie que l'on exigeait hier du déclarant. Le voilà assigné maintenant à une sorte "d'économie démocratique" qui conjugue, tout à la fois, transparence et souplesse, cordialité et performance. Le tout dans une économie de temps et d'énergie remarquable. Voilà également que le client (« l'assujetti ») redevient, enfin, "roi", comme le veut un vieil adage commercial.

Le Gouvernement et les différents partenaires ne peuvent, au nom de la facilitation ou de la maximisation présumée des recettes, ouvrir la porte à des abus certains affectant la qualité des produits et marchandises, à l'ère de la criminalité internationale organisée via le commerce des produits agro-alimentaires (« bioterrorisme »), et du trafic criminel des médicaments notamment. Le « client-roi », que l'on voudrait dispenser de toute tracasserie et de toute dispersion d'énergie au nom de l'économie démocratique, ne devrait donc plus se transformer en « fossoyeur » de l'économie et en obstacle au développement économique durable. Il est clair qu'en bousculant des habitudes séculaires ancrées de si longue date dans les us de l'agent public frontalier, une telle innovation fonctionnelle ne peut pas faire que des heureux. Car nombre de "conservateurs" semblent refuser tout simplement d'admettre de s'adapter à la marche du monde, à l'aune de sa nouvelle dynamique. Et dire que ce monde, qui est de plus en plus à la recherche d'une nouvelle spécificité dans l'universalité de ses ambitions, n'est pas que porteur de ses propres finitudes, mais il est aussi un lieu générateur d'évolution. Ce monde-là est tourné vers la construction des architectures globales dont chaque pays constitue un maillon essentiel soumis à une solidarité universelle.

La nouvelle logique optionnelle et fonctionnelle inaugurée en RD Congo en instituant le Guichet Unique doublée d'une gestion informatisée des procédures douanières, initiative du reste relevant de la souveraineté régalienne de l'Etat, commande que là où plusieurs services de l'Etat se télescopaient hier autour d'un même "client" en le ponctionnant à l'envi, que l'on regroupe et réorganise l'ensemble de la taxation autour d'un seul guichet. Cette question est réglée par la loi, en combinant les articles 2 et 5 dudit Décret, non seulement en faveur du Trésor public, mais aussi au bénéfice d'autres administrations ou organismes publics à qui la banque se doit de reverser sans délai les sommes qui leur sont dues de droit.

C'est dans son article 1er que le Décret précité définit clairement la perception des droits, taxes, redevances et autres paiements à l'importation et à l'exportation, par le biais de « *la douane... pour le compte du Trésor et autres organismes.* » Avec, bien entendu, l'obligation d'opérer toutes ces perceptions par voie bancaire et l'intégration des modalités ou algorithmes de calcul de toutes les perceptions dans le système douanier[2].

Sans chercher à en faire forcément une entité autonome et spécifique au sein de l'institution douanière congolaise, il conviendra de regarder le Guichet Unique, à cette étape de la réflexion, tout juste comme une organisation mise en place par le Gouvernement pour simplifier et faciliter le processus de dédouanement et maximiser les recettes douanières et connexes. Pour mieux atteindre cette fin, celle-ci implique forcément l'informatisation des procédures et le regroupement, au sein d'une même organisation de gestion, de tous les intervenants dans

---

[2] JODEL DIONGO BELINGA, *Procédure de dédouanement des marchandises en Guichet unique : cas spécifique de Matadi – Beach*, p.11.

le processus de dédouanement des marchandises[3]. Ce qui met *in fine* l'Etat congolais au diapason de la recommandation n°33 de la Commission Economique de l'ONU pour l'Europe, replacée dans le contexte économique, social et culturel du Congo, qui a érigé le Guichet Unique en un système permettant aux opérateurs qui participent au commerce et au transport, de communiquer des informations et des documents normalisés à un seul point d'entrée afin de satisfaire à toutes les formalités requises en cas d'importation, d'exportation et de transit[4].

Mais il faut tout de même noter qu'il existe un vaste système que l'on désigne sous le vocable « Régies financières ». Parmi celles-ci la DGDA (Direction Générale des Douanes et Accises, l'ancien OFIDA : Office des Douanes et Accises) occupe un rang utilement privilégié. A ce titre justement, cette dernière a reçu du législateur la mission de percevoir pour le compte de l'Etat les droits de douane et accises sur le territoire congolais, de sorte que toutes ces recettes, une fois collectées ensemble avec celles provenant d'autres régies comme la DGRAD (Direction Générale des Recettes Administratives, judiciaires, Domaniales et de participations), la DGI (Direction Générale des Impôts) et autres, arrivent à contribuer substantiellement au budget de l'Etat.

En l'espèce, en instituant le Guichet Unique, l'Etat congolais, qui est ici pleinement dans son droit régalien, poursuit un but majeur : renflouer ses caisses en vue de combler les besoins de sa population et faire face à ses obligations d'Etat[5]. De plus, le nouveau système ainsi instauré permet - après s'être utilement inspiré des expériences tentées ailleurs - de maîtriser et canaliser le flux monétaire, ainsi que les exigences de l'horodatage[6].

---

[3] Alain TENDAY LUPUMBA, *L'impact de l'informatique dans la maximisation des recettes douanières et connexes : cas du guichet unique de l'OFIDA/ Bas Congo*, Conférence prononcée à l'I.S.C. Matadi, mars 2007.

[4] Jodel DIONGO BELINGA, *op.cit.*, p. 12.

[5] Godé MPOY KADIMA, *La rationalisation du système fiscal et douanier comme mécanisme relanceur de l'économie*, Editions Universitaires Africaines, Kinshasa, 2012.

[6] Autrement dit, grâce au gain de temps escompté à partir d'une gestion rationnelle du temps, doublée d'une extrême maîtrise des tâches à chaque maillon de la chaîne du traitement d'un dossier à l'échelle de tout le processus opérationnel d'une procédure douanière (de bout en bout).

Nous nous devons d'espérer que notre réflexion sur le Guichet Unique sera compatible avec les exigences d'une économie moderne, débarrassée de l'encombrement des papiers et des lenteurs inutiles. Non seulement toute perte de temps devant une multitude de guichets est préjudiciable aux deux parties (pouvoir taxateur et « assujettis »), elle est surtout une source de mauvaises pratiques de tous genres et une béance financière incommensurable[7]. Pour s'en convaincre, il suffit de considérer ce qu'a été, par exemple, le coût de gestion de la multiplicité des formulaires de déclaration dans un pays de si grande tradition douanière comme la France (plus de 2 000 000 d'euros !).

Au final, c'est l'instauration de la téléprocédure qui a permis de résorber une telle source de dépense, entraînant par le fait même un degré croissant de dématérialisation. A la lumière d'une telle expérience, il semble logique de plaider pour l'instauration d'un système analogue dans la gestion du Guichet Unique congolais, ce en nous fondant sur l'avantage qu'offre le système SYDONIA congolisé, après bien entendu l'avoir débarrassé d'un certain nombre d'algorithmes inadaptés à la réalité du système douanier congolais.

Le lecteur trouvera l'éclairage nécessaire à ce sujet dans la dernière partie de ce livre, consacrée spécialement à la critique dudit système, ainsi que dans les propositions suggérées.

En résumé, il sied de noter que l'institution du Guichet Unique Matadi, telle que expérimentée dans la province du Bas Congo, vise avant tout, d'une part, la maximisation des recettes de l'Etat, la réunion en un seul lieu de tous les services étatiques et les moyens de recouvrements des recettes en vue d'un contrôle efficace, d'autre part, l'accès aux usagers à la connaissance et à l'accomplissement des formalités auxquelles ils sont astreints légalement, solutions qui se déclinent sous le vocable général de "téléprocédures", en tant qu'elles impliquent l'utilisation des

[7] Le rapport annuel «Doing business » de la Société financière internationale et de la Banque mondiale se base sur les indicateurs de la réglementation des affaires dans chaque pays ; les paramètres pris en compte pour le classement des pays sont, entre autres, les délais et les coûts d'application de la réglementation nationale relative à la création, l'exploitation et la fermeture d'une entreprise, au commerce transfrontalier et au paiement des taxes et impôts.

réseaux de télécommunications pour accomplir à distance des formalités administratives. Si d'ores et déjà, les téléprocédures représentent un gain de temps et des économies de toutes sortes, tant pour les déclarants que pour les services douaniers et connexes, elles affirment davantage leur pertinence dès lors qu'il s'agit de satisfaire à des obligations imposées par une administration partenaire située dans un pays différent plus ou moins éloigné. En cela, les téléprocédures passent pour un vecteur essentiel susceptible de faciliter des échanges inter-Etats.

Il importe toutefois de préciser que le traitement électronique des données n'est pas une panacée. Il permet sinon d'alléger la tâche des déclarants et des administrations elles-mêmes en travaillant "à droit constant". Il est cependant utile d'actualiser les objectifs et les moyens, même si cette exigence oblige les administrations de terrain à des changements plus rapides qu'elles ne souhaiteraient en fonction de la dynamique qu'implique la complexité du système au fur et à mesure que se modifient les techniques et le paysage de l'informatique. C'est de cette donne que dépend, pour une large part, l'efficacité de l'ensemble des fonctions prescriptives et répressives des administrations.

Comme quoi, il ne suffit pas simplement de mettre un système en place, encore faut-il le laisser fonctionner et en attendre les résultats escomptés. Sans doute est-il nécessaire qu'un suivi conséquent lui soit assuré et les moyens de sa politique mis en œuvre. La seule manière pour un Etat de vivre est, comme le préconisait Parisis, de diversifier des obligations fiscales, qui se font tantôt sous forme de contribution, c'est-à-dire d'impôt, tantôt sous forme de taxe, c'est-à-dire de rémunération d'un service rendu[8]. Ainsi, les modes grâce auxquels l'Etat alimente le Trésor public, sont entre autres l'impôt, la taxe, les redevances administratives, les droits de douane à percevoir à l'import comme à l'export. Il est inconcevable qu'une communauté vive sans se doter des moyens financiers nécessaires à cette fin[9]. D'autant qu'il est bien possible à un Etat de renflouer ses caisses

[8] Albert PARISIS, *La Science des finances publiques*, Edition Fernand Gothier, Liège, 1976, p. 6.

[9] WEMO DJUNGA, *Contrôle externe des finances publiques type latin*, Bruylant, Bruxelles, 1993, p. 11.

avec, pour une large part, ses taxes douanières, surtout si celles-ci sont rationnellement, efficacement et loyalement recueillies.

A titre de rappel l'on notera que les recettes de l'OFIDA/Matadi avant l'installation du Guichet Unique de janvier à juin 2003 s'élevaient à 11.260.096.524,00 FC contre 20.799.590.076.86 FC pour la période correspondante, en 2004, après l'installation du Guichet Unique, ce qui représente une progression de 84,72%. Au sujet d'un tel score de croissance, rien qu'en considération des données ci-dessus, on peut penser que ce système demeure un gage incontournable d'un bon cadrage macro-économique en RD Congo.

Dans cette étude critique du Guichet Unique et ses perspectives d'avenir, il nous tarde donc de porter un regard d'expert interne sur ledit système tant du point de vue organique, technologique, fonctionnel, juridique que prospectif. Ce, tout en ayant conscience que le concept de Guichet Unique « est plus complexe lui-même qu'il n'apparaît à première vue. Il recouvre en fait divers dispositifs offerts par des administrations différentes pour offrir une interface aussi normalisé que possible aux déclarants. On parlera aussi du "réseau virtuel des administrations", signifiant que celles-ci, vues de l'extérieur, doivent apparaître comme une entité commune. Le Guichet Unique se traduit par de nombreuses dispositions s'interpénétrant, de technicité différente: la simplification ou l'harmonisation des textes applicables en amont ; la normalisation (à droit constant) des messages échangés entre entreprises et administrations (le contenu d'une déclaration de douane ou d'impôt, par exemple[10] ». D'où, la nécessité d'une parfaite harmonisation des règles opérationnelles entre les différents services impliqués, harmonisation portée par une solidarité sans concession. C'est ce message que nous voudrions lancer en direction de tous nos collègues agents publics frontaliers pour qu'ensemble nous arrivions à gagner le pari de l'assainissement du climat des affaires au Congo. Ce Congo que nous aimons tant et qui a placé son espoir en nous pour son redécollage économique post-PPTE.

Sans doute reste-t-il à confronter cette innovation (quoique limitée ici à notre modeste expérience de terrain sur les

[10] Cf. www.http// admifrance.gouv.fr

plateformes frontalières de Matadi et de l'aéroport international de Kinshasa) avec la réalité globale de notre territoire douanier congolais (encore en chantier), pour mieux mesurer l'impact définitif de cette innovation. Et c'est cette perspective que tente de tracer le présent travail. Dans cette quête de perfection, la porte est ouverte à toutes les critiques (ne dit-on pas qu'un livre échappe à son auteur après sa publication ?), en espérant que de cet échange jaillira la lumière que l'on est en droit d'attendre d'une gestion plus transparente et rationnelle de nos ressources fiscales, via les exploits du Guichet Unique.

Première partie

Historique de l'institution douanière en RD Congo

Avant de nous appesantir sur la situation actuelle de la douane congolaise, il nous semble utile de nous livrer à un bref aperçu sur l'évolution diachronique de la riche histoire de la douane en interrogeant ses prémices. Une telle approche devrait nous permettre de lever un pan de notre histoire nationale saisie à partir du Roi Léopold II, en passant par la période coloniale, jusqu'à la période postcoloniale.

Chapitre 1 :
Période précoloniale

Brève histoire de la douane

Commençons par l'étymologie première du terme « douane » telle qu'envisagée autrefois en pleine émergence de l'économie persane, avant son extension sémantique et fonctionnelle contemporaine. En effet, le vocable « douane » tire son origine de l'arabe « *diouan* », terme provenant lui-même du persan « *diwan* » (turc). A l'origine, ce mot désignait le lieu où se tenaient les réunions des administrateurs des finances de l'époque. Il se trouve que ce sont les raisons fiscales qui sont fondamentalement à l'origine des droits de douane. Sur le plan sémantique, ce vocable est polysémique. Il peut désigner soit les taxes établies sur les marchandises à l'entrée ou la sortie du territoire, soit les établissements ou lieux où les droits sont perçus, soit encore l'administration chargée de la perception de ces droits et de la surveillance des entrées et sorties[11].

Il sied de rappeler que le droit de douane est un impôt prélevé sur une marchandise importée lors de son passage à la frontière. Ce droit et bien d'autres de la même nature, qui peuvent être forfaitaires (droits « spécifiques »), généralement perçus sur la quantité, le poids, le nombre, le volume, la longueur, la surface, etc., ou représenter un pourcentage de la valeur (droits « *ad valorem* »)[12]. Leur rôle est d'assurer la protection de la production nationale sur le marché intérieur. C'est pourquoi le droit de douane constitue dans le cas précis *ad valorem* l'un des principaux

[11] Godé MPOY KADIMA, Op.cit., p.72.
[12] Godé MPOY KADIMA, Op.cit., p.67.

instruments du protectionnisme. Les droits de douane désignent donc les taxes perçues par l'Administration douanière dans le cadre de ses activités. Pour connaître le montant des droits à payer, l'Administration se base sur quatre éléments distincts (voir Tableau 1 ci-dessous) :

Elément	Commentaires
1. Valeur de la marchandise	En règle générale la douane retient la valeur transactionnelle, c'est-à-dire le prix payé ou à payer pour la marchandise importée au lieu d'introduction. Elle est souvent différente de la valeur commerciale, l'écart venant du coût du transport, de l'assurance, des commissions, etc. pris en compte et des autres réajustements effectués selon les différentes méthodes d'évaluation. Cette valeur a la caractéristique d'être neutre et conforme aux réalités commerciales. Les méthodes d'évaluation utilisées pour sa détermination offre toutes les garanties pour qu'elle soit bien cernée. Ainsi, la détermination de la valeur repose sur 6 méthodes d'évaluation et leur ordre d'utilisation est contraignant : 1. *Méthode transactionnelle ;* 2. *Méthode transactionnelle des marchandises identiques ;* 3. *Méthode transactionnelle des marchandises similaires ;* 4. *Méthode déductible ;* 5. *Méthode calculée ;* 6. *Méthode de dernier recours.*
2. Espèce tarifaire	C'est la dénomination de la marchandise selon les termes du tarif des douanes élaboré selon les termes de la nomenclature du système de codification des marchandises de l'organisation mondiale des douanes (OMD en sigle). Ce système à 6 chiffres a la particularité de codifier les produits méthodiquement, selon le degré d'élaboration de ces derniers. Ainsi, la classification s'opère de la matière première en passant par le produit semi-ouvré, au produit fini. Le tarif de la RD Congo est établi sur base de ces éléments avec des sous-positions nationales à 2 chiffres. La classification tarifaire qui détermine le taux à appliquer à la valeur en douane pour le paiement des droits et taxes est effectuée selon les règles du tarif qui contiennent 6 notes générales pour l'interprétation de la nomenclature, les notes de sections, de chapitres, de positions, etc.

3. Origine de la marchandise	Elle ne doit pas être confondue avec la provenance qui est un élément important dans l'octroi du privilège que confère l'origine. En effet, sa rupture ou le non-respect de l'itinéraire l'instituant fait perdre le privilège de l'origine. L'origine donc d'un produit est définie selon des règles nationales et/ou conventionnelles. La quasi-totalité des pays s'accorde sur sa définition s'il s'agit des produits extraits du sol, des produits récoltés etc. dans un pays, mais les différences apparaissent dès lors où les produits sont manufacturés, fabriqués, mélangés, d'où des définitions souvent conventionnelles résultant d'accords commerciaux, tarifaires (bilatéraux, multilatéraux), d'intégration économique (zone de libre-échange, union douanière, marché commun, union économique et monétaire viennent élargir l'éventail et enrichir son domaine). Les préférences tarifaires conférées peuvent comporter des droits réduits (ex : système de préférence généralisé - SPG) jusqu'aux droits nuls (0%) ou augmentés temporairement (ex : droits anti-dumping). Le régime de la destination particulière permet de bénéficier de réduction ou de suspensions de droits, si la marchandise est affectée à une destination réglementaire prévue... Le certificat d'origine constitue un passeport indispensable de la marchandise pour le traitement privilégié, même les dispenses des formalités du commerce extérieur et des changes, certaines prohibitions peuvent être prises selon l'origine des produits.
4. Prix du transport	A l'importation, le coût du transport jusqu'à l'entrée dans le pays supporté par l'acheteur, selon l'incoterm de vente, entre dans l'assiette du calcul des droits de douane.

Les droits de douane[13] doivent être distingués des taxes nationales, comme la Taxe sur la Valeur Ajoutée (en sigle TVA), que l'importateur doit également payer. Il sied de préciser que l'assiette de calcul de la TVA est la valeur de la marchandise augmentée des droits de douane. De par sa vocation, la douane est une institution fiscale chargée de la perception des droits et taxes dus à l'entrée/sortie de marchandises dans un territoire. L'histoire nous renseigne que de tout temps, la douane a toujours été la principale source de revenus de certains états. Son activité est réglementée par le droit national, mais aussi par des accords internationaux ratifiés, puis transposés dans la législation

[13] Par Droits d'entrée en RD Congo, il faut comprend Droits de douane majorés de l'Impôt sur le chiffre d'affaire/de la taxe sur la valeur ajoutée et des droits de consommations éventuels.

nationale (OMC, Traités de libre-échange, etc.). La douane peut par ailleurs assurer d'autres missions, notamment économiques (lutte contre les pratiques déloyales, mise en place de barrières douanières non tarifaires ...), de protection et de sécurité (lutte contre le trafic des stupéfiants, contrôle des marchandises à risques, contrôle des flux migratoires de personnes, parfois garde-côtes...). La tendance actuelle étant à la réduction ou à la suppression des barrières tarifaires et non-tarifaires par le biais d'accords bilatéraux, multi-bilatéraux, régionaux (UE, ALENA, COMESA, SADC...) et mondiaux afin d'accroître les échanges internationaux, la douane est astreinte à bien des mutations qui résultent de ce changement en s'adaptant aux fonctions émergentes telles : la lutte contre la contrefaçon, la piraterie, l'application des technologies de l'information et de la communication...

Selon la politique douanière de chaque Etat, l'Administration douanière peut étendre son statut en incorporant dans ses attributions des activités de type militaire (comme la *Guardia di Finanza* en Italie) ou civil.

En remontant encore plus loin dans l'histoire, on remarquera que depuis l'Antiquité, les autorités ont eu à lever, chaque fois que cela fut nécessaire, des impôts sur les marchandises venant de l'étranger avant le franchissement de la frontière. La Sainte Bible, évoquant l'organisation socio-économique sous le régime impérial romain, rapporte que Matthieu était percepteur des douanes dans la ville de Capernaüm. En raison des besoins financiers croissants, l'Empire Romain avait établi un système fiscal très développé comprenant notamment les droits de douane, d'octroi et de péages... Sans oublier les prix des affranchissements, des successions et même une taxe de transmission sur les ventes des produits comestibles et les ventes d'esclaves[14].

Historiquement parlant, l'Europe actuelle est en grande partie tributaire de l'organisation douanière romaine. En ce qui concerne l'histoire de la douane française, par exemple, on peut dire qu'elle commence de manière spécifique avec la Ferme générale[15]. Celle-

---

[14] Jean AFOTO ELENGA-di-OKANGA, *Lutte contre la fraude douanière en RD Congo*, Edition l'Harmattan RDC, Kinshasa, 2010, p.96.

[15] Marie-Nicolas Bouillet et Alexis Chassang (dir.), « Ferme générale » dans *Dictionnaire universel d'histoire et de géographie*, 1878.

ci, constituée en 1726, était une compagnie de financiers à laquelle étaient affermés par bail les droits de Traite et autres droits indirects. Par son organisation, elle correspondait, sous l'Ancien Régime, à ce que nous appelons aujourd'hui une « Délégation de service public ». Dans une telle délégation, l'État peut confier à un organisme privé des missions relevant d'un service public ; en l'occurrence, le recouvrement de certains impôts.

Sous l'Ancien Régime (en France), les fermiers généraux étaient ceux qui tenaient à ferme ou à bail les revenus publics, composés surtout alors de la taille, de la gabelle (l'impôt du sel), de l'impôt des tabacs, des octrois, etc. Ces fermiers formaient une association privilégiée, dite la Ferme Générale, composée au départ de 40 membres. Ce dernier chiffre sera ensuite majoré à 60. Ces membres s'enrichissaient rapidement. Leur nomination dépendait du ministre des finances. Le plus souvent le ministre recevait du personnage préféré de la Ferme un pot-de-vin considérable. Cette institution des fermiers généraux qui remonte à Philippe le Bel, donna lieu à beaucoup d'abus. De la sorte, l'Assemblée Constituante (soucieuse dans ses réformes de dépurer les mœurs fiscales) les fit disparaître en 1790. A l'occasion, la Constituante abolit les douanes particulières des provinces, des seigneurs de communes, en les délocalisant à la frontière. Qui devint le seul lieu de perception des droits de douane. Ce qui permît dans la foulée d'unifier les différents tarifs internes. Une année après, fut créée la Régie des douanes françaises qui légua aux administrations douanières l'essentiel des dispositions légales et organisationnelles encore en vigueur aujourd'hui.[16]

La Ferme générale s'est développée à une époque où la monarchie souffrait de difficultés financières chroniques. L'affermage des droits de douane et des impôts présentait l'avantage de procurer au Trésor des recettes prévisibles et régulières, tout en le débarrassant des soucis de la perception. Les droits furent d'abord affermés séparément à différents fermiers, dénommés « traitants » (qui collectaient les droits de Traite) ou « partisans » (qui prenaient un impôt en partie). Ceux-ci s'engageaient à verser au Trésor la somme stipulée au bail, à

[16]Jean AFOTO Elenga-di-Okanga, op.cit. , pp.96-97.

charge pour eux de percevoir la recette correspondante en se rémunérant sur les excédents éventuels. Aux XVe et XVIe siècles, les besoins du Trésor amènent à une multiplication des droits d'entrée et de sortie (ancêtres des droits de douane) et conduisent à recourir largement au système de l'affermage pour en assurer le recouvrement. Chaque droit est affermé séparément, ce qui occasionne une grande complexité administrative, le dédouanement d'un chargement pouvant faire intervenir plusieurs fermes.

En 1598, Sully[17] confie à une seule ferme, au lieu de cinq, la perception des droits levés dans les provinces soumises aux droits du Roi, dites « Provinces des Cinq Grosses Fermes ». En 1607, il promulgue un Règlement Général sur les traites pour tenter d'harmoniser les procédures. Dans le même temps, il cherche à constituer l'ensemble du royaume en un unique territoire douanier et somme, mais sans succès, les provinces « réputées étrangères » de se réunir aux « Cinq Grosses Fermes ».

Au milieu du XVIIe siècle, le territoire français est divisé en trois parties principales : les provinces ("royales" : appartenant au Domaine privé du roi) des « Cinq Grosses Fermes », les provinces « réputées étrangères », les provinces « à l'instar de l'étranger effectif » qui forment des zones franches. Pour réduire le nombre de ces financiers et augmenter la part de la collecte reversée au Trésor, Jean-Baptiste Colbert[18] chercha à regrouper un grand nombre de droits ensemble dans des « fermes générales ». La première ferme générale fut constituée en 1667 pour collecter gabelles, aides, domaines, traites et entrées[19]. Cependant cinq grosses fermes demeuraient :

---

[17] Maximilien de Béthune, Duc de Sully (13 décembre 1559 - 22 décembre 1641) ; à l'époque le roi Henri IV comprit vite qu'il ne pouvait confier les finances du royaume qu'à l'homme qui administre si bien ses propres affaires. Il le nomma en 1596 au Conseil des Finances puis, vers 1598, surintendant des finances. Sully remit alors de l'ordre dans les comptes, en créant en 1601, une Chambre de justice destinée à lutter contre les malversations financières.

[18] Jean-Baptiste Colbert, ministre des Finances de Louis XIV, reforma ce régime douanier anarchique en simplifiant et en uniformisant autant que possible et lui conférant le rôle actuel de stabilisateur de l'économie nationale des Etats.

[19] Yves Durand, *Les fermiers généraux au XVIIIe siècle,* Paris, Maisonneuve et Larose, 1996, 664

1. les gabelles ;

2. l'octroi de Paris (taxes dues sur certaines denrées basiques, entrant à Paris, telles que l'huile, le sucre, le vin, etc.) ;

3. les traites ;

4. la Ferme du tabac (la vente exclusive du tabac) créée en 1674-1675 ;

5. le « domaine d'Occident » ou Ferme d'Occident créée en 1674-1675.

Également créée en 1674-1675, la ferme du papier timbré, qui suscita la révolte du papier timbré. Parfois d'origine obscure, les financiers qui prirent ces droits à ferme réalisèrent souvent rapidement des fortunes immenses qui leur permirent de jouer un rôle politique et social considérable. Leur avidité et leurs excès choquèrent l'opinion et furent tournés en ridicule par la littérature (cf. Alain-René Lesage dans *Turcaret,* inspiré par Paul Poisson de Bourvallais).

En 1726, toutes les fermes existantes furent rassemblées en un bail unique. Les quarante fermiers généraux, qui se portaient caution de l'adjudicataire du bail, devinrent des personnages puissants et fabuleusement riches. Parmi les représentants de la première génération de ces fermiers, on peut citer les Crozat, les frères Paris, Alexandre Le Riche de la Pouplinière...

Les critiques adressées à la Ferme générale conduisirent l'État à introduire en 1769 le système de la régie, dans lequel la perception des impôts et l'administration du service qui en a la charge sont confiées à des organismes publics, les régisseurs recevant une rémunération fixe. En 1791, sur l'initiative de Jacques Necker[20], les impôts indirects furent répartis entre trois

---

[20]Jacques Necker (30 septembre 1732 - 9 avril 1804) est un financier et homme politique genevois du XVIIIe siècle. Après avoir fait fortune comme banquier à Paris et appuyé par le succès de ses essais en matière de politique économique, il est nommé par le roi Louis XVI comme Directeur général du Trésor royal en 1776, puis des Finances, poste à partir duquel il modernise l'organisation économique du royaume en s'opposant au libéralisme de ses prédécesseurs. Sur le plan administratif, Necker renforce le pouvoir du contrôle général des finances et le fonctionnarise : il supprime les six offices d'intendant des finances et les intendants du commerce, les 48 receveurs généraux des finances établis dans les généralités et 27 trésoriers généraux et contrôleurs généraux de la Guerre et de la Marine (novembre 1778). À la place de ces officiers inamovibles

compagnies fermières : la ferme générale (droits de douane), la ligue générale (droits sur les boissons) et l'Administration générale des domaines et des droits domaniaux (domaines ruraux, droits d'enregistrement). A la fin du XVIIIe siècle, la Ferme générale incarne le symbole d'une société inégalitaire. Les Fermiers généraux, avec leurs fortunes colossales, apparaissent comme la marque même de la perversion du système politique et social. On leur impute les injustices et les tracasseries qui découlent de la complexité du système fiscal, la brutalité des gardes des brigades et la répression brutale de la fraude et de la contrebande. De tous les droits, la gabelle est le plus impopulaire.

La Ferme générale apparaît donc comme l'une des institutions de l'Ancien Régime qui fut la plus vivement critiquée pendant la Révolution. Dépeints comme des rapaces et des tyrans, les fermiers généraux en payèrent le prix sur l'échafaud : 28 anciens fermiers généraux furent guillotinés le 8 mai 1794. Parmi eux, des hommes de grande valeur comme le chimiste Antoine Laurent de Lavoisier. La Ferme générale elle-même fut supprimée le 21 mars 1791. Le bail de la Ferme générale était conclu pour six ans entre le Roi et une personne physique qui servait de prête-nom. Les Fermiers généraux se portaient caution de l'adjudicataire. Au départ fixé à 40, puis 60, leur nombre atteint au final près de 90. L'adjudicataire s'engageait à verser au Trésor le montant du bail et conservait pour rémunération l'excédent éventuellement réalisé. Cette rémunération fut plafonnée à partir de 1780.

La Ferme générale avait son siège à Paris. Elle employait dans ses bureaux centraux près de 700 personnes dont deux chapelains. Les services locaux comptaient jusqu'à 42 directions provinciales et près de 25 000 agents répartis dans deux branches d'activité ; celle des bureaux qui vérifiait, liquidait et percevait les droits ; celle des brigades qui recherchait et réprimait la contrebande avec des peines très sévères (galères, pendaison).

---

et rémunérés sur commission sont installés des employés révocables et percevant un traitement fixe.

Il réduit la compétence de la ferme générale à la gabelle, au tabac, aux droits des traites et des entrées de Paris, et réduit de 60 à 40 le nombre des fermiers généraux. La perception des droits d'aides relève désormais d'une Régie générale et celle des droits domaniaux d'une Administration générale des domaines, dirigées par des administrateurs à traitement fixe.

Les employés de la Ferme n'étaient pas des fonctionnaires royaux, mais ils agissaient au nom du Roi et bénéficiaient à ce titre de privilèges particuliers et de la protection de la loi. Les gardes du service des brigades avaient en outre le droit de porter les armes. La direction de la compagnie était assurée collégialement par les fermiers généraux. Ceux-ci se réunissaient en comités spécialisés et se répartissaient le contrôle des services extérieurs. A la veille de la Révolution, presque tous les droits de traites et droits indirects (gabelle, revenus du tabac et nombre de droits des tarifs locaux) étaient affermés. Le bail de la Ferme représentait plus de 50 % des recettes de l'État. L'organisation interne de la Ferme est, sous l'Ancien Régime, une des formes que prend aujourd'hui une délégation de service public. Dans une telle délégation, comme nous l'indiquions précédemment, l'État a pu confier à une organisation privée les missions relevant d'un service public[21]. On retrouve dans le vocabulaire actualisé, externalisation, outsourcing, la notion ancienne d'affermage. Une telle délégation est fréquemment utilisée pour la gestion des services d'eau potable et d'assainissement. Le choix d'instaurer de telles délégations s'inscrit dans les courants politiques favorables au « moins d'État ». Toutefois, on peut réserver à l'affermage les mêmes reproches qu'à la ferme générale de l'Ancien Régime :

- *la collectivité publique se prive d'une ressource ;*
- *le service rendu n'est pas toujours meilleur, sur le long terme ;*
- *le coût peut être supérieur pour l'usager ou le contribuable, qui paie ses impôts plus la marge prélevée par le fermier général ;*
- *le recouvrement des créances (des arriérés d'impôts) peut être fait brutalement par le fermier ;*
- *se privant d'une ressource, la collectivité doit s'endetter, et affermer de nouveaux revenus pour obtenir de l'argent frais.*

C'est ainsi qu'à la fin du XVIIIe siècle, l'État français s'est retrouvé considérablement endetté ; des États comme le Maroc ont aussi fini par être colonisés de fait, et durent subir un

[21] Jean Clinquart, *Les services extérieurs de la ferme générale à la fin de l'Ancien Régime. L'exemple de la direction des fermes du Hainaut*, Paris, Comité pour l'histoire économique et financière de la France, 1996, p.376.

protectorat, étant entrés dans un cercle vicieux d'endettement-affermage-diminution des ressources disponibles. Inversement, l'affermage permet de combattre la bureaucratie. C'est faute d'une réforme administrative dans ce sens que l'Espagne de Philippe II a perdu toute sa richesse conquise en Amérique au profit de ses rivaux européens et que l'Empire austro-hongrois s'est écroulé en quelques mois[22]. En Afrique, les anciens empires et royaumes se sont aussi organisés pour percevoir les droits de douane. L'histoire de la Douane congolaise, qui s'invite dans le giron du commerce international naissant, commence le 15 décembre 1885 avec l'instauration des droits de sortie sur les exportations des produits du secteur agricole et animal exclusivement.

1.1. Le régime léopoldien : de 1885 à 1908

L'histoire moderne de la douane congolaise remonte, elle, à l'Acte général de Berlin du 26 février 1885. Acte qui érigea l'Etat Indépendant du Congo (EIC) en une propriété privée et personnelle du Roi Léopold II (du royaume de Belgique). C'est un concours de circonstances exceptionnelles couplées à l'esprit visionnaire et au génie du souverain des belges qui favorisa son acquisition du bassin du Congo avec l'aide de l'explorateur anglo-américain Henry Morton Stanley. Léopold II parvint à faire reconnaître la souveraineté de l'AIC (l'Association Internationale du Congo), puis celle de l'Etat Indépendant du Congo, essentiellement pour trois raisons :

- *il promit d'en faire un État sans douane (au moment où les Gouvernements français et britanniques imposaient d'importants droits de douane à l'entrée et à la sortie des territoires de leurs colonies) ;*
- *il octroya à la France, en 1884, un droit de préférence sur les territoires du futur État Indépendant du Congo (ce qui signifiait qu'en cas de disparition ou de dissolution du futur État Indépendant du Congo, la souveraineté des territoires serait proposée en premier à la France) ;*

---

[22] Vida Azimi, *Un modèle administratif de l'Ancien Régime : les commis de la Ferme générale et de la régie générale des aides,* Paris, Éditions du CNRS, 1987, 176 p.

- *tant le Royaume-Uni que la France (et dans une moindre mesure, la Prusse), préférèrent confier les territoires du Congo à une petite nation neutre qu'à leur concurrent dans l'impérialisme.*

L'article 13 des résolutions de la Conférence de Berlin spécifiait l'organisation du régime de liberté commerciale dans le bassin du Congo. Récusant cet article, qui est pourtant le fondement même de la création de l'Etat Indépendant du Congo, réglementant le libre commerce pour toutes les nations, le souverain des belges s'évertua à régenter le bassin du Congo pour son profit personnel et celui de la Belgique[23] en percevant les droits de sortie sur les exportations de l'ivoire et du caoutchouc ainsi que sur certains produits agricoles. C'est la *naissance de l'Administration douanière au Congo.* L'établissement des droits de sortie sur les produits exportés du Congo entra en vigueur le 2 juillet 1890[24] et restreignit la liberté de commerce proclamée par la Conférence de Berlin.

Au début du XXe siècle, le Royaume-Uni, qui convoitait le Congo, lança une campagne mondiale sous le couvert d'une association internationale, la *Congo Reform Association* dont le but était de créer un mouvement dans l'opinion publique internationale poussant au partage du Congo par les autres puissances coloniales, dont la Grande Bretagne, pour le motif que l'esclavage y règnerait. Cela, en faisant l'impasse sur les campagnes militaires victorieuses menées par les belges contre les esclavagistes arabes en application des accords de Berlin. Aussi, en 1908, le Parlement belge se résolut-il à abandonner la stratégie qui avait consisté à agir indirectement à travers le Roi Léopold II et vota l'annexion un an avant la mort du Roi. Dès lors, c'est officiellement au nom de la Belgique, Etat souverain, que les troupes stationnées au Congo belge purent garantir l'intégrité de la conquête. Cette annexion reconnue par les grandes puissances, l'administration de l'ex-État Indépendant se transforma en administration belge qui fit tout pour effacer l'image de Léopold II comme celle d'un tyran qui

---

23 Sophie ZALA LIHAU N'KANZA, *Les origines du sous-développement politique au Congo Belge « De Padroado à la loi fondamentale » (1482-1960)*, PUZ, Kinshasa, 1985, p.175.

24 MANDJUMBA MWANYIMI-MBOMBA, *Chronique générale de l'histoire du Zaïre (des origines à 1988)*, CRP, Kinshasa, p.53.

laissait exploiter les populations par ses hommes (pas seulement des belges, on compte plus de dix nationalités parmi les « coloniaux » de l'époque)[25].

1.2. Au temps de la colonisation belge : de 1908 à 1960

Après cette annexion, la Belgique négocia avec les puissances étrangères la Convention de Saint-Germain-en-Laye du 10 octobre 1919, qui autorisa les nouvelles autorités coloniales à fixer librement sur les produits des taux de droits d'entrée et de sortie. Pour sa mise en œuvre, la loi du 20 octobre 1919 portant création d'un office des douanes du Congo belge nommé Office Douanier Colonial (ODC) installé à Anvers fut promulguée.

Plus tard, pour des raisons d'efficacité et de maximisation des recettes, la Loi du 5 juillet 1920 reconnut à la colonie le droit de fixer librement sa taxation[26]. Ainsi, un nouveau tarif fut promulgué par Décret du 3 décembre 1923. Afin de coordonner tous les textes relatifs au fonctionnement de cet office, le Décret du 29 Janvier 1949 et l'Ordonnance n°33-9 du 06 Janvier 1950, pour son application, furent promulgués. Il est apparu nécessaire de se focaliser non seulement sur la perception des droits et taxes mais sur les mécanismes aidant à contenir toutes les manœuvres frauduleuses. Jusqu'en 1926, la police administrative se présentait comme une branche de la Force Publique. Par Décret du 22 Novembre 1926, un corps de police administrative plus autonome par rapport à la Force Publique fut créé. Par l'Ordonnance n°33/245 du 31 Juillet 1949, ce corps se transforma en Garde-frontières, véritable précurseur de la Brigade douanière et dépendant totalement de l'Administration douanière. Ses

---

[25] Adam Hochschild, *Les fantômes du roi Léopold, un holocauste oublié*, éditions Belfond, 1998, p. 440 ; voir aussi Baron Émile Borchgrave, *Les origines de l'État indépendant du Congo*, Bull. de la Classe des Lettres et Sciences morales de l'Académie royale de Belgique, 1919, pp. 169-174 ; François Bontinck, *La genèse de la Convention entre le Saint Siège et l'EIC*, Église catholique, 1981, p. 261-303.

[26] H. LECLERCQ, « Evolution des finances publiques zaïroises », in *Cahiers Economiques et Sociaux*, n°2, IRES, Kinshasa, septembre 1969, p.129 ; voir aussi André-Bernard Ergo, *L'Héritage de la Congolie. Naissance d'une nation en Afrique centrale*, L'Harmattan, 2007 ; Guy Vanthmesche, *La Belgique et le Congo. Empreintes d'une colonie (1885-1980)*, Complexe, 2007.

missions sont classiques : contribuer à la surveillance générale des frontières, rechercher et constater tous les actes contraires aux lois, décrets, ordonnances, arrêtés et règlements en matière douanière, dépister les tentatives de fraude[27].

Si l'histoire de la Douane congolaise remonte formellement à la fin du XIXe Siècle, les droits de consommation / accises, quant à eux, ne seront institués que vers les années 1930 par les Décrets du 25 mars 1930, du 22 février 1931 et du 18 mars 1931.

En 1949, le Décret du 5 janvier règlementa les taux d'imposition des produits importés et ce régime des droits de consommation dont la taxation est en droits spécifiques, ne concerna que trois produits : les boissons alcooliques importées ou fabriquées, les tabacs importés ou fabriqués ainsi que les huiles minérales. Ainsi peut être circonscrite la brève histoire de la douane au Congo, avant l'indépendance et ses implications internationales en raison de l'implication des acteurs historiques étrangers, au nombre desquels des représentants des multinationales et des puissances publiques européennes, turques et américaines.

---

[27] AFOTO Jean ELENGA-di-OKANGA, *op.cit.* , pp.72-74.

Chapitre 2 : Période postcoloniale

Il est à noter d'entrée de jeu que tout l'arsenal juridique qui est de nos jours fondu dans le concept « législation douanière » tire sa source de la période coloniale. La législation douanière est constituée par le Code douanier et les dispositions légales et réglementaires édictées pour son application. Le régime douanier était encore régi par le Décret (colonial) du 29 janvier 1949 et l'Ordonnance n°33-9 du 06 jan 1950 portant mesures d'application dudit Décret jusqu'au 20 août 2010 avec la promulgation de l'Ordonnance-Loi n°10/002 du 20 août 2010 portant Code des douanes ainsi que le Décret n°011/46 du 24 décembre 2011 portant mesures d'application de ladite Ordonnance-Loi. Ce Décret (colonial) de base a subi différentes modifications avant d'être adapté aux évolutions du commerce international contemporaines. Hormis quelques mises à jour, l'organisation structurelle est restée presque la même depuis cette période.

2.1. La douane postcoloniale : sous la Première République et la Deuxième République

Afin de rendre plus efficace la lutte contre la fraude douanière, par l'Ordonnance n°77 du 22 Mai 1962 et en exécution du Décret du 22 Novembre 1926, un corps de police administrative dénommé Brigade financière a été créé. Sa compétence était limitée à l'intérieur du territoire national tandis que les Gardes-frontières continuaient à traquer les fraudeurs aux frontières.

Dans la pratique, la coexistence de ces deux corps se heurta à un certain nombre d'écueils comme l'empiétement sur les attributions de l'un sur celles de l'autre, ce qui entraîna une grande confusion d'interprétation des rôles. L'Ordonnance-Loi n°14 du 23 Janvier 1964 vint corriger cet état de choses par la création, au sein de la Direction des douanes du Ministère des Finances, d'un Service de recherche des infractions douanières et financières. En 1970, ce Service fut transformé en une Brigade de la recherche. L'Ordonnance nº 78-302 du 6 janvier 1978 portant création de la Brigade douanière fut promulguée, par la suite, afin de doter la douane d'un service spécialisé dans la lutte contre la fraude. Ainsi créée dans une optique plus ambitieuse et coercitive, il fut confié à la Brigade douanière, en tant que corps spécialisé de la douane, les missions suivantes : la surveillance des frontières douanières nationales et la recherche de la fraude douanière sur toute l'étendue du territoire douanier de la République.

En exécution de ces deux missions, les services de la Brigade douanière sont chargés respectivement de:

i) Surveillance des frontières

Cette tâche consiste notamment à :

- *veiller au respect des prescriptions relatives à la conduite en douane des marchandises ;*
- *contrôler les bagages des voyageurs ;*
- *escorter (en cas de nécessité) les marchandises en transfert sous douane ;*
- *appréhender et conduire (en cas de flagrant délit de fraude) au siège de l'unité tous les individus, les marchandises de fraude et les moyens de transport utilisés pour la fraude ;*

ii) Prévention et Recherche

Tâche qui consiste notamment à :

- *organiser des patrouilles en vue de dépister les tentatives de fraude et d'en rechercher les auteurs ;*
- *rechercher de manière spéciale les actes frauduleux en recourant à des techniques particulières telles que la filature, les visites domiciliaires et les enquêtes,.... ;*
- *interpeller tout véhicule ou moyen de transport acheminant des marchandises d'origine étrangère pour se faire produire les pièces justificatives d'origine en cas de suspicion ou sur base de renseignements reçus ou en cas de ciblage dans le cadre de la gestion des risques ;*
- *pénétrer dans tout endroit, hormis le domicile privé, sauf lorsque la poursuite de la fraude n'a pas été interrompue depuis l'extrême frontière;*

- *appréhender et conduire (en cas de flagrant délit de fraude) au siège de l'unité tous les individus, les marchandises de fraude et les moyens de transport utilisés pour la fraude ;*

iii) Protection du patrimoine

Tâche qui consiste notamment à :

- *surveiller les entrées et sorties dans les bâtiments et édifices de la douane;*
- *garder les biens meubles et immeubles appartenant à la douane.*

iv) Partenariat avec les services extérieurs

Sur autorisation du Directeur de la Brigade ou du Directeur Provincial selon le cas, les services de la Brigade peuvent apporter leur concours aux services étatiques de Sécurité. Ils peuvent, en cas de besoin et sur autorisation du Directeur de la Brigade ou du Directeur Provincial selon le cas, requérir l'appui de la Police Nationale ou des Forces Armées pour la bonne exécution d'une mission qui leur est confiée.

Dans les deux cas, il est fait immédiatement rapport à l'Administrateur-Délégué Général. En 1968, pour des raisons fiscales, l'Ordonnance-Loi n°68-010 du 06 janvier 1968 relative aux droits d'accises et de consommation et au régime des boissons alcooliques et l'Arrêté ministériel du 06 janvier 1968 relatif aux droits d'accises et de consommation furent promulgués. Dans cet ordre, la douane est habilitée à percevoir les droits dont le fait générateur est la production sur le territoire de la République des biens de consommation ainsi désignés :

- *les alcools et les boissons alcooliques ;*
- *les eaux de table et limonades ;*
- *les tabacs fabriqués ;*
- *les parfums liquides alcooliques ;*
- *les huiles minérales.*

Aux termes des concertations entre le Gouvernement et le Fonds Monétaire International et dans la perspective de la réalisation des recettes supplémentaires, des nouvelles mesures furent envisagées à la suite de l'Ordonnance-Loi n°89-013 du 03 Janvier 1989, notamment : la majoration de 10 à 20% des droits d'accises frappant les bières blondes et de 10 à 25% applicables aux bières brunes, la transformation en droits *ad valorem*, la taxation des nouveaux produits comme les allumettes, le ciment hydraulique et le sucre. La Loi n°08/002 du 16 mai 2008, modifiant et complétant l'Ordonnance-Loi n°68-010 du 06 Janvier 1968 relative aux droits d'accises et de consommation et au régime des boissons alcooliques, a élargi la liste des produits jusqu'aux :

- *produits de beauté ou de maquillage ne contenant ni hydroquinone, ni iodure de mercure ;*
- *préparations capillaires ;*
- *préparations pour le prérasage, le rasage, ou l'après-rasage ;*
- *savons agent de surface organique, préparations lubrifiantes et cirages ainsi que les crèmes pour chaussures ;*
- *articles et ouvrages en matière plastique ;*
- *articles et ouvrages en caoutchouc ;*
- *communications cellulaires ;*
- *véhicules.*

Dans son évolution, la douane congolaise subira tant d'autres réformes structurelles et fonctionnelles adaptées d'urgences et nécessités de l'heure.

2.2. Le temps des réformes : de l'OFIDA à la DGDA

Depuis l'indépendance, la douane était une direction du Ministère des Finances, dans le cadre de la réforme pour la doter d'une personnalité juridique, d'une autonomie de gestion et la rendre efficace. L'Ordonnance n°79-114 du 15 mai 1979 portant création et statut d'un établissement public dénommé l'Office des Douanes et Accises (en abrégé OFIDA) fut prise sous le régime de la Loi n°78-002 du 06 Janvier 1978 portant dispositions générales relatives aux entreprises publiques.

Trente ans après, des considérations politiques et économiques ont poussé le Gouvernement à créer au sein du Ministère des Finances, un service public doté de l'autonomie administrative et financière dénommé «Direction Générale des Douanes et Accises», en sigle « D.G.D.A. » par Décret n° 09/43 du 03 décembre 2009. Le rôle de la douane, administration fiscale, a considérablement évolué. Elle doit, en effet, s'adapter en permanence au mouvement général du commerce contemporain pour pouvoir appréhender les trafics frauduleux de marchandises et gérer, notamment, les éventuelles situations de crise (crises sanitaires, embargos, prohibitions..).

La douane exerce, en fait, une triple mission : tout d'abord, une mission fiscale, puisqu'elle perçoit chaque année plus de 40 % des recettes internes de l'Etat. Dans le prolongement de cette mission, la douane joue un rôle économique important. Sur la base des règles fixées pour le commerce international, elle assure en effet la régulation des flux commerciaux avec 3 objectifs: la fluidité, la sécurité, la qualité, et ce, grâce à des procédures adaptées aux besoins des entreprises.

La douane assure, également, une mission de protection et surveillance de l'espace national et de lutte contre la fraude et les grands trafics internationaux : elle a en charge la protection des intérêts économiques et financiers nationaux. Dans les conditions prévues par les lois et règlements, la Direction Générale des Douanes et Accises exerce sur l'étendue du territoire national toutes les missions et prérogatives relatives à l'application des législations douanière et accises, ainsi qu'à celle de tous autres textes légaux et réglementaires liés à l'importation ou l'exportation, au transit et au séjour des marchandises en entrepôt de douane. La Direction Générale des Douanes et Accises est chargée de :

- *la perception des droits, taxes et redevances à caractère douanier et fiscal, présents et à venir, qui sont dus soit du fait de l'importation ou de l'exportation des marchandises de toute nature, soit du fait de leur transit ou de leur séjour en entrepôt douanier;*
- *la perception des droits d'accises et de consommation présents et à venir;*
- *la classification des marchandises ;*
- *la détermination de l'origine des marchandises;*
- *la détermination de la valeur en douane des marchandises à l'importation et à l'exportation;*

- *le contrôle des prix ex-usine des produits soumis aux droits d'accises;*
- *la conception et la mise en œuvre des mesures visant la facilitation et la sécurisation des échanges commerciaux, ainsi que celles relatives à la production locale des produits soumis aux droits d'accises;*
- *le renforcement des capacités du personnel aux techniques modernes de gestion dans le domaine des douanes et accises;*
- *la protection de l'espace économique national en particulier par l'application des normes aux frontières;*
- *l'application des législations connexes aux frontières concernant la protection de l'environnement conformément aux conventions internationales;*
- *la protection de la société par la lutte contre le trafic illicite des marchandises dangereuses et des déchets toxiques, des produits qui appauvrissent la couche d'ozone;*
- *la mise en œuvre des mesures de protection de la chaîne logistique internationale;*
- *la participation à la politique d'intégration du pays dans les communautés économiques régionales;*
- *la surveillance des frontières nationales et des fabriques des produits soumis aux droits d'accises;*
- *la lutte contre le terrorisme et la criminalité transfrontalière organisée;*
- *la lutte contre le blanchiment d'argent;*
- *la recherche et la constatation des infractions en matière des douanes et accises et aux législations connexes;*
- *la lutte contre la contrefaçon et autres atteintes aux droits de la propriété industrielle, intellectuelle et artistique;*
- *l'établissement et la publication des statistiques du commerce extérieur sur la base des données collectées lors du dédouanement des marchandises.*

Au 1er janvier 2013, l'effectif était d'environ 5.800 emplois répartis sur l'ensemble du territoire. Les services de la douane sont alors : les services centraux chargés de la conception et les services opérationnels. Ces derniers sont répartis en deux secteurs d'activité : le secteur des «opérations commerciales» chargé du contrôle des échanges commerciaux et le secteur de la «surveillance» chargé du contrôle des personnes, des marchandises en mouvement et des moyens de transport. Ce cadre organique comprend 16 directions centrales, 12 directions provinciales et 5 bureaux de représentation (OMD en Belgique, BRLR-AC / OMD à Douala au Cameroun, Mombasa au Kenya, Dar Es-Salaam en Tanzanie et Kampala en Ouganda).

L'organisation territoriale s'articule autour de 12 directions provinciales, ne coïncidant pas nécessairement avec le découpage administratif. Celle-ci s'articule en fonction de l'importance de l'activité douanière et de l'efficacité. Cette période a été marquée par une série d'autres réformes attestées par les textes législatifs suivants :

- *le Décret nº 007/2002 du 02 février 2002 relatif au mode de paiement des dettes envers l'Etat, dont la quintessence est le paiement par voie bancaire ;*
- *la ratification de la convention internationale sur le système harmonisé par l'Ordonnance-Loi n°87-055 du 04 Octobre 1987 ;*
- *la conversion des droits spécifiques en droits ad valorem ;*
- *la fiscalisation des importations de l'Etat ;*
- *la Loi n°009/2003 du 18 mars 2003 relative à l'évaluation en douane des marchandises ayant comme base juridique l'article 7 du GATT ;*
- *la promulgation de l'Ordonnance-Loi n°10/002 du 20 Août 2010 instituant le nouveau Code des douanes ;*
- *le projet d'informatisation de la douane par la saisie a posteriori des volets 4 des déclarations douanières par la division informatique, genèse du système douanier SYDONIA en vigueur.*

Ces textes tout comme les autres à venir ouvrent la voie à de nouveaux développements dans un domaine où l'innovation technologique se révélait être l'un des défis majeurs qui s'impose à la gestion des informations et services alloués aux assujettis. Plus que jamais l'urgence de la gestion douanière sous le prisme unipolaire plaide pour l'instauration d'un Guichet Unique.

Deuxième partie

L'expérience du Guichet unique

La Révolution en cette matière est venue du poste frontalier de l'aéroport international de Kinshasa auquel il sied d'attribuer la primauté de l'expérience de gestion des données douanières via un Guichet Unique. Toutefois, les enjeux de l'installation du Guichet Unique de la place portuaire de Matadi étaient de loin plus importants que ceux de la plateforme aéroportuaire de Kinshasa en 1998. En effet, les différents services (moins nombreux qu'à Matadi) prestant sur cette plateforme aéroportuaire ne s'étaient jamais fédérés pour travailler ensemble en vue de coordonner les procédures et d'intégrer leurs algorithmes de taxation dans le Guichet Unique, chacun se contentant de poursuivre sa voie. L'OCC, le partenaire principal sur cette plateforme, n'entamera son intégration procédurale qu'en janvier 2009[28].

En fait, le Guichet Unique de Kinshasa-aéroport n'était que l'informatisation des procédures douanières de l'OFIDA et des services ayant signé avec lui les protocoles d'accord (FPI, DGI, DGRAD). Il n'était qu'un Guichet Unique de paiement et non de procédures. Ainsi, la place portuaire de Matadi l'a supplanté pour devenir le Guichet Unique pilote, laboratoire où devaient être testées toutes les techniques, lois et procédures pour la modélisation d'un Guichet Unique « made in RD Congo ».

A l'actif du Guichet Unique Kinshasa-aéroport, il faut retenir son apport historique dans la prise de conscience par tous de sa nécessité, la dématérialisation effective du processus de dédouanement, la réduction des délais de dédouanement, la maximisation des recettes de tous les partenaires. A son passif, la défaillance dans le redéploiement des agents, autrefois utiles dans le circuit.

---

[28] Compte rendu de la réunion mixte OFIDA-OCC sur la mise en œuvre du décret 05/183 du 30 décembre 2005 tenue à Kinshasa le vendredi 23 janvier 2009 ;
Compte rendu de la réunion mixte OFIDA-OCC-CTC-SINTEL-Gestionnaire de l'entrepôt-Banquiers sur la nouvelle configuration du guichet unique tenue à Kinshasa le lundi 10 février 2009.

Chapitre 3 :
L'avènement d'un Guichet unique pilote

Ce nouveau système mérite que nous y consacrions une meilleure attention en raison de l'approche novatrice qu'elle inspire et de la complexité de son fonctionnement sur un terrain réfractaire à l'unification des procédures de taxation. Mais il importe préalablement de faire un état des lieux de la situation pré-Guichet Unique, avant de nous étendre sur les innovations technologiques et les nouveaux modes de fonctionnement qu'elles ont générés par la suite.

1.1. L'état des lieux avant l'installation du Guichet Unique au port de Matadi

La situation ayant prévalu avant le Guichet Unique se caractérisait par une complexité des services taxateurs, véritable entrave à un climat attractif des affaires, où trois séries de problèmes coexistaient: *la multiplicité des intervenants, l'application laxiste des textes règlementaires en matière des taxations, la multiplicité des procédures.*

1.1.1. La multiplicité des intervenants

Au niveau des acteurs intervenants, il est essentiel de rappeler qu'un nombre impressionnant de services était impliqué dans les procédures du commerce extérieur sur la place portuaire de Matadi. Chaque service opérant séparément, sauf lors du déchargement, de la visite physique des marchandises et de la sortie. Cette étape nécessitait la présence de tous les services (au moins une douzaine) lors des opérations physiques de dédouanement. Comme on le voit, les formalités douanières relevaient d'un véritable parcours de combattant. Un document indispensable à obtenir par-ci, un autre à deux kilomètres par-là, et encore un autre à obtenir à partir de la capitale (à 350 kilomètres) ou plus un « message phonie » à attendre d'une autorité située à mille lieues, en pleine procédure. Parfois, c'est tout juste une signature qu'il faut négocier sur place au port et une autre en dehors. Soit plus de 72 carnets et registres utilisés et 50 signatures à apposer sur une déclaration douanière[29]. Au bout de la chaîne, l'ensemble d'acteurs impliqués dans le processus de dédouanement se devait de s'échanger, manuellement et en version papier, une quantité incommensurable de documents.

1.1.2. L'application laxiste des textes règlementaires en vigueur (multiplicité des prélèvements et des taxations)

L'embouteillage créé au poste frontalier par tant de services tirait à première vue sa légitimité des textes réglementaires à finalité parafiscale. Etait-il si important d'avoir tant d'opportunités de taxation à une seule porte d'entrée des marchandises en RD Congo ? A l'analyse, on pourrait être tenté de croire qu'il s'agissait d'une disposition relativement réaliste et idoine à une époque où le commerce extérieur était géré sur base des règles certes contraignantes mais dont on avait fini par s'en accommoder. En principe, suivant le prescrit du Décret présidentiel n°036 du 28 avril 2002, quatre services sont habilités à s'installer aux frontières. Il s'agit de l'OFIDA/douane, l'OCC/le Service de contrôle, la DGM/la Direction Générale de Migration et la Quarantaine. Dans la pratique, cette surabondance d'intervenants a montré que le Décret précité n'est presque jamais appliqué dans sa lettre, voire dans son esprit.

1.1.3. La multiplicité des procédures et, pour chacune, multiplicité des étapes

En vient-on aux questions de procédures qu'il faille noter que chaque intervenant appliquait ses propres règles. Cette multiplicité des procédures est due aussi bien à l'existence de redondances de tâches dans une même structure et ses excroissances (traitement multiple de la même information), que des empiètements de compétences entre les structures elles-mêmes :

---

[29] A la fin des procédures, la déclaration douanière est semblable à un brouillon illisible et il est quasi impossible de reconnaitre les différentes signatures exigées et celles qui manquent.

- OCC et Quarantaine ;
- OFIDA et OCC ;
- DEMIAP (service de sécurité) ;
- ANR (service de sécurité) ;
- DGM (service de sécurité) ;
- Services spéciaux de la police (service de sécurité) ;
- Police économique (service de sécurité) ;
- Police aux frontières (service de sécurité) ;
- Brigade anti-fraude du parquet ;
- Inspecteurs judiciaires du parquet du siège et ceux de Grande Instance, par exemple…

Figure 1 :

Une foire à procédures. De nombreux organismes gouvernementaux de reglementation, plusieurs points d'entrée des documents, de nombreuses données à dupliquer

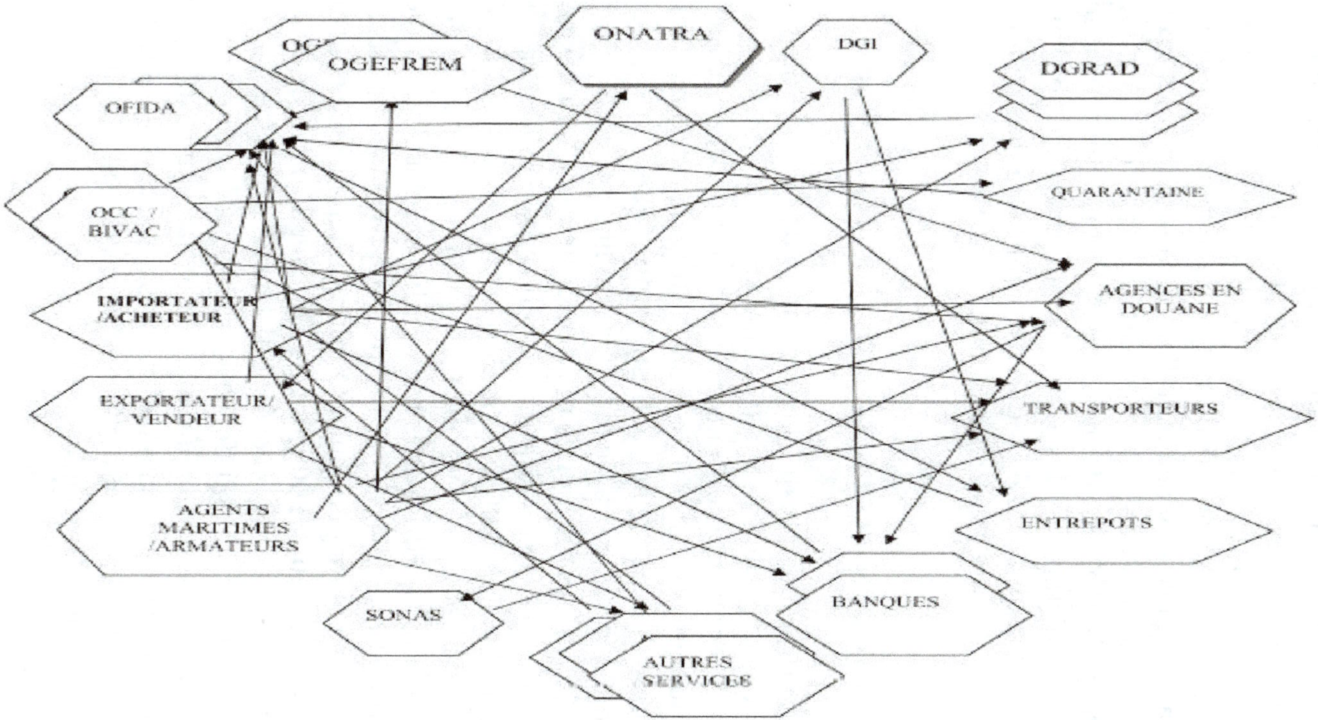

1.2. L'implantation du Guichet Unique

Puis vint l'étape du Guichet Unique[30]. Son implantation, à laquelle nous avons eu le privilège de prendre part, fut un moment historique dans les annales de la douane congolaise. Porteur d'innovations et de nouveaux espoirs, le Guichet Unique fut une réponse idoine à tant d'embûches décriées sur le parcours de l'assujetti dans le processus du dédouanement des marchandises. Avant d'en dire plus, il importe de retracer, d'une part, son historique, les objectifs poursuivis en optant pour ce système; d'autre part, décrire son fonctionnement et ses réalisations fiscales et les assouplissements qu'il induit en faveur des usagers.

1.2.1. Rappel du contexte historique et politique

Quel est le contexte sociopolitique de l'heure ? La République Démocratique du Congo sort d'une crise de légitimité du pouvoir due à la confrontation entre les acteurs politiques. Elle a connu une longue transition politique fragilisant ainsi le système politique et par ricochet, le tissu économique.

L'on se souviendra de la guerre de libération de 1996 pendant laquelle le pays fut plongé dans un isolement caractérisé, suivi de la rupture de la coopération structurelle avec les institutions de Breton Wood. En 2003, se tiendra à Sun city en Afrique du Sud, le Dialogue Inter Congolais qui a débouché à la signature des accords dits de Sun city. Il en est suivi la mise en place du Gouvernement de transition chargé de la mise en œuvre du processus de pacification du pays et de la réunification politique et économique.

C'est le 27 juin 2003 que le Guichet Unique de Matadi a été inauguré, après son aîné de Kinshasa-aéroport, quatre ans plus tôt. L'intégration des différents services (au moins une douzaine) s'est effectuée consécutivement à la suite des contraintes politiques car la résistance au changement était farouche. C'est ainsi que l'ONATRA, autorité portuaire, n'a pu rejoindre le groupe que cinq mois après l'inauguration.

---

[30] Single Window en Anglais.

Quant à l'OCC, le deuxième grand partenaire, il a dupliqué la procédure à cause du désaccord persistant sur la base imposable de la douane : une au Guichet Unique et une autre au manuel dans ses installations tant au port qu'à sa direction provinciale, soit à deux kilomètres, en dehors du port. En 2004, intervient la reprise de la coopération structurelle puis la mise en œuvre du Programme Economique du Gouvernement (PEG) avec des perturbations causées par la situation sécuritaire qui prévalait à l'Est. En 2005, des mesures coercitives de resserrement des politiques monétaires et des finances publiques ont été arrêtées. Il en a résulté logiquement la stabilisation des prix et du taux de change, l'accroissement des recettes budgétaires grâce notamment au renforcement des capacités d'action de l'administration fiscale. Au cours de la même année, précisément au mois d'août, furent signés et adressés au FMI, la lettre d'intention et le mémorandum sur les politiques économiques et financières du Gouvernement, documents reprenant comme idées forces : la conclusion d'un contrat par le Gouvernement, pour le compte de l'OFIDA et de l'OCC, avec une société internationale spécialisée dans le contrôle des marchandises avant embarquement, la poursuite de la réforme de l'administration douanière, la signature d'un Décret présidentiel désignant l'OFIDA comme le seul opérateur habilité à intervenir au niveau du Guichet Unique et dans l'évaluation des marchandises à partir de septembre 2005. L'objectif étant de faciliter et d'accélérer les opérations de dédouanement, la suppression du passage obligatoire à l'OCC et à l'ONATRA, l'application d'un manuel des procédures harmonisées à partir de septembre 2005, la limitation du rôle de l'OCC au contrôle de qualité, de quantité et de conformité des marchandises et enfin la conversion de l'OFIDA en une direction générale rattachée au Ministère des Finances.

In concreto, ces tâches ont été effectuées dans le cadre d'un projet dénommé COPIREP sous l'égide d'un Expert international recruté par le Gouvernement dont la mission fut sanctionnée par l'élaboration d'un manuel des procédures harmonisées enrichies largement par la collecte des données issues de Kinshasa et Matadi. Elles furent l'objet d'un rapport circonstancié assorti de projets de textes qui furent adoptés et publiés par le Gouvernement. Ainsi, intervint le 30 décembre 2005 le Décret n°05/183 du Président de la République qui institue le Guichet Unique à l'importation et à l'exportation des marchandises.

1.2.2. Enjeux et performances escomptées

Depuis plusieurs années, les opérateurs du commerce international se plaignent de plus en plus vivement de la complexité des procédures et de la documentation liées aux mouvements des marchandises. Le fait est désormais admis que les procédures inadaptées contribuent à l'encombrement des ports et autres aires de stockage. Certes, les administrations aéroportuaires ou portuaires sont parfois responsables de la prolifération des documents et formalités ; mais l'aéroport ou le port constitue un point obligé de convergence où ces formalités sont accomplies à l'occasion du transfert physique des marchandises d'un mode de transport à un autre et du transfert de la responsabilité d'un opérateur à un autre.

Ce transfert est forcément complexe en raison du nombre et de la diversité des intérêts qui gravitent autour de la marchandise en mouvement. En dehors de l'enceinte de l'aéroport ou du port, d'autres parties prenantes, ont également un intérêt direct, bien que décalé dans le temps, au mouvement de la marchandise. Le mouvement physique de la marchandise s'accompagne obligatoirement d'un mouvement parallèle d'informations relatives à ces marchandises et aux moyens de transport. Si l'une des parties prenantes ne reçoit pas au moment voulu l'information requise, les marchandises sont bloquées, les aires de stationnement et de stockage se trouvent encombrées, le chargement ou le déplacement des moyens de transport sont compromis et leurs mouvements retardés.

Cet inconvénient est d'autant plus sensible que le mouvement physique des marchandises s'accélère de plus en plus avec le progrès de la technique, alors que souvent les procédures et les méthodes de transfert de l'information restent inchangées. Comme on le voit, le problème de l'engorgement des ports et autres aires de stockage est une préoccupation pour la nation et même au-delà, car n'épargnant personne sur son passage[31]. L'institution du Guichet Unique est motivée par le souci de faciliter et d'accélérer les procédures de dédouanement des marchandises. Cet objectif s'inscrit aussi dans le cadre du programme de réforme et de modernisation douanière validé par le Gouvernement en 2002, qui vise entre autres l'accélération du circuit de la déclaration, la réduction des coûts et des délais des opérations de dédouanement (opérations commerciales et logistiques), la réduction du nombre d'intervenants et de signatures, l'assainissement de l'environnement douanier ou du cordon douanier en vue d'attirer les IDE (investissements directs à l'étranger) et la relance du développement économique du pays par l'amélioration du climat des affaires[32].

Dans cet ordre d'idées, il convient de noter particulièrement qu'une étude de l'OCDE a établi qu'une « taxe » équivalente à 0,5% par jour de la valeur de la marchandise résultait du délai de dédouanement de la marchandise et grevait à ce titre son prix. Si on restitue à ces énumérations se rapportant au Guichet Unique leur véritable visage, il ressort qu'il constitue un outil favorisant l'accroissement des recettes du Trésor public par la bonne prise en charge des marchandises dans la transparence, l'accélération de leur flux, le gain de temps en minimisant le délai de traitement des opérations par le biais du travail administratif[33].

A ces objectifs, il convient d'ajouter le fait qu'étant donné la réduction sensible du nombre d'intervenants, il y a facilité de s'échanger des données et des informations entre les usagers en temps réel en vue de juguler la fraude sous toutes ses formes[34].

1.2.3. Sous le concept «Guichet Unique»

Le terme de Guichet Unique administratif résume de nombreux objectifs, qui, bien avant l'arrivée de l'Internet, étaient envisagés par les théoriciens de l'action administrative: offrir aux citoyens,

---

[31] MARIANO GBEHA, Implication du Guichet Unique portuaire dans la facilitation des opérations d'enlèvement des marchandises au port de Cotonou : cas de CAT Logistics Benin, Mémoires Master II 2010 ULCO-UCAO.

[32] Programme de Réforme et de Modernisation Douanière de l'OFIDA, 2002.

[33] JODEL DIONGO BELINGA, *op. cit*, p.8.

[34] ALAIN TENDAY LUPUMBA, op.cit.

particuliers ou entreprises, une entrée unique, et si possible, simplifiée, dans le maquis des procédures administratives. L'objectif a d'abord été vu sous l'angle géographique, l'on a préconisé le regroupement de différentes administrations dans des cités administratives, et plus récemment dans des maisons des services publiques. Les cités administratives permettent un meilleur aménagement des ressources urbanistiques (transports en commun), immobilières et humaines (restaurants administratifs). Aujourd'hui, elles paraissent un peu moins souhaitables. Les aménageurs craignent parfois d'édifier des "ghettos" éloignés du citoyen. Les maisons des services publics, supposant en général de nouvelles implantations immobilières, ou des transferts de résidence, ne semblent pas avoir fait l'objet de réalisations significatives.

Mais c'est en matière de regroupement de procédures que depuis une vingtaine d'années, le Guichet Unique a été préconisé. L'exemple le plus fameux concerne le programme dit des Centres de Formalités des Entreprises (CFE) en France, inauguré il y a plus de 25 ans, à l'initiative de l'Institut National de la Statistique et des Etudes Economiques (INSEE), avec le soutien des services en charge de la coordination interministérielle (Secrétariat Général du Gouvernement notamment). L'objectif en fut dès le début la réalisation d'une liasse unique "papier", la liasse CFE, regroupant la quinzaine de formalités s'imposant lors de la création d'une entreprise. Un certain nombre d'organismes (notamment les chambres de commerce et d'industrie et les chambres de métiers) ont été mandatés pour servir d'intermédiaires entre les créateurs d'entreprises et les administrations en vue de constituer et transmettre la liasse CFE. Ce programme a rencontré d'innombrables obstacles, tenant aux résistances des diverses administrations et intermédiaires face à la simplification et à la coopération.

1.2.4. Types de Guichets Uniques

Le Guichet Unique se présente sous deux formes : Le Guichet Unique manuel vu sous l'angle géographique[35]et le Guichet

---

[35] Un port autonome est un établissement public qui exerce conjointement des missions de service public administratif et des missions de service public à caractère industriel et commercial et qui est géré comme un établissement

Unique informatisé vu sous l'angle du réseau virtuel utilisant plusieurs systèmes douaniers automatisés ou progiciels notamment ORBUS, TRADE X, SYDONIA (ASYCUDA), SINDA. Le Guichet Unique couvre tous les domaines nécessitant la facilitation des procédures administratives. C'est le cas pour certaines démarches intéressant la fiscalité intérieure, les affaires foncières, les affaires minières, l'Etat-civil, les titres administratifs (passeports, cartes d'identité, titres immobiliers...), le commerce extérieur mais surtout la création des entreprises.

Le concept de Guichet Unique est d'ailleurs plus complexe lui-même qu'il n'apparaît à première vue. Il recouvre en fait divers dispositifs offerts par des administrations différentes pour offrir une interface aussi normalisée que possible aux déclarants et autres usagers. On parlera aussi du « réseau virtuel des administrations », signifiant que celles-ci, vues de l'extérieur, doivent apparaître comme une entité commune. Dans le domaine de la douane et des procédures du commerce extérieur, des déclarations uniques "papier" ont également été élaborées, mais la pression du commerce et surtout celle des Nations Unies, ont permis de lever beaucoup plus facilement les résistances. Il va de soi que la généralisation de l'informatique traditionnelle (dite lourde) puis des réseaux entre terminaux passifs et ordinateurs (serveur-clients), ont contribué à encourager le mouvement de regroupement et de normalisation. Mais les résistances n'ont pas désarmé pour autant. Plus généralement, l'explosion de l'Internet depuis 10 ans change évidemment en grande partie les modalités techniques et organisationnelles du concept de Guichet Unique administratif. Mais les résistances demeurent nombreuses, faisant échouer beaucoup de bonnes idées. La République Démocratique du Congo a quant à lui levé l'option d'avoir un Guichet Unique informatisé.

---

public à caractère industriel et commercial (EPIC). Il est placé sous la tutelle du ministère chargé des transports et bénéficie, comme tout établissement public, d'une large autonomie de gestion. Le port autonome gère les installations portuaires situées dans les limites de sa circonscription, qui peut être fluviale ou maritime. Il est chargé de l'exploitation et de la police du port, des travaux d'extension et d'amélioration, et assure également la gestion d'un domaine immobilier qui peut être important. On peut bien installer un guichet unique, comme composante, dans un port autonome

1.2.5. Les systèmes douaniers automatisés

Les systèmes douaniers automatisés sont habituellement installés dans les pays comme composante d'un projet dont l'objectif final est l'amélioration de l'efficacité commerciale par des mesures qui recommandent la réforme des procédures et méthodes de travail existantes. Lors de leur implémentation, il n'est pas souhaité simplement d'introduire un logiciel et de nouvelles procédures mais également des techniques de gestion et d'organisation administrative pour la prise en compte des problèmes douaniers. Les administrations des douanes, quel que soit le pays ou le continent où elles opèrent rencontrent souvent les mêmes types de problèmes. Il est demandé à ces administrations d'être plus efficaces dans leurs contrôles et de fournir de meilleurs services à leurs utilisateurs. Ces demandes de «services» peuvent provenir du Gouvernement (sous la forme d'une augmentation des recettes) mais émanent de plus en plus des opérateurs du commerce international. Les importateurs et les exportateurs, les professionnels du transport et d'autres usagers sont à la recherche d'un service plus efficace notamment en ce qui concerne la durée du passage en douane, et de plus de cohérence, leur permettant de réduire les coûts et de rester compétitifs au plan international. Dans leur domaine d'activité, les administrations des douanes font face à de nombreux risques et problèmes qui peuvent être catégorisés comme suit :

- *Contrôles – incapacité de détecter et d'éviter l'importation ou l'exportation de marchandises prohibées ;*
- *Recettes – incapacité de percevoir correctement les droits et taxes sur les marchandises ;*
- *Fraude ; et*
- *Statistiques – données inexactes ou incomplètes.*

Pour les administrations des douanes, la cause de ces problèmes réside souvent dans le nombre croissant de mouvements de marchandises et de passagers et en corollaire l'insuffisance des effectifs. Celle-ci réduit le temps à disposition de la douane pour le contrôle des marchandises et des documents et l'acceptation par les opérateurs commerciaux des délais administratifs. La première réaction est d'augmenter le nombre de douaniers, mais si cette solution peut fonctionner à court terme, en pratique, elle perpétue l'inefficacité. Finalement, comme il est impossible en pratique de contrôler chaque document, chaque expédition ou chaque passager, la douane doit rechercher une solution fondée sur de nouvelles méthodes de travail et de nouvelles procédures. De par le monde, de nombreuses administrations des douanes ont rencontré ces problèmes et trouvé des solutions, plus ou moins efficaces. La simplification des documents, l'automatisation des traitements avec une utilisation accrue de l'outil informatique pour la réalisation des tâches répétitives de calcul et de saisie des données fournissant simplement une partie de la réponse à ces problèmes. De plus en plus, les douanes ont recours à des solutions mixtes pour atteindre leurs objectifs. Ainsi, en matière de facilitation dans le domaine du commerce international, elles favorisent des dédouanements accélérés des marchandises s'inspirant largement des procédures simplifiées et harmonisées issues de la Convention de Kyoto révisée. Les administrations douanières du monde entier appliquent presque les mêmes procédures et processus, la célérité de dédouanement dépendant en grande partie des contrôles requis par la législation conciliés à la mesure dans laquelle la technologie de l'information et de communication est appliquée.

Compte tenu de l'accumulation des compétences douanières au sein du personnel et de la disponibilité des nouvelles technologies, les administrations des douanes ciblent la proportion de transactions import ou export qui peuvent être rationnellement identifiées comme présentant un intérêt ou un risque particulier. Cette recherche ou «ciblage» des transactions à risque, réalisée avec l'assistance d'un système de «sélectivité », et en liaison avec des actions de formation des opérateurs commerciaux, et éventuellement la mise en œuvre de pénalités se révèle efficace. Afin de résoudre les problèmes qui caractérisent les opérations douanières, de nombreuses administrations des douanes ont développé les systèmes douaniers automatisés dont les plus utilisés sont : SYDONIA (ASYCUDA), ORBUS, TRADE-X, SINDA.

Chapitre 4 : Choix d'un système d'exploitation nouveau : SYDONIA (ASYCUDA)[36]

2.1. SYDONIA

2.1.1. L'historique

En 1981, la Conférence des Nations Unies sur le Commerce et le Développement (CNUCED)[37] a reçu une demande d'assistance du Secrétariat de la Communauté Economique Des Etats d'Afrique de l'Ouest (CEDEAO) concernant le traitement et la production de résultats statistiques du commerce extérieur entre les pays membres. Une étude préliminaire a fait apparaître que la meilleure solution était la saisie des informations à la source, c'est-à-dire lors des opérations de dédouanement. Ainsi il est apparu nécessaire de moderniser les procédures de dédouanement, afin de garantir la qualité des statistiques produites. Se basant sur le progrès de l'informatique, la CNUCED a proposé de développer un système informatique pour la douane modulable et adaptable, nécessitant en cas de maintenance un nombre réduit de personnel.

A l'époque, les pays qui disposaient d'un système informatique douanier[38], utilisaient des plateformes entretenues en permanence par des équipes d'ingénieurs spécialisés et cette proposition était reçue avec beaucoup de scepticisme. Malgré cela, et grâce à l'appui d'un certain nombre de pays membres, la CNUCED a réussi à créer un tel système, que l'on connaît maintenant sous le nom de SYDONIA : SYstème DOuaNIer

---

[36] CNUCED – SITE

[37] Créée en 1964, la CNUCED vise à intégrer les pays en développement dans l'économie mondiale de façon à favoriser leur essor. Elle est devenue progressivement une institution compétente, fondée sur le savoir, dont les travaux visent à orienter le débat et la réflexion actuels sur la politique générale du développement, en s'attachant tout particulièrement à faire en sorte que les politiques nationales et l'action internationale concourent ensemble à faire naître le développement durable.

[38] Lire l'ouvrage de AFOTO jean ELENGA-di-OKANGA, précité, *op.cit.*, p. 271. Le premier système informatique des douanes en RD Congo fut introduit en 1970 par la firme SINORG.

Automatisé (ASYCUDA : Automated SYstem for CUstoms DAta). SYDONIA est un système de gestion de douane automatisé qui couvre la plupart des procédures du commerce extérieur. Le système traite les manifestes, les déclarations de douane, les procédures de comptabilité, le transit et les régimes suspensifs. Il génère des données commerciales pouvant être employées pour des analyses statistiques et économiques. SYDONIA a été développé sur des micro-ordinateurs dont les performances étaient très limitées comparées à la puissance des machines actuelles. Afin de créer un système douanier multi utilisateur, la solution technique retenue à l'époque poussait ces machines à leurs extrêmes limites. Cependant, au cours des années, la capacité et la performance des micro-ordinateurs se sont rapidement améliorées, et les mises à jour de SYDONIA ont conduit à un système très stable et fortement fiable. De plus, la migration de SYDONIA sous le système d'exploitation UNIX a élargi le choix de plateformes matérielles compatibles avec la gamme des mini-ordinateurs. Pour profiter des dernières innovations dans la technologie de l'information, l'Unité de Développement Technique SYDONIA (UDTS de la CNUCED) a mis au point successivement : SYDONIA 1.18d ou version 1, SYDONIA 2.7 ou version 2, SYDONIA++ ou version 3, SYDONIA World ou version 4. Il est rapidement devenu dans le monde entier le principal vecteur de modernisation des douanes. Le logiciel SYDONIA constitue aujourd'hui le noyau des systèmes douaniers informatisés intégrés dans plus de 85 pays.

2.1.2. Les objectifs

Le système SYDONIA vise plusieurs objectifs, à savoir :

- *Garantir la traçabilité des opérations de dédouanement. Des informations sur les marchandises sont enregistrées à chaque point de contrôle durant leur acheminement, ce qui permet de savoir avec précision les dates de passage au point de contrôle, le chemin suivi par ces marchandises, les retards subis ...*

- *Actualiser l'outil informatique et les services. Une démarche qui vise à mettre sur pieds une architecture réseau d'inter échange de données informatisées avec des systèmes B2B, B2A, B2C*[39]*.*
- *Réduire les opérations manuelles en intégrant les applications qui accélèrent le transfert des données ;*
- *Garantir la fluidité du trafic commercial par élimination des goulets d'étranglements dus aux lenteurs des procédures administratives ;*
- *Automatiser le calcul des droits et taxes. Un système intelligent basé sur le remplissage d'un formulaire électronique et l'obtention immédiat d'un bulletin de liquidation des droits ;*
- *Améliorer l'efficacité des contrôles douaniers. Les informations, au départ enregistrées au niveau d'un poste de travail par l'inspecteur ayant accompli le contrôle, sont transférées vers un centre d'analyse, puis mises à la disposition des prochains services de contrôle ;*
- *Assurer la perception des recettes. La collecte des données au départ de la marchandise et la gestion sécurisée de ces dernières à travers le réseau informatique lors de l'acheminement réduisent fortement la fraude ;*
- *Assurer l'application uniforme de la réglementation. Sur ce plan, aligner l'organisation et les procédures sur les standards et les pratiques recommandés à l'échelle internationale;*
- *Mettre en temps réel à la disposition des décideurs, les informations sous forme de tableaux de bord en termes d'émissions et de recouvrements;*
- *Produire des résultats statistiques fiables et rapidement disponibles sans aucune charge de travail supplémentaire pour les douaniers.*

2.1.3. L'architecture

Les ordinateurs personnels n'étaient plus en mesure de répondre aux besoins des nouveaux pays utilisateurs et un choix

---

[39] Les entreprises sont généralement caractérisées par le type de relations commerciales qu'elles entretiennent. Ainsi des termes dédiés existent pour qualifier ce type de relation : B To A (Business To Administration, parfois noté B2A) désigne une relation commerciale entre une entreprise et le secteur public, B To B (Business To Business, parfois noté B2B) désigne une relation commerciale d'entreprise à entreprise, B To C (Business To Consumer, parfois noté B2C) désigne une relation commerciale d'entreprise à particulier. Par extension de ces concepts, le terme de B To E (Business To Employés, parfois noté B2E) a également émergé pour désigner la relation entre une entreprise et ses employés, notamment via la mise à disposition de formulaires à leur attention pour la gestion de leur carrière, de leurs congés ou de leur relation avec le comité d'entreprise.

technique devait être effectué concernant la configuration matérielle. Après étude des trois architectures possibles, gros système avec terminaux passifs, réseaux locaux de micro-ordinateurs et architecture client/serveur, cette dernière option fut retenue, lors de l'implémentation de SYDONIA++, car elle présentait la plus grande flexibilité notamment pour :

- Accès à de larges bases de données

C'est le principal avantage des systèmes client/serveur par rapport à un système de gestion de fichiers. En permettant un grand nombre de traitements sur le poste client, il accroît l'efficacité du serveur et ne pénalise pas les autres clients ;

- Excellents temps de réponse

Puisque le serveur effectue moins de traitements, il peut répondre plus rapidement aux demandes des clients. Cette architecture permet ainsi de connecter beaucoup plus de clients que si les utilisateurs disposaient de terminaux passifs ;

- Traitements sur le serveur, traitements locaux sur le client.

Lorsque l'utilisateur envoie des données au serveur pour traitement, il peut simultanément exécuter d'autres tâches au niveau local ;

- Le client SYDONIA++

Dans le cadre de SYDONIA++, chaque utilisateur dispose de son propre poste client à partir duquel il peut se connecter au serveur SYDONIA++ au besoin. Le poste client dispose du logiciel SYDONIA++ client et l'utilisateur dispose des fonctions du système sans avoir nécessairement besoin de se connecter ;

- Moteur local

Pour diminuer les accès au serveur, la base de données de référence locale (c.à.d. les tables de contrôle) est automatiquement mis à jour sur le client ce qui permet de réaliser la plupart des validations intermédiaires au niveau local. La connexion au serveur n'est nécessaire que pour mettre à jour les fichiers transactionnels centraux et pour valider les données par rapport aux tables du serveur.

Cela signifie que les utilisateurs ont la possibilité de saisir la plupart des données en local plutôt que de se battre pour accéder au serveur ;

- Interface utilisateur

L'utilisateur dispose d'écrans de saisie avec des icônes, des menus déroulants et des multiples fenêtres, qui sont familiers à tout utilisateur du système d'exploitation Windows. Le déplacement autour de l'écran est facilité par l'utilisation de la souris, des commandes rapides et des touches de fonction. Le logiciel dispose d'une aide en ligne qui peut être rédigée par le pays et facilement mise à jour.

L'utilisateur désirant accéder aux données du serveur doit s'y connecter et pour ce faire, saisir son nom et son mot de passe d'utilisateur. Les demandes sont analysées et transmises au gestionnaire de messages du système.

Si l'utilisateur désire mettre à jour sa base de données locale, il peut demander une réplication complète au serveur. L'interface utilisateur est totalement séparée de la base de données du serveur, et si cette dernière devait être remplacée, les modifications nécessaires au niveau de l'interface utilisateur seraient minimes ;

- Le serveur SYDONIA++

Le serveur SYDONIA++ est une machine avec un système d'exploitation UNIX et un système central de base de données «INFORMIX » ou «ORACLE »[40] qui contient tous les fichiers de contrôle et de transaction pour la mise en place et le fonctionnement de SYDONIA++. Certains de ces fichiers existent également sur le poste client, et doivent être transférés du serveur sur ce dernier. Le serveur matériel peut être partagé en plusieurs «Serveurs virtuels » ou «Engines», ce qui permet le fonctionnement de plusieurs moteurs et donc de plusieurs bureaux sur un seul ordinateur.

Les produits SYDONIA devant satisfaire aux plus exigeantes des normes en vigueur dans l'industrie. Pour atteindre ce but, le logiciel SYDONIA fera appel aux plus récentes et plus fiables

[40] SGBD

technologies du marché. Profitant des technologies du futur pour résoudre les problèmes d'aujourd'hui, l'implantation de ces concepts stratégiques a conduit au développement de la version actuelle de SYDONIA World, lancée officiellement en mars 2002.

Le Programme SYDONIA a donc travaillé sur des technologies liées à Internet et des outils informatiques fiables pour bâtir le système SYDONIA World. Une étude comparative des technologies disponibles (plateformes de développement, librairies, composants logiciels) a été entreprise. Le choix des nouvelles technologies a été fait dans le respect des principes fondamentaux de la stratégie du programme et suivant le critère majeur que les outils retenus devaient permettre le développement d'extensions de SYDONIA++, en tirant le meilleur profit des nouvelles technologies et de l'environnement Internet.

Voici quelques caractéristiques du système SYDONIA World :

- Basée sur Internet;
- Indépendante du système d'exploitation;
- Indépendante du SGBDR [41](système de gestion de base de données relationnelle);
- Indépendante de la plateforme matérielle;
- Résistante aux pannes de télécommunications;
- Capable de continuer d'être développée par les utilisateurs;

---

[41] Un système de gestion de base de données (SGBD, en anglais DBMS) est un ensemble de logiciels informatiques qui sert à la manipulation des bases de données. Il sert à effectuer des opérations ordinaires telles que consulter, modifier, construire, organiser, transformer, copier, sauvegarder ou restaurer des bases de données. Il est souvent utilisé par d'autres logiciels ainsi que les administrateurs ou les développeurs. L'ensemble, dont le composant central est le moteur de base de données, peut être sous forme de composant logiciel, de serveur, de logiciel applicatif ou d'environnement de programmation. Il permet généralement à plusieurs utilisateurs et plusieurs logiciels de manipuler plusieurs bases de données en même temps et ceci quel que soit le contenu et l'organisation des bases de données. La majorité des SGBD du marché manipulent des bases de données relationnelles.

- Ayant plusieurs niveaux de sécurité internes au système;
- Multi-langage, propriété des e-documents, des possibilités favorisant les facilités d'audit etc. ;

En somme, disons que :

- Le Programme a choisi un ensemble intégré de composantes qui est la base de la nouvelle génération des produits SYDONIA ;

- En outre, le Programme est convaincu que la prochaine technologie qui va changer radicalement le monde des affaires (et des douanes) est l'émergence des équipements sans fil «Wireless». La plateforme SYDONIA World s'intéresse donc à ces nouveaux «Instruments Internet ». Dans ce contexte, le Programme travaille actuellement sur la définition de fonctionnalités que pourraient permettre ces technologies avancées ;

- La plateforme utilise une architecture technique sophistiquée qui élimine la nécessité d'une communication permanente avec un serveur national, caractéristique très importante pour les pays dont les communications ne sont pas fiables. Lorsque les réseaux de télécommunications sont plus sûrs, l'approche Web traditionnelle est utilisée. SYDONIA World exploite également les potentialités des médias mobiles d'accès à Internet ;

- SYDONIA World fonctionne avec les principaux SGBDR (y compris Oracle, Sybase, DB2, Informix, SQL Server etc.) et la plupart des systèmes d'exploitation (tels que Linux, Solaris, HP-UX, AIX et MS/Windows). L'utilisation de la plateforme XML (extensible mark up language) permet l'échange de n'importe quel document à l'intérieur et à l'extérieur du système, entre administration des douanes et opérateurs du commerce ou entre administrations des douanes de différents pays. Il est «Java-native », ce qui signifie qu'il a été conçu comme un standard ouvert utilisable avec Java et que les pays peuvent, de ce fait, étendre ou modifier l'application sans l'assistance de la CNUCED. Il est totalement compatible avec SYDONIA++, assurant ainsi pour les pays utilisateurs une transition en douceur vers l'e-douane ;

- Il implante le concept de «e-documents », qui après avoir été créés dans la plateforme SYDONIA World, reflètent dans le monde informatique les documents papiers actuellement utilisés et met en œuvre les processus de traitements nécessaires. Cette approche permet d'ouvrir une multitude de fonctionnalités puisque les documents sont partout présents tout en demeurant invisibles : la plateforme SYDONIA World est ainsi idéale pour promouvoir la réforme administrative et l'e-gouvernement ;

- La technologie retenue est particulièrement utile pour les pays où la pauvreté du réseau de télécommunications fixes est le principal obstacle pour des applications d'e-gouvernement. Cependant, elle est assez puissante pour satisfaire les besoins opérationnels et de gestion de la douane dans la plupart des pays industrialisés.

Tableau 2 : Les technologies comparées de SYDONIA++ et SYDONIA World :

SYDONIA ++	SYDONIA World	Avantages de SYDONIA World
1 Architecture		
Client serveur	Internet, client serveur, application Internet	Evolutivité uniquement limitée par le matériel (serveurs & télécoms) disponible pour l'implémentation du système.
2 Plateforme serveur		
Système d'exploitation UNIX Programmation C, Base de donnée ORACLE / INFORMIX	100% JAVA System d'exploitation indépendant (Unix, Windows, Apple ...) Base de données indépendante (ORACLE, INFORMIX, Sybase, DB2, SQL Server...)	Indépendant du système d'exploitation et de la base de données Avantages financiers et sur l'évolutivité.
3 Plateforme client		
PC Microsoft Windows 9x, 2k, XP... Programmation orientée objet en Pascal, base de données locale	Tout matériel : PC, PDA, Téléphone portable, Tablette PC,... Ultrafin (pour matériel mobile), fin (à travers les navigateurs Internet) et sur les poste de travail client Linux, Windows, Apple...	Possibilité d'utiliser un large éventail de matériel, n'importe quand et à n'importe quel endroit Coût et évolutivité avantageux.
4 Interface utilisateur		
Ecran ergonomique (graphique caractère)	Ecran ergonomique (graphique, sensation de document réel) Multimédia	Limitation de la fracture entre document physique et la version électronique (monde sans papier). Avantages important spécialement dans le domaine de l'application de la réglementation. Avantages ergonomiques.

5 Communication		
Protocole TCP/IP	Web, Internet & Intranet	Indépendance du réseau de télécommunication Avantages financiers.
6 Echange de données		
EDIFACT	EDIFACT, XML	Système totalement ouvert. Facilité pour les échanges de données
Coopération entre sous système (A++ Gates)	Modèle Document Objet	Evolutivité avantageux.
7 Sécurité		
Authentification (groupe, identifiant et mot de passe)	Authentification (groupe, identifiant et mot de passe)	Accessibilité limitée aux fonctions de son profile. Historisation totale et complète des opérations.
Chiffrage symétrique	Chiffrage asymétrique	Niveau élevé de sécurité.
	Mécanisme de sécurité incorporé (PKI), signature électronique...	Plusieurs niveaux et type de chiffrage disponible.
8 Spécifique		
Alphabet linguistique (interface utilisateur)	Alphabet linguistique (interface utilisateur & donnée) Unicode	Système configurable.
Historisation des données (Tarif, Table de contrôle ...)	Gestion de l'appartenance d'un document Suivi total des modifications apportées à un document. Audit du système disponible	Ergonomique et avantages opérationnels Audit complet et historié

2.1.4. L'organisation technique

Le logiciel SYDONIA est composé d'un ensemble de modules. Un module est un groupe de programmes ou d'instructions, limité dans son organisation et ses applications pour la réalisation autonome d'une fonction déterminée autour d'un ensemble de données. Chaque module assure l'intégrité des données utilisées, construit ses propres messages et appelle les instructions et les données nécessaires à son fonctionnement. Dans SYDONIA ++, il est possible d'installer, sur un poste client[42], un ou plusieurs modules. Les modules sont orientés vers la réalisation de tâches spécifiques concernant des fonctions douanières au sein d'un bureau ou entre plusieurs bureaux de douane. L'approche modulaire permet à chaque module de fonctionner en totale indépendance ou de coexister avec d'autres modules. Les modules sont classés en deux catégories, les modules utilisateur, et les modules de la Direction générale.

2.1.4.1. Les modules utilisateur

Les modules utilisateur sont à la disposition du personnel douanier pour l'exécution de tâches de production, telles que la saisie et le traitement des déclarations, les contrôles des manifestes, les paiements ou le transit. Certains modules utilisateur sont mis à la disposition des déclarants et aux transporteurs.

A. MODCBR

C'est le module central de fonctions du bureau de douane dans SYDONIA++. Il permet le traitement de la déclaration ainsi que le suivi des régimes suspensifs et de la sélectivité. Ce module permet la saisie, la validation, le stockage, l'enregistrement et la liquidation des déclarations douanières ainsi que les ajustements après saisie. Il permet la gestion de la fonction de sélectivité lorsque l'inspection physique des marchandises et le contrôle sur documents s'avèrent nécessaires. Il contient aussi les options d'édition pour contrôler le statut des marchandises sous régimes suspensifs comme les marchandises en

---

[42] Bien que conservant l'approche modulaire, SYDONIA World n'installe pas les modules sur les postes clients car il fonctionne en mode internet et les différents clients en se connectant accèdent chacun à son menu en fonction de son profil. Chaque compte-client contient des fonctionnalités spécifiques.

entrepôts ou en admission temporaire ou autres procédures suspensives d'importation ou d'exportation.

B. MODBRK

Module dérivé de MODCBR il est destiné aux déclarants et transitaires, et leur permet de se connecter au serveur SYDONIA++ du bureau de douane pour déposer les déclarations en détail. Il peut être utilisé directement par les déclarants depuis leurs locaux sur leurs propres ordinateurs. L'accès est limité aux fonctions nécessaires et exclut notamment le contrôle douanier et les états de sortie disponibles sous MODCBR.

C. MODENT

Version simplifiée du MODBRK, il permet la saisie des déclarations par des opérateurs quel que soit le déclarant. Utilisé dans certains pays lorsque la mise en place de MODBRK n'est pas possible. Il permet à un nombre d'utilisateurs de travailler dans le même terminal situé dans un emplacement accessible au public. Par exemple, l'ordinateur peut être un terminal SYDONIA++ fourni par la douane dans son bureau de traitement ou bien par un agent maritime au port. Il est aussi possible d'utiliser le MODENT comme un bureau type géré par une entreprise commerciale en vue de saisir et transmettre les déclarations à la douane. Dans ce module l'accès est limité aux fonctions propres au besoin des déclarants et des transitaires utilisant le MODENT et exclut notamment le contrôle douanier et les états de sortie disponibles sous MODCBR.

D. MODSDI

Placé dans les bureaux régionaux ou à la Direction générale, ce module permet la saisie des statistiques a posteriori des déclarations provenant des bureaux non encore informatisés. Il fonctionne de la même manière que MODCBR mais sans aucun lien avec le système comptable. Cela signifie que les informations de la déclaration sont entrées dans la base de données alors que l'opérateur entre manuellement, à partir de la déclaration, les numéros d'enregistrement et de liquidation donnés par le bureau original, ainsi que le montant des droits et taxes, sans aucune validation du système.

E. MODCAR

Le module transporteur permet la préparation et la transmission des données concernant les manifestes et les titres de transport. Utilisé conjointement avec les autres modules de SYDONIA++ comme ceux permettant le traitement de la déclaration et du transit, il permet le contrôle des apurements.

F. MODACC

Module de SYDONIA++ qui traite des fonctions de recouvrement des droits et taxes, de la comptabilité ainsi que de la gestion des comptes de crédit et de paiement. Les statistiques du commerce sont élaborées directement à partir de ce module. Il offre plusieurs possibilités de croisement des variables et permet d'obtenir l'essentiel des tableaux requis pour l'analyse des échanges commerciaux. La présentation des tableaux sur les produits est faite selon la nomenclature du Système Harmonisé et classification des produits. Les produits sont présentés par sections et chapitres de la nomenclature. Les tableaux bruts sont ensuite exportés dans le tableur EXCEL pour affiner la présentation et faciliter la lisibilité des données.

G. MODSEL

Ce module assure la mise en place de la sélectivité automatique des déclarations. Il permet l'établissement des paramètres et des critères de sélectivité ainsi que la création et la maintenance du fichier de contrôle de la valeur. Il contient des contrôles qui bloquent la liquidation des déclarations pour permettre l'inspection physique des marchandises et le contrôle sur documents, en plus d'un ensemble de fonctions de consultation et d'édition.

H. MODTRS

Ce Module est utilisé pour suivre et contrôler le mouvement des marchandises en transit national. Il permet le traitement des documents de transit (T1), carnet TIR et Déclaration préalable d'importation (DPI) :

- de la frontière à la frontière ;
- de la frontière à un bureau intérieur et inversement ;
- d'un bureau intérieur à un autre.

Avec en place, un compte de garantie avec apurement automatique dès visa SYDONIA au bureau de sortie.

I. MODTRB

Dans ce module, l'accès est limité aux fonctions propres au besoin des déclarants et des transitaires utilisant le MODENT et exclut notamment le contrôle douanier et les états de sortie disponibles sous MODCBR. C'est une version modifiée du MODTRS destinée à l'usage des déclarants et transitaires qui veulent avoir une connexion électronique directe au système SYDONIA++ afin de saisir et de transmettre les documents de transit à la douane.

Il exclut les fonctions d'édition du MODTRS.

J. MODASY

Ce module est une compilation des fonctionnalités des modules MODCBR, MODCAR et MODACC. Il prend le traitement de la déclaration (à l'exception de la saisie a posteriori et des fonctions consultations/Editions), les régimes suspensifs et la vérification du MODCBR, et toutes les options des MODCAR et MODACC.

K. MODSHD

Ce module est désigné pour permettre à la douane d'enlever physiquement les marchandises des magasins douaniers après avoir terminé le traitement de la déclaration et le paiement des droits et taxes.

2.1.4.2. Les modules de la Direction générale

Les modules de la Direction générale permettent de définir les instructions de base pour la mise en œuvre initiale du système SYDONIA++ en fonction des besoins nationaux, (types de déclarations, structure du tarif national, règles de taxation etc.). Ils sont utilisés pour créer et maintenir la base de données de référence utilisée par le système et assurer ainsi la sécurité du système et sa compatibilité avec la réglementation.

A. MODCHQ

Ce module permet la création et la mise à jour de la base de données de référence, la création et la maintenance des principaux types et règles de taxation, ainsi que la production de statistiques.

B. MODCHQCF

Module de la configuration nationale, il permet l'application des standards nationaux pour l'adaptation du système aux besoins nationaux, la définition de la structure du tarif et la mise en place de la partie centrale des fonctions de la taxation. Les standards nationaux comprennent :

- *le nom et la devise monétaire nationale ;*

- *la définition de la structure et du format de certains éléments de données ;*
- *la règle de calcul des taxes et redevances globales ;*
- *la définition des colonnes du tarif et des méthodes de taxation standard ;*
- *les modes de calcul standard pour la répartition des coûts annexes à la valeur.*

C. MODSYSCF

C'est le module de configuration qui permet d'adapter SYDONIA^{++} aux conditions nationales de fonctionnement d'un bureau de douane et de gérer les droits d'accès des utilisateurs. Le module de configuration du système permet de définir :

- *la configuration des paramètres du bureau de douane ;*
- *la liste des modules SYDONIA^{++} utilisés dans ce bureau ;*
- *la configuration des numéros de série pour les déclarations et les quittances ;*
- *le contrôle de la gestion des utilisateurs, y compris la définition de groupes d'utilisateurs fonctionnels et le rattachement des utilisateurs a ces groupes.*

D. MODGTW

Le module «Gateway» gère les communications entre les sous-systèmes SYDONIA^{++} au sein du système national. Ce module, également appelé ASY^{++}GATE, assure automatiquement le transfert des données entre les divers sites, il permet la distribution des données de référence, l'échange des messages transactionnels et la centralisation des informations statistiques ou comptables.

E. MODTST

Ce module permet de réaliser des tests de charge du système SYDONIA^{++} par la génération automatique de déclarations, et permet notamment l'analyse des temps de réponse.

Chapitre 5 :
Mise en parallèle des systèmes : SYDONIA et les autres

3.1. ORBUS[43]

3.1.1. L'historique

Le Groupement d'Intérêt Economique (GIE)[44] GAINDE 2000 (Gestion Automatisée des INformations Douanières et des échanges Extérieurs 2000) a été mis en place par le Comité de Gestion de la Prestation Informatique Douanière (CGPID) en juin 2002, au Sénégal. Les ressources du GIE GAINDE 2000 ont une longue expérience dans le développement des systèmes d'informations. Elles ont été impliquées dans toutes les phases de modernisation du système de dédouanement GAINDE.

GAINDE 2000 est la dernière version de l'application douanière GAINDE qui existe depuis 1990. Travaillant depuis 1995 dans l'environnement du commerce extérieur, les experts ont pu se forger des compétences métiers très poussées, notamment dans les domaines suivants :

- *Informatique douanière ;*
- *Facilitation des procédures du commerce extérieur ;*
- *Gestion de projet de grande envergure ;*

---

[43] www.gainde2000.sn

[44] Le Groupement d'intérêt Economique a pour objet l'exploitation technique et commerciale du produit GAINDE 2000. Les objectifs spécifiques suivants lui sont assignés dans ses statuts : Assurer le déploiement du produit GAINDE 2000, doter le produit d'un label normalisé qui en garantit la fiabilité et la crédibilité sur le plan international, conduire les actions de « standardisation » du produit GAINDE 2000 afin de le rendre opérationnel sous toutes plateformes pertinentes, engager l'expérimentation, en matière de réseau, du mode de communication par radio-transmission (Wireless), définir et exécuter une bonne politique de prospection et de promotion du produit GAINDE 2000 pour son implantation au niveau international, concevoir et développer des modules additionnels pour optimiser les fonctionnalités existantes de GAINDE 2000 et en enrichir le champ d'exploitation, assurer la création, l'acquisition, l'exploitation de toute activité se rattachant aux objets précités.

- *Support et assistance aux utilisateurs (help desk) ;*
- *Formation des utilisateurs ;*
- *Systèmes de paiement électronique.*

Le Logiciel GAINDE 2000 est composé, d'une part d'ORBUS 2000 (Système de collecte électronique des documents du commerce extérieur), de TRADE-X (Système informatique de la douane) et d'autre part d'ORBUS LOGISTIC (une plateforme de services logistiques dématérialisés). La gestion du projet ORBUS 2000 a été transféré à la douane depuis début 2002 à travers une convention signée entre le Ministre chargé du commerce et le Ministre chargé du budget. En Juillet 2005, grâce à la coopération entre le Sénégal et le Kenya, Kenya Revenue Authority (KRA) a mis en place un nouveau système de gestion des douanes (SIMBA 2005 System similaire au système GAINDE 2000 du Sénégal) pour remplacer BOFFIN, système qui a été mis en œuvre en 1989. SIMBA 2005 System englobe TRADE-X (module de gestion de dédouanement), LEUK (module permettant d'effectuer des recherches avancées, en temps réel, sur le tarif des douanes et sur les textes réglementaires des douanes), PAYBOX (module de contact entre les banques et les douanes) et ORBUS (module facilitant le contact électronique entre les agents des douanes et agents en douane, agents maritimes, transporteurs ainsi que des organismes gouvernementaux de réglementation). La mise en œuvre de SIMBA 2005 system a donné des gains considérables dans le processus de dédouanement. GAINDE 2000 est présentement dans 3 pays à travers le monde. Le Guichet Unique avec le système informatique «ORBUS» utilisé au Sénégal semble avoir de la côte à l'international au point d'inspirer des pays d'Asie centrale (Kirghizstan, Kazakhstan et Tadjikistan).

3.1.2. Les objectifs

Il y a deux sortes d'ORBUS : ORBUS 2000 et ORBUS LOGISTIC.

ORBUS 2000, système de collecte électronique des documents de prédédouanement est conçu pour faciliter les procédures du commerce extérieur par des échanges électroniques entre les différents intervenants du commerce extérieur. Le système repose à la fois sur une infrastructure technologique et un dispositif de services.

ORBUS 2000 a pour objectifs :

- *la réduction significative du délai des formalités de prédédouanement ;*
- *la réduction des coûts liés aux formalités ;*
- *l'amélioration de la qualité du service rendu à la clientèle ;*
- *la quasi-suppression de l'utilisation du papier.*

Le système interconnecte, dans un réseau, les principaux acteurs du commerce extérieur pour le traitement automatisé (électronique) des demandes d'autorisation et de certificats exigés dans l'accomplissement d'une opération d'importation ou d'exportation. ORBUS 2000 est, non seulement un outil qui permet à des démembrements de l'administration de communiquer entre eux dans le cadre de leur travail de tous les jours mais aussi, une passerelle électronique entre l'administration et ses usagers, mais aussi les échanges électroniques offrent plus de fiabilité, plus de transparence et permettent de procéder à des exploitations statistiques beaucoup plus aisées, après déroulement des opérations. ORBUS LOGISTIC, plateforme de services logistiques dématérialisés, intègre l'ensemble des acteurs (transporteurs, sociétés de manutention, manutentionnaires, autorité portuaire ou aéroportuaire, agents en douane, service du terminal à conteneurs, opérateurs économiques, agents de douane) qui interviennent dans la prise en charge de la cargaison et des passages portuaires et aéroportuaires. Chaque catégorie d'acteurs dispose d'un module qui intègre l'ensemble des fonctionnalités nécessaires à l'exécution des opérations et transactions en toute sécurité et dans la transparence. Le projet final est la dématérialisation effective des échanges.

ORBUS LOGISTIC a pour objectifs :

- *le chargement automatique du manifeste cargo ;*
- *le partage de l'historique de modification du manifeste ;*
- *la gestion électronique des états différentiels du manifeste ;*
- *l'identification des documents requis pour chaque type de marchandise ;*
- *le routage des documents ;*
- *la consolidation du dossier d'enlèvement par la collecte des différents bons ;*

- *le calcul et paiement électronique des frais liés aux dossiers d'enlèvement ;*
- *le suivi de la sortie des marchandises des magasins et aires de dédouanement et de l'enceinte du port ;*
- *le suivi des mouvements des conteneurs et marchandises ;*
- *l'accès aux données d'identification des acteurs logistiques ;*
- *la mise en place de marché B2B pour les acteurs logistiques.*

3.1.3. L'architecture

Le système ORBUS est entièrement construit dans un environnement client / serveur et sur Windows (Internet lui-même étant conçu sur ce modèle). Cela signifie que certaines machines-clients se connectent à un serveur, un dispositif généralement très puissant en termes d'entrées / capacité de production qui leur fournit des programmes donnant une large gamme de services. Il tire les mêmes avantages dans cet environnement que son cadet SYDONIA World. La technologie est utilisée dans un environnement Web (VB6/ASP) Windows Services ; MSMQ 3.0 comme messagerie asynchrone ; IIS 6.0 et FrameWordk2.0 et COM / DCOM composants de la technologie dans les transactions.

Base de données SQL Server 2000 (2005 de migration en cours)

Windows Advanced Server 2000 et 2003 OS (depuis 2008).

Le projet de dématérialisation des échanges en cours conduira à une révision complète et à une mise à niveau de l'architecture et de la plateforme en 2010.

3.1.4. L'organisation technique

ORBUS 2000 interconnecte toutes les administrations impliquées dans le traitement des formalités d'import / export et permet aux déclarants de déposer leurs demandes via un formulaire électronique unique. Tous les processus sont automatisés et les résultats sont disponibles en format souple, avec la possibilité d'imprimer des copies papier. La solution est flexible et modulaire, et est très susceptible de se conformer aux différentes contraintes techniques, organisationnelles et géographiques. ORBUS 2000 interconnecte au Sénégal les intervenants suivants:

- *les Banques ;*
- *la Direction de la Monnaie et du Crédit (DMC) ;*
- *la Fédération Sénégalaise des Sociétés d'Assurances (FSSA) ;*
- *la Direction de la Protection des Végétaux (DPV) ;*
- *la Direction de l'Elevage (DIREL) ;*
- *la Direction du Commerce Extérieur (DCE) ;*
- *la Direction de l'Océanographie et des Pêches Maritimes (DOPM) ;*
- *la Division du Contrôle et de la Qualité (DCQ) ;*
- *la Division de la Métrologie ;*
- *la COTECNA (Agence d'inspection avant embarquement) ;*
- *la Direction des Eaux et Forêts ;*
- *la Direction Générale du Trésor.*

Les modules sont classés en deux catégories, les modules d'ORBUS 2000, et les modules d'ORBUS LOGISTIC.

3.1.4.1. Les modules d'ORBUS 2000

A. MODULE DE TRANSMISSION DE DEMANDE

L'importateur dispose d'une fenêtre web unique où il peut envoyer une demande à tous les organes administratifs connectés au système. Une fois les données de facturation sont entrées, le système propose au commerçant les documents nécessaires pour son fonctionnement. Après validation, sa demande est automatiquement envoyée à tous les acteurs impliqués dans l'opération. L'importateur reçoit tous les documents sur son écran une fois les demandes ont été traitées. Les documents peuvent être imprimés ou envoyés à la douane par voie électronique. L'importateur peut suivre la progression de toutes ces transactions en temps réel.

B. EXPEDIER LE MODULE

Ce module est le cœur du système. Il intègre toutes les règles d'affaires pour les opérations d'importation et d'exportation. Basé sur les données saisies par le client, il analyse l'ensemble des documents adaptés qu'il propose à la clientèle pou appréciation. Après validation par le client, le module transmet les données et les documents joints aux intervenants appropriés. Les intervenants ne reçoivent que les données du module qui les concerne spécifiquement; la diffusion des données n'est donc pas abusée et la confidentialité est respectée. Les paramètres peuvent être mis sur ce module selon la réglementation en vigueur.

C. INTERVENANTS DU MODULE

Ce module sert d'interface avec les parties prenantes connectées au système. Il reçoit les demandes des importateurs/exportateurs. Il a plusieurs fonctions de traitement; l'intervenant peut donc valider les modifications des demandes, ou les rejeter. Chaque utilisateur parmi ceux identifiés et étant parties prenantes peut se voir alloué une fonction spécifique. Les profils sont gérés localement. Ce module est disponible en versions web et client. Il peut être déployé sous les deux versions en fonction des priorités du client pour tous les organismes privés ou publics administratifs impliqués dans le processus d'import-export pour la délivrance des documents.

D. MODULE DE SURVEILLANCE

C'est le module du suivi des performances du système. Il agit comme un soutien pour l'assistance que connaît l'emplacement d'un fichier à un moment donné et peut donc être envoyé pour traitement. Il est également un outil d'amélioration des performances, car il surveille les transactions et l'intégration d'indicateurs de performance. Il est crucial pour un bon fonctionnement du système.

E. GESTION DES MODULES

Ces modules permettent au système d'être exploité. Une mention particulière doit être faite du module d'inscription, du module de facturation, du module d'impression de fichiers et du module de distribution réception entre les différents intervenants. Ces modules permettent une exploitation commerciale efficace de la plateforme.

3.1.4.2. Les modules d'ORBUS LOGISTIC

Les composantes de la plateforme ORBUS LOGISTIC sont :

A. LE MODULE DE CHARGEMENT ET DE PARTAGE DES DONNEES DU MANIFESTE ;

B. LE MODULE DE GESTION ELECTRONIQUE DES DOSSIERS D'ENLEVEMENT DES MARCHANDISES ;

C. LE PORTAIL DE SERVICES LOGISTIQUES B2B.

3.2. TRADE-X[45]

3.2.1. L'historique

L'expérience du Sénégal dans le commerce sans papier a commencé sa mise en œuvre au milieu des années 1980, quand l'autorité gouvernementale (Ministère des Finances) prit la décision d'informatiser les processus officiels, en général, et les procédures du commerce, en particulier. Le Gouvernement Sénégalais a réalisé que, pour assurer la collecte des recettes douanières et permettre aux commerçants d'avoir la possibilité d'être connectés à la douane et d'envoyer leurs déclarations à distance, il était nécessaire d'automatiser les opérations de douane. Les systèmes informatisés étaient très rares à l'époque et coûteux. La CNUCED venait de lancer le système SYDONIA pour les pays de la CEDEAO. La décision la plus facile était alors de mettre en œuvre le système SYDONIA et pour éviter des dépenses élevées et de bénéficier du même système utilisé par tous les pays d'Afrique occidentale. Mais l'objectif du Gouvernement n'était pas seulement d'avoir un système informatisé pour recueillir des statistiques, mais une complète automatisation des douanes, système qui permettrait aux commerçants de soumettre leurs déclarations en ligne. Grâce à l'environnement des télécommunications qui a été aligné avec les dernières technologies, cette option a été jugée viable et réalisable. Finalement, le Gouvernement a opté pour le développement de son propre système appelé GAINDE avec des experts locaux assistés par les organisations internationales expertes. Sous le leadership de la division nationale d'automatisation du Ministère des Finances, le projet a été lancé en 1986. Le projet a pris 4 ans et au milieu des années 1990, le nouveau système nommé GAINDE était opérationnel. GAINDE est probablement l'un des tout premiers systèmes automatisés en Afrique sub-saharienne, couvrant un vaste champ de fonctionnalités et permettant aux commerçants et aux compagnies maritimes de déposer leurs déclarations en ligne.

---

[45] Ibrahima Diagne, Directeur général, GAINDE 2000, Sénégal.

Durant la première année de fonctionnement, les problèmes liés à la performance, la disponibilité du système et la stabilité de la connexion ont été rencontrées. Cela a provoqué un tollé général appelant à un retour au système à base de papier. Mais grâce au directeur de la direction nationale d'automatisation et l'appui solide du Ministre des Finances, ainsi que l'engagement de l'équipe, a aidé à surmonter la résistance.

GAINDE aujourd'hui est un succès bien reconnu.

TRADE-X est le nom international du système de gestion des douanes actuellement en usage au Sénégal, tandis que son nom local est GAINDE et CORUS est le nom du système de paiement électronique relié à d'autres systèmes.

3.2.2. Les objectifs

TRADE-X a été conçu pour faciliter les transactions commerciales par voie électronique entre les intervenants. Ses principaux objectifs sont :

- *le rassemblement des intervenants du commerce extérieur en contact plus étroit;*
- *l'amélioration du processus de travail ;*
- *la simplification et l'harmonisation des procédures pour garantir la fluidité du trafic commercial ;*
- *la réduction du temps de commerce et les coûts liés au temps ;*
- *l'introduction des nouvelles technologies dans l'administration publique et au sein de la communauté des affaires ;*
- *l'automatisation du calcul des droits et taxes pour la perception des recettes ;*
- *l'amélioration de l'efficacité des contrôles douaniers ;*
- *la fiabilisation des statistiques du commerce extérieur.*
-

3.2.3. L'architecture

Le système TRADE-X, conçu en 2000, est construit entièrement sur l'état des outils de l'art technologique, ce qui améliore ses performances et sa sécurité. En plus des modules traditionnels pris en charge dans les systèmes douaniers automatiques semblables, TRADE-X comprend les particularités significatives grâce à certaines innovations:

- la fourniture d'un système de consultation (LEUK), en temps réel, des législations et informations réglementaires (code des douanes, des tarifs douaniers, les traités, les règles communautaires etc.) avec la possibilité d'effectuer des simulations hors-la main sur le montant des impôts et taxes exigibles lors de l'apurement d'un produit donné et de prendre connaissance de la réglementation applicable, tant au niveau local et communautaire;
- le recueillement électronique des documents d'autorisation préalable pour le dédouanement (ORBUS 2000);
- l'établissement, à travers un DATAWHAREHOUSE et un site Web, d'une base de données permettant de collecter des informations statistiques détaillées sur le développement économique en particulier par secteur.

Le système TRADE X est marqué par deux aspects fondamentaux fondés sur un environnement client / serveur et sur Windows : l'environnement client / serveur. Le système TRADE-X est entièrement construit sur un environnement client/serveur ;

- l'environnement Windows.

Windows est un environnement graphique dans lequel l'utilisateur doit être familier avec la souris. Le clavier sera moins utilisé par rapport à d'autres systèmes.

3.2.4. L'organisation technique

L'application Trade-X, solution informatique pour les douanes avec ses différentes composantes, couvre toutes les procédures de dédouanement depuis la transmission électronique du manifeste (EDIFACT) par le consignataire jusqu'à l'enlèvement des marchandises en passant par la gestion des entrepôts, la déclaration, le transit, le paiement. C'est une solution complète qui s'adapte bien aux exigences d'une administration douanière moderne. Elle est flexible dans son déploiement et permet aux douanes d'échanger des données avec d'autres entités.

3.2.4.1. Les modules de TRADE-X

A. MODULE MANIFESTE

Le module manifeste permet au consignataire du moyen de transport de saisir ou de transmettre électroniquement les données du manifeste de cargaison maritime, aérien, routier ou ferroviaire. Le consignataire peut procéder à des rectifications ou à des annulations de manifeste. Il s'y connecte à distance à travers le web avec un système d'authentification.

B. MODULE DECLARATION

Le module déclaration est celui qui permet au déclarant en douane de saisir sa déclaration. Les principaux régimes douaniers sont pris en compte dans ce module qui permet également des saisies complémentaires, des rectifications et des annulations.

C. MODULE DOUANE

Le module douane permet aux agents de la douane de recevoir les déclarations et les manifestes et de les traiter. Il offre plusieurs fonctions avancées de gestion et de contrôle des opérations douanières. Ces fonctions vont de la sélection cotation, aux circuits de visite, en passant par les différents régimes douaniers, la liquidation des droits et la gestion des sorties.

D. MODULE REGLEMENT DES DROITS ET TAXES

Ce module permet l'enregistrement des règlements des droits et taxes. Il gère le crédit et permet le suivi et l'enregistrement du paiement. C'est un module qui peut être déployé dans une entité extérieure à la douane dans le cas où le recouvrement est externalisé.

3.2.4.2. Les modules complémentaires de TRADE-X

A. ANALYSE DU RISQUE

Dans la logique de facilitation, l'analyse du risque est une composante importante d'un système informatique douanier. Ce module permet, à travers des critères de sélectivité, d'affecter un circuit de contrôle aux marchandises importées. Les critères peuvent être locaux ou généraux. Les sources de données qui alimentent ce système sont déterminées avec le client en fonction de leur pertinence et de leur actualité.

B. FICHIER VALEUR

Ce module est une base de données sur la valeur qui s'alimente des données des transactions précédentes. D'autres sources de données peuvent également y être rattachées en fonction des demandes du client. Il permet aux douaniers d'avoir une référence sur la valeur et de pouvoir déceler des incohérences.

C. STATISTIQUES

Ce module permet de fournir des statistiques douanières précises avec des critères de recherche avancée. Il peut être déployé en intranet avec des attributions plus larges et en mode Internet avec une consolidation pour respecter la confidentialité des informations.

D. TARIFS (LEUK)

Ce module permet d'effectuer des recherches avancées sur le tarif des douanes et sur les textes réglementaires des douanes. Il peut être disponible en mode intranet ou en mode extranet[46]. C'est un puissant outil d'information et de simulation. Ce module est développé par la société IDEE qui est un partenaire du GAINDE 2000.

E. PAIEMENT ELECTRONIQUE

GAINDE 2000 a développé en partenariat avec PAYBOX SERVICES (www.paybox.com) une plate-forme de paiement électronique des droits et taxes de douane. Cette plate-forme est raccordée au module paiement de Trade X. Elle peut également s'opérer dans le cadre d'un portail indépendant.

---

[46] Un intranet est un ensemble de services internet (par exemple un serveur web) internes à un réseau local, c'est-à-dire accessibles uniquement à partir des postes d'un réseau local, ou bien d'un ensemble de réseaux bien définis, et invisible de l'extérieur. Il consiste à utiliser les standards client-serveur de l'internet (en utilisant les protocoles TCP/IP), comme par exemple l'utilisation de navigateurs internet (client basé sur le protocoles HTTP) et des serveurs web (protocole HTTP), pour réaliser un système d'information interne à une organisation ou une entreprise. Un extranet est une extension du système d'information de l'entreprise à des partenaires situés au-delà du réseau. De cette façon, un extranet n'est ni un intranet, ni un site internet, il s'agit d'un système supplémentaire offrant par exemple aux clients d'une entreprise, à ses partenaires ou à des filiales, un accès privilégié à certaines ressources informatiques de l'entreprise par l'intermédiaire d'une interface Web.

F. GESTION DES MAD

Ce module permet à la douane d'assurer un suivi en temps réel de toutes les marchandises qui sont déposées dans les magasins et aires de dédouanement (MAD). Les entrées et sorties sont enregistrées en temps réel et enrichissent et apurent les registres. Ce module gère les emplacements à l'intérieur de ces MAD pour faciliter le travail de contrôle et de repérage.

3.3. SINDA[47]

3.3.1. L'historique

A l'occasion de la remise en exécution des différents plans nationaux de développement en 1976, le Ministère des finances Tunisien a entrepris une série de mesures tendant à ajuster, harmoniser et adapter ses structures, ses méthodes de travail et ses moyens d'action aux exigences du développement économique et technologique. Parmi ces mesures, figure l'introduction de l'informatique dans la gestion administrative des directions générales relevant du Ministère des finances et notamment la Direction Générale des Douanes. En effet, la décision d'informatiser les activités principales de la douane a été prise en 1976, l'étude de faisabilité pour la réalisation du Système d'INformation Douanier Automatisé «SINDA» a commencé en mai 1977 et la mise en exploitation progressive a débuté en 1982. L'étude et la réalisation du projet ont été élaborées par une équipe regroupant des techniciens tunisiens. C'est dans ce contexte que SINDA est né pour répondre aux différentes exigences dont les principales sont les suivantes :

- l'évolution économique et industrielle;
- l'évolution du trafic commercial;
- la nécessité de pallier aux difficultés d'application des textes relatifs à la législation et à la réglementation douanières;
- la nécessité de pallier à la non-disponibilité d'informations actualisées concernant le commerce extérieur et les recettes douanières.

SINDA a atteint sa phase de maturité au début des années 90. En effet, durant cette période, il a été procédé à :

---

[47] SINDA-SITE

- *la migration du système SINDA de l'ordinateur du Centre National de l'Informatique (CNI) sur une nouvelle machine acquise par la douane (A10HX d'UNISYS) dont la capacité de traitement et de stockage de l'information est plus importante;*
- *l'évolution du réseau informatique par la connexion de la majorité des bureaux de douane;*
- *l'augmentation du nombre de connexions des partenaires de la douane;*
- *l'amélioration du temps de réponse de traitement des informations relatives aux opérations de dédouanement;*
- *l'évolution rapide du volume des données.*

Compte tenu de l'évolution de la mission de la Direction Générale des Douanes, notamment l'évolution de la législation et de la réglementation douanières résultant de l'Accord d'Association de la Tunisie avec l'Union Européenne, de l'adhésion de la Tunisie à l'Organisation Mondiale du Commerce (OMC) et de la création des zones de libre-échange avec des pays frères et amis (Maroc, Egypte, etc.) ;

Et compte tenu de l'évolution rapide des technologies de traitement et de diffusion de l'information (équipements informatiques et de télécommunication, système d'exploitation, outil de développement, protocole de communication, etc.) ;

Ainsi que compte tenu de l'évolution des besoins et du volume de traitement en plus des contraintes posées pour le passage à l'an 2000, les responsables de la Direction Générale des Douanes ont pris toutes les mesures nécessaires pour rénover le système SINDA par sa migration à SINDA 2000. A cet effet, une équipe de techniciens a été désignée en octobre 1997, afin d'élaborer l'étude de projet de rénovation pour :

- L'acquisition de nouveaux équipements;
- La révision des applications existantes;
- Le développement de nouvelles applications sur la base des nouveaux besoins.

3.3.2. Les objectifs

Les objectifs assignés au départ au système SINDA étaient les suivants :

- fournir à la douane un moyen efficace pour le contrôle des marchandises à l'importation et à l'exportation;

- simplifier et accélérer les procédures de dédouanement, sans faire perdre aux opérations de contrôle leur efficacité;
- appliquer correctement et d'une manière uniforme la législation et la réglementation que la douane est chargée de faire respecter;
- améliorer les relations et l'échange d'informations entre la douane et ses partenaires;
- obtenir une information exacte et actualisée, permettant aux différents niveaux de la hiérarchie une bonne gestion et une prise de décision efficace.

Les objectifs de SINDA 2000 consistent d'une part, à assurer les fonctions ci-dessous :
- maîtriser le flux des marchandises à l'importation et à l'exportation;
- accélérer les opérations de dédouanement des marchandises;
- assouplir et simplifier les procédures de dédouanement.

Et d'autre part, à les améliorer en y apportant les éléments suivants :
- une architecture ouverte (plate-forme Unix / Oracle) avec une configuration redondante, capable de satisfaire aux besoins actuels et futurs. Le nouveau système est capable :
- d'assurer un accès immédiat à l'information dont la rétention d'une certaine catégorie pourrait être de 5 années;
- de supporter les normes internationales de communication et d'échange d'information;
- de supporter des traitements complexes et d'offrir un temps de réponse satisfaisant (< 5 secondes);
- de gérer un large réseau de postes de travail (> 1500) supportant l'arabe et / ou le latin sur différents types de liaisons de communications;
- de fournir des informations de statistiques douanières et fiscales ;
- d'intégrer les nouvelles technologies de programmation, de traitement, de diffusion et de sécurité de l'information;
- d'intégrer le nouveau concept de la liasse unique en relation avec les Ministères du commerce et du transport et avec la Banque centrale de Tunisie et de permettre l'Echange de Données Informatisées (EDI[48]).

---

[48] L'abréviation EDI signifie *Electronic Data Interchange* ou, en français, *Echange de Données Informatisées*. L'EDI peut être défini comme l'échange, d'ordinateur à ordinateur, de données concernant des transactions en utilisant

3.3.3. L'architecture

Le système central de la douane est géré par le système d'exploitation UNIX. Il est basé sur une architecture en cluster de deux niveaux serveurs « RS6000 enterprise server S 750 advanced », avec haute disponibilité, à travers un logiciel qui assure la surveillance des ressources et la reprise, en cas de défaillance d'un serveur, en un temps variant entre 30 et 300 secondes à travers le réseau ou une liaison série entre les deux serveurs. Chaque serveur comporte deux unités : un complexe électronique central et une unité d'Entrée / Sortie.Les deux serveurs partagent : *un sous- système de disque externe;*

- *un robot de sauvegarde gérant une bibliothèque de cartouche pour la sauvegarde et l'archivage automatisé en local et à distance.*

Le système de gestion de base de données utilisé est le système Oracle, version 8. Ce système permet d'assurer le partage des données, tout en les protégeant contre tout incident ou accident et d'obtenir des performances acceptables de l'applicatif. Ses fonctionnalités principales sont :

- *le stockage des informations;*
- *la mise à jour des données de la base;*
- *la gestion des problèmes de partage et de cohérence des données;*
- *la protection des données contre des accès non autorisés.*

De même, SINDA 2000 est une application réalisée avec l'outil de développement Developer2000. Celle-ci tourne en client/serveur avec le système de gestion de base de données ORACLE au niveau de l'ordinateur central et un RUNTIME Oracle sous Windows. Le réseau téléinformatique de la douane est très vaste. Il couvre tout le territoire national. C'est un réseau en étoile

---

des réseaux et des formats normalisés. Les informations issues du système informatique de l'émetteur transitent par l'intermédiaire de réseaux vers le système informatique du partenaire pour y être intégrées automatiquement. Ceci induit : - Echanger quoi ? Besoin de s'entendre sur ce que l'on échange et comment le modéliser.

hiérarchique, composé de deux sites : le site central; le site distant (services des douanes et partenaires). Cette architecture a pour but la centralisation des fonctions. Ces sites comportent des liaisons en cascades, séparées par des équipements informatiques intermédiaires, implantés à chaque niveau hiérarchique pour jouer un rôle bien précis. L'évolution technologique des matériels de traitement de l'information et les supports de transmissions ont conduit à l'optimisation du réseau.

3.3.4. L'organisation technique

Compte tenu des objectifs cités ci-dessus, SINDA est conçu pour assurer les fonctions suivantes:

- *la prise en charge physique et documentaire des marchandises depuis leur arrivée au bureau des douanes jusqu'à leur enlèvement ou exportation;*
- *le dédouanement automatique des marchandises;*
- *la constitution d'une base de données du tarif intégré actualisée regroupant, au niveau de chaque nomenclature douanière, l'ensemble des dispositions concernant* :

  - La réglementation du commerce extérieur et de change;
  - Les différentes réglementations particulières ;
  - Les tarifs préférentiels en vigueur.

- *la gestion automatique des partenaires de la douane (commissionnaires en douane, transporteurs, opérateurs économiques, etc.);*
- *la gestion automatique des comptes crédits;*
- *la gestion automatique des agréments;*
- *la gestion automatique des recettes douanières;*
- *l'édition automatique des états de suivi et de contrôle.*

SINDA intègre plusieurs applications ou modules dont la principale demeure la prise en charge du circuit de dédouanement des marchandises depuis l'enregistrement du manifeste jusqu'à l'enlèvement ou l'exportation, suite à une déclaration en détail des marchandises (DDM). D'autres applications ont été développées pour répondre aux besoins des activités de la Direction Générale des Douanes, dont particulièrement :

A. AFA

Système d'enregistrement et de contrôle des mouvements des véhicules importés temporairement ou admis temporairement sur le territoire national, à travers les postes frontaliers des douanes (terrestres ou maritimes).

B. IFAA

Système de gestion et de contrôle d'importation en franchise des véhicules et des effets personnels suite au changement de résidence (FCR).

D. DUTY

Système d'allocation et de suivi des ventes en franchise au profit des missions diplomatiques.

E. MOUVOP

Archive de toutes les opérations de dédouanement des véhicules importés depuis 01/01/1982.

F. COTUNACE

Système de gestion de l'assurance-cautionnement des importations effectuées dans le cadre du perfectionnement actif.

G. MARHABA

Gestion des bagages accompagnés par les voyageurs.

H. DEVISE

Gestion des devises importées par les voyageurs.

I.D .P.F

Gestion des demandes de privilèges fiscaux.

Chapitre 6 :
Mécanisme de fonctionnement, réalisations Et Rendements du Guichet Unique

Le présent chapitre s'attellera à une présentation fonctionnelle du Guichet Unique en mettant en lumière les services percepteurs à la frontière ainsi que la liste des taxes configurées, le système de gestion installé et ses tables de procédure, l'environnement de travail ainsi que ses réalisations par rapport aux attentes du Gouvernement.

4.1. L'analyse du fonctionnement du Guichet Unique de Matadi-Beach

Dans ce processus de dédouanement des marchandises, le déclarant est obligé de s'acquitter de ses obligations devant les services suivants :

- *l'OFIDA / office des douanes et accises ;*
- *l'OCC / office congolais de contrôle ;*
- *l'ONATRA / office national de transport ;*
- *la Quarantaine internationale / service d'hygiène;*
- *l'OGEFREM / office de gestion du fret maritime (multimodal) ;*
- *la DGI / direction générale des impôts ;*
- *le FPI / fonds pour la promotion de l'industrie ;*
- *la DGRAD / direction générale des recettes administratives, domaniales, judiciaires et des participations ;*
- *le Ministère du commerce extérieur ;*
- *le Ministère de l'agriculture ;*
- *le Ministère du transport et communication ;*
- *le Ministère des postes et télécommunication ;*
- *le Ministère de l'énergie ;*
- *la SONAS / société nationale d'assurance.*

Pour une meilleure perception du rôle de chacun de ces services, il est utile d'en spécifier les cahiers des charges ainsi que les liens fonctionnels qui les attachent aux autres intervenants.

Aux services étatiques impliqués dans le circuit douanier, il y a lieu d'ajouter les structures privées suivantes : les agents maritimes, les banques.

4.1.1. Intervenants techniques

4.1.1.1. OFIDA / DGDA

L'OFIDA, (office des douanes et accises) et actuellement DGDA (direction générale des douanes et accises,) placé sous la tutelle du Ministère des finances, est nanti (en vertu d'un certain nombre de textes légaux qui régissent son fonctionnement) de toutes les missions et prérogatives dévolues à l'administration des douanes et accises en République Démocratique du Congo, à savoir :

- la perception des droits, taxes et redevances à caractère douanier et fiscal, et qui sont dus soit du fait de l'importation ou de l'exportation des marchandises de toute nature, soit du fait de leur transit ou de leur séjour en entrepôt douanier ;
- la perception des droits d'accises ;
- la surveillance des frontières ;
- la recherche et la constatation des infractions en matière de douane et accises et aux législations connexes, sur toute l'étendue du territoire congolais, y compris les eaux territoriales ;
- la formation du personnel aux techniques modernes de gestion dans le domaine des douanes et accises.

Il importe de souligner que la gestion d'une plateforme douanière obéit à des procédures complexes, qui englobent tant les opérations administratives, fiscales, juridiques que logistiques. Concrètement, voyons plus en détail les procédures OFIDA telles qu'elles s'opèrent au bureau des douanes de Matadi avec comme système de gestion SYDONIA 2.7 et par la suite SYDONIA ++, à partir de la schématisation résultant du travail d'expertise conjoint mené par Monsieur Ahmed Boilil[49] et nous-mêmes.

[49] Ahmed Boilil, expert du Fonds Monétaire International, ancien Directeur général Adjoint des douanes mauritaniennes.

Procédures à l'importation

A.1. Formalités de prise en charge

1. L'agent maritime a l'obligation de déposer à la douane : *le préavis d'arrivée du navire ; le manifeste et les copies des connaissements (titres de transport) ; la demande d'autorisation de déchargement.*

2. Une fois les documents énumérés ci-dessus ont été déposés, l'autorisation de déchargement est donnée par le Chef du Bureau ou son délégué. A ce stade de la procédure, le manifeste et les connaissements qui lui sont annexés s'avèrent indispensables pour le déclenchement des formalités.

3. Le Service de prise en charge procède à la saisie du manifeste au Guichet Unique (cellule manifeste[50]) immédiatement après l'autorisation de déchargement.

4. Le service de prise en charge et la Brigade douanière accèdent à bord du navire et se font remettre par le commandant de bord :

- la déclaration du navire qui reprend notamment, l'itinéraire suivi et la cargaison transportée, la liste des membres d'équipage, la liste des provisions de bord (manifeste de pacotille). Les stores contenant les provisions sont scellés après la soustraction des provisions nécessaires à la subsistance des membres de l'équipage pendant le séjour à quai ;
- le plan de chargement du navire, en particulier pour la cargaison composée des marchandises diverses.

5. L'opération de déchargement peut intervenir durant les heures de service ou en dehors de celles-ci. Dans ce dernier cas, elle donne lieu à une autorisation préalable accordée et au paiement des indemnités de travail supplémentaire.

6. Les préposés du service de prise en charge (agents pointeurs) constatent les quantités déchargées sur des feuilles de pointage adaptées à la cargaison (véhicules, containers ou conventionnel) signées à la fin de chaque shift conjointement avec les préposés de l'ONATRA et le Commandant de bord.

7. Au fur et à mesure du déchargement, les feuilles de pointage sont transmises à la cellule manifeste du Guichet Unique pour la mise à jour ou correction du manifeste précédemment saisi. A noter que les

---

[50] La saisie des déclarations de cargaisons/manifestes, sous SYNONIA++ est effectuée par les agents maritimes eux-mêmes tandis que la douane s'occupe des corrections.

marchandises non manifestées sont considérées comme des excédents et sont ajoutées au manifeste saisi sur la base des feuilles de pointage les concernant et d'une lettre de correction de manifeste adressée par l'agent maritime à tous les partenaires.

8. Les petites quantités de marchandises ou les objets et effets personnels usagés contenus dans les véhicules d'occasion ne sont pas ajoutés au manifeste. Les relevés des véhicules les contenant, établis au déchargement par les agents pointeurs, sont transmis à la cellule manifeste et au service d'acceptation pour veiller à la correction (dégroupage) du titre de transport en incluant la liste des marchandises constatées après le dépotage contradictoire.

9. A la fin du déchargement, le service de prise en charge établit, sur base des feuilles de pointage, le procès-verbal de fin de déchargement qui constate soit la conformité de la cargaison au manifeste déposé, soit des manquants, soit des excédents, soit des manquants et des excédents. Les manquants sont supprimés du manifeste saisi pour le faire correspondre exactement à la réalité des marchandises déchargées, c'est ce qu'on nomme la consolidation de la prise en charge.

10. Les containers déchargés sont stockés sur le parc des containers de Matadi (TCM : terminal à container de Matadi), les véhicules sont acheminés dans les aires qui leur sont réservées et les marchandises en conventionnel sont stockées dans les magasins de l'ONATRA. Les marchandises séjournent dans ces endroits pendant 15 jours après la fin du déchargement ; passé ce délai, le receveur principal est tenu d'établir des déclarations d'office pour leur entreposage avec paiement des droits de magasinage et de la taxe d'entreposage.

11. Les quantités stockées dans les parcs, aires et magasins sont inscrites dans des registres de prise en charge tenus par des préposés du service de prise en charge affectés à ces endroits. Ces registres servent à la tenue du registre général de prise en charge.

A.2. Formalités de déclaration

12. L'importateur ou son représentant dûment mandaté sollicite sans délai l'obtention du « laissez-suivre»[51] auprès de l'agent maritime.

13. Le déclarant retire auprès des agents de la Brigade douanière au Guichet Unique la fiche de suivi du dossier après présentation d'une copie du connaissement.

---

[51] La procédure d'obtention du « laissez-suivre » sera détaillée après au point 4.1.2.2. Les agents maritimes.

14. Il remet à la cellule manifeste la fiche de suivi[52] pour horodatage et le connaissement pour dégroupage éventuel et annotation du numéro du titre de transport généré par SYDONIA 2.7. Ensuite, le signal électronique du connaissement est envoyé aux partenaires afin qu'ils puissent y faire figurer leurs éléments de facturation. [53]

15. Il se présente à l'OCC et à l'ONATRA pour les formalités nécessaires à leurs facturations respectives. Après facturation, ces organismes renvoient dans le réseau leurs données de facturation sous SYDONIA 2.7 tandis que sous SYDONIA ++, l'OCC ne renvoie plus sa facturation car elle est configurée totalement dans le système néanmoins, il perçoit les frais supplémentaires, en dehors du site, si sa base imposable est différente de celle de la douane.

16. Dans le signal renvoyé par l'OCC, les valeurs FOB, fret et assurances déclarées par le déclarant, celles acceptées c'est-à-dire retenues par l'OCC au regard de sa base de données et les numéros des attestations de vérification BIVAC en cas de contrôle avant embarquement, sont communiquées. Par ailleurs, l'OGEFREM renvoie à l'OFIDA un signal électronique comprenant les éléments sur le fret payé.

17. Le déclarant saisit sa déclaration dans la salle banalisée mise à sa disposition dans les installations physiques du Guichet Unique ou dans ses installations pour celui qui est connecté à distance. Il constitue ensuite le dossier de la déclaration composé de la note de débit de l'OCC, de la facture de l'ONATRA, de la facture, de la note de fret, de l'ordre à déclarer, du laissez-suivre, de la licence, la déclaration de valeur « DV1 » souscrite par l'importateur, des autorisations requises conformément aux réglementations diverses, etc. (voir annexe Pièces jointes à la déclaration douanière modèle COMESA : DDCOM).

A.2.1. Formalités au service d'acceptation

18. Le service d'acceptation examine la recevabilité de la déclaration par rapport aux données saisies et aux documents à y joindre conformément aux réglementations en vigueur.

A.2.2. Formalités au service de recettes

19. Le service de recettes procède à l'ordonnancement de la déclaration c'est-à-dire à l'envoi du signal électronique à la banque

[52] La fiche de suivi, instrument institué pour évaluer et déterminer les lenteurs et pesanteurs dans les procédures des différents services prestant dans le Guichet Unique, n'est ni exploitée, ni archivée. Un document de trop.

[53] Cette étape est supprimée dans SYDONIA++.

préalablement choisie par le déclarant pour paiement et à l'impression du bulletin de préliquidation (liquidation).

20. Le déclarant se présente à la banque concernée pour le paiement du montant global couvrant l'ensemble des perceptions dues à l'OFIDA et à tous les organismes percepteurs des droits et taxes. En cas de paiements dits extérieurs c'est-à-dire effectués en dehors du Guichet Unique (à Kinshasa ou dans des banques locales non reliées au Guichet Unique), le service de recettes configure les droits ou taxes déjà payés.

La différence entre la procédure sous SYDONIA 2.7 et SYDONIA ++ réside essentiellement par le paiement à la banque qui est différé après la vérification dans SYDONIA ++ afin d'éviter de recommencer toute la procédure s'il y a des montants à suppléer constatés par le vérificateur et exécutés par la contre-écriture.

21. Quand le déclarant se présente avec les preuves de paiement, le service de recettes procède au nivellement c'est-à-dire au contrôle du signal électronique renvoyé par la banque par rapport au signal envoyé au moment de l'ordonnancement pour s'assurer de la validité des preuves de paiement. Ensuite, il procède à la comptabilisation des preuves de paiement (liquidation et recouvrement).

22. Le service de recettes envoie le signal électronique de la déclaration au service de la vérification. Ceci permet de coter le vérificateur automatiquement et de manière aléatoire.

23. Le service de recettes édite la déclaration et la remet au déclarant pour signature et apposition du cachet du commissionnaire en douane. Quand le déclarant ramène la déclaration, le receveur principal ou son délégué y appose sa signature (validation). Ensuite, la déclaration et ses pièces jointes sont envoyées par carnet de transmission au service de vérification.

24. Toutefois, pour les marchandises en transfert sous douane (transit national) et les marchandises en lots homogènes, le dossier est d'abord transmis au service chargé de la sélectivité pour détermination sur base de la gestion des risques s'il y a lieu de l'admettre comme conforme ou s'il faut le soumettre à la vérification physique (visite)[54].

---

[54] Le service contrôle chargé de la sélectivité fonctionne encore manuellement car les critères ne sont pas encore prédéfinis et le taux des marchandises à visiter est encore 100%.

A.2.3. Formalités au service de vérification

25. L'inspecteur de vérification concerné (A, B, C, D ou F)[55] réceptionne le dossier, l'étudie sur le plan documentaire et y joint un formulaire « rapport de vérification » sur lequel il donne des orientations au contrôleur qu'il désigne pour superviser le vérificateur coté. Les données FOB, fret, assurances de l'OCC et fret de l'OGEFREM sont pris en compte de même que la base de données sur la valeur de l'OFIDA.

26. Entre-temps, l'inspecteur de vérification concerné appose sur une photocopie de la déclaration la mention d'autorisation du chargement de la marchandise sur le moyen de transport apprêté par le déclarant et signe au bas de cette mention pour permettre aux services de l'ONATRA, dans le cadre de la lutte contre l'engorgement du port, de planifier l'accès des véhicules dans les installations portuaires en vue des opérations de chargement et de vérification physique[56].

27. Le contrôleur superviseur donne à son tour ses orientations sur le « rapport de vérification » et transmet ensuite le dossier au vérificateur coté.

28. Celui-ci l'examine d'abord sur le plan documentaire et, tenant compte des indications éventuelles de l'inspecteur de la sélectivité, de l'inspecteur de vérification concerné et du contrôleur superviseur, procède si nécessaire à la vérification physique de la marchandise en associant les services qui habituellement y participent (OCC, Hygiène, Quarantaine, divers services de renseignements).

29. En cas de constatation d'anomalies au niveau du vérificateur coté, du contrôleur superviseur ou de l'inspecteur concerné, il peut être procédé, conformément aux dispositions légales et réglementaires, à la récupération simple des droits ou à l'établissement d'un procès-verbal d'infraction en matière douanière qui est soumis à la signature du contrevenant et transmis à la Direction provinciale pour suite contentieuse. Dans les deux cas, la déclaration fait l'objet d'une «contre-écriture» au Guichet Unique par les soins de l'inspection de vérification concernée.

---

[55] Les inspections sont définies afin de les spécialiser dans des matières bien déterminées : A correspond aux chapitres 1 à 24 du système harmonisé, B : 25 à 49, C : 50 à 83, D : 84 à 97, E : chargée des exportations, F : chargée des marchandises usagées.

[56] Par manque d'engins suffisant pour la manutention, celle-ci ne se fait qu'une fois et le véhicule séjournera dans les installations portuaires aussi longtemps que la marchandise n'est pas libérée.

30. Si le dossier n'a pas donné lieu à la constatation d'anomalies ou si le supplément des droits et taxes dégagé à la suite de la constatation des irrégularités ainsi que les amendes éventuelles infligées en cas de contentieux ont été payés, le vérificateur coté fait rapport au contrôleur superviseur sur le formulaire «rapport de vérification» et au verso de la déclaration. Le contrôleur superviseur fait suivre le rapport à l'inspecteur avec ses annotations. L'inspecteur clôture la vérification en apposant sa signature sur la déclaration et en renvoyant au service de recettes le signal électronique de la déclaration et le dossier physique pour la mainlevée.

A.2.4. Formalités au service de mainlevée

31. La cellule gestion du magasin du service de recettes réceptionne le dossier venant du service de vérification et apure le magasin c'est-à-dire fait générer le «bon à enlever» qu'elle fait correspondre au magasin, aire ou parc où la marchandise est stockée. Elle édite, imprime et signe au nom et pour le compte du receveur principal ce bon à enlever. Ensuite, elle édite, imprime et signe le «bon de sortie»[57] qui peut autoriser des sorties partielles et progressives des marchandises. Pour permettre la sortie de la marchandise, le dossier auquel se sont ajoutés le bon à enlever et le bon de sortie est transmis au service de la Brigade douanière à la sortie Venise[58] ou à la sortie Nkala-nkala.

A.2.5. Formalités au service de sortie

32. Le service de la Brigade douanière réceptionne le dossier, enregistre les données de la déclaration, du bon à enlever et du bon de sortie dans un registre ouvert selon chaque régime douanier. Ensuite, il s'assure que la marchandise présentée par le déclarant à la sortie est bien celle couverte par le dossier avant d'autoriser son enlèvement physique. Ci-dessous les schémas procédures informatisées de dédouanement à l'importation sous SYDONIA 2.7 et sous SYDONIA ++ :

---

[57] Sous SYDONIA++ le bon de sortie est édité par la douane mais imprimé par l'ONATRA.

[58] La sortie Venise servant à la sortie des véhicules tandis que la sortie Nkala-nkala pour les autres conditionnements, la sortie Factage servant elle, à la sortie ferroviaire des marchandises.

Schéma 1 : SYDOONIA 2.7

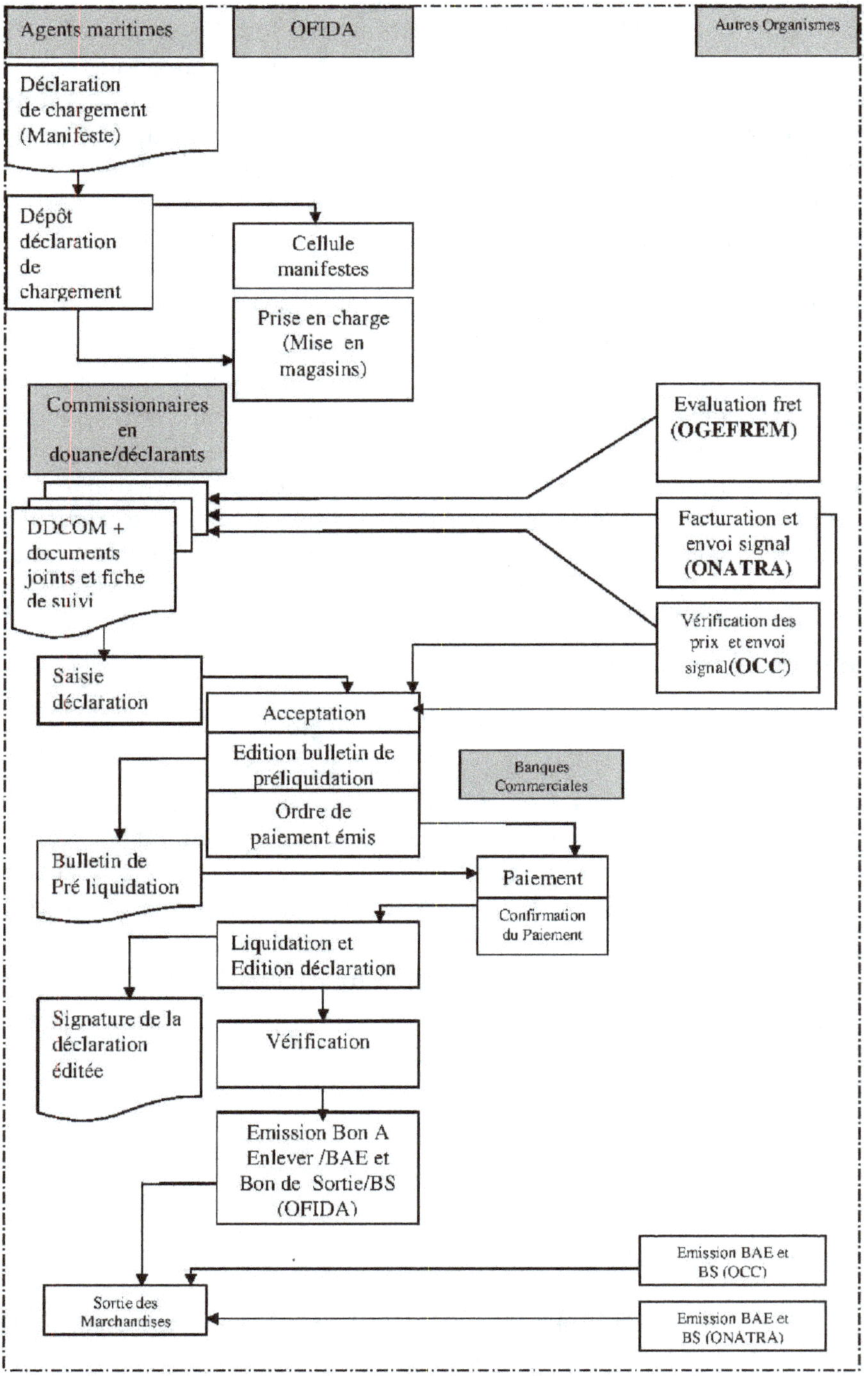

Schéma 2 : **SYDOONIA ++**

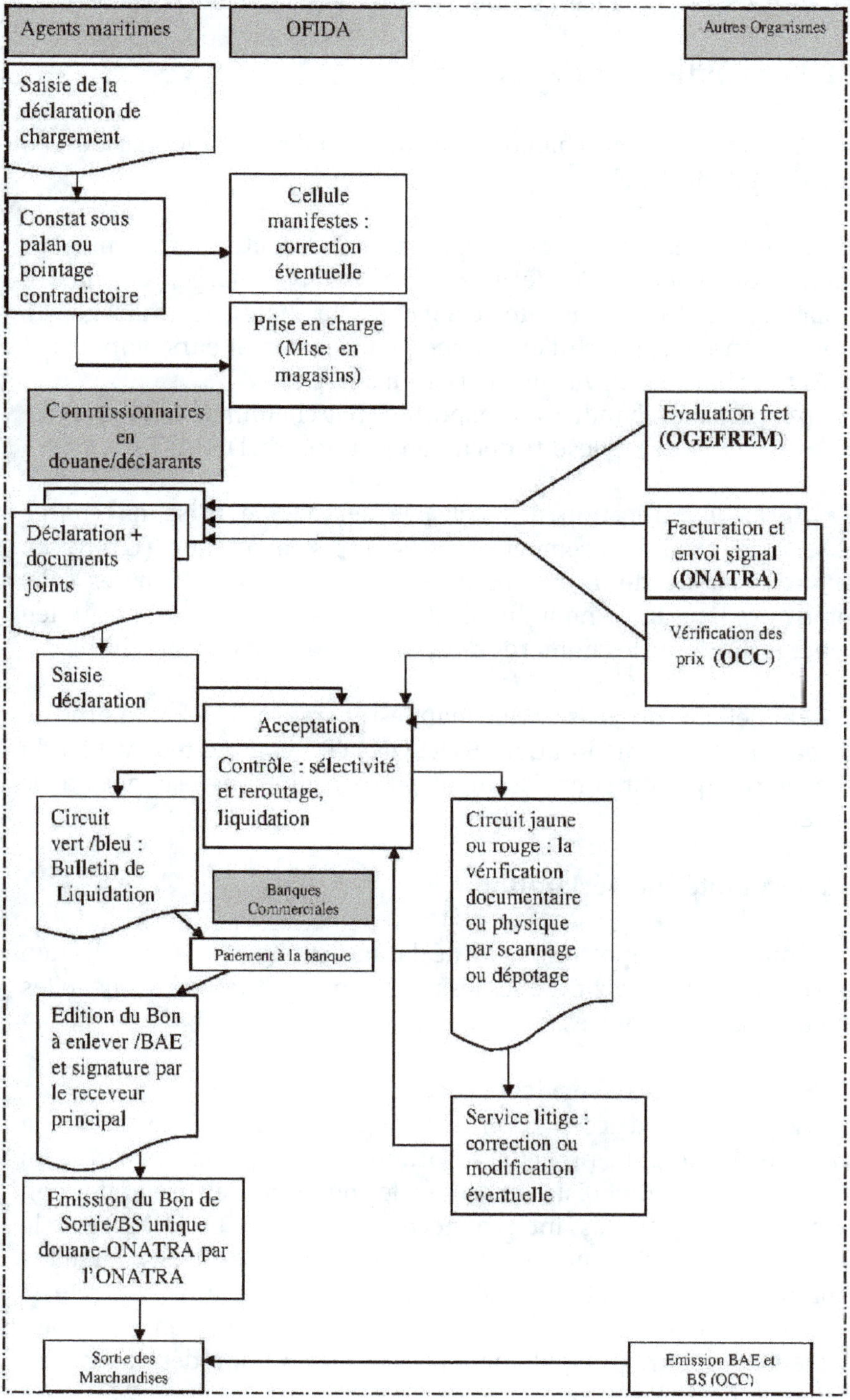

PS. : Sur le schéma 2, il faut noter que les exportations ont été configurées au mois de mars 2005, avant elles étaient traitées au guichet dit manuel.

B.1. Formalités de prise en charge

1. A l'entrée des marchandises destinées à l'exportation au Bureau de douane Matadi-Beach :

- pour les marchandises transportées par route, le transporteur est tenu de remettre au service de prise en charge, en quatre exemplaires, le bordereau de transport, la liste de colisage et, éventuellement, le rapport d'empotage pour les conteneurs empotés et plombés hors bureau, en vue de la prise en charge ;
- pour les marchandises transportées par chemin de fer, le service de prise en charge retire lesdits documents auprès de l'ONATRA.

2. Après identification des colis, le service de prise en charge procède à leur enregistrement dans le registre ad hoc (C148) en indiquant la nature de la marchandise et les quantités. Pour les colis empotés hors bureau, le nom du vérificateur de la marchandise au lieu d'empotage ainsi que les numéros des plombs doivent être précisés.

3. La cellule de saisie du manifeste transcrit le numéro du Bordereau de Transport Routier (BTR) ONATRA comme tenant lieu du signal électronique du connaissement pour faciliter les échanges avec les partenaires.

B.2. Formalités de déclaration

4. Comme à l'importation, le déclarant enregistre la déclaration d'exportation dont il constitue le dossier en joignant les pièces usuelles et les autorisations requises.

B.2.1. Formalités au service d'acceptation

5. Le service d'acceptation du Guichet Unique examine la recevabilité du dossier, procède à l'ordonnancement en envoyant un signal à la banque choisie et édite le bulletin de préliquidation (liquidation). N'étant pas interconnecté avec l'OCC et l'ONATRA, le programme SYDONIA ne tient pas compte de leurs signaux électroniques de facturations, qui se font en parallèle. Il contrôle la validité des cartes d'entrée et donne son quitus en calculant préalablement les frais supplémentaires à payer pour déclencher les formalités à l'ONATRA.

6. A noter que le Service d'acceptation veille particulièrement à exiger, comme pièce jointe à la déclaration, le certificat de vérification de l'OCC qui atteste la qualité et la quantité du lot prêt à l'exportation.

7. Le déclarant procède au paiement du bulletin de préliquidation (liquidation) qui reprend le montant des droits de sortie dus pour les marchandises soumises à ces derniers.

B.2.2. Formalités au service de recettes

8. Le service de recettes procède au nivellement, à l'ordonnancement et à la vérification des preuves de paiement. Ensuite, la déclaration est éditée et réaffectée par l'inspecteur chargé des exportations (vérification F).

B.2.3. Formalités au service de vérification[59]

9. Après la vérification documentaire et éventuellement physique de la marchandise, l'inspecteur de la vérification F appose sa signature et son cachet sur la déclaration, comme à l'importation.

B.2.4. Formalités au service de mainlevée

10. La cellule gestion du magasin accorde, au nom du receveur principal, la mainlevée par l'édition du bon à enlever et du bon de sortie. Elle transmet ensuite des copies de la déclaration, du bon à enlever et du bon de sortie au service de prise en charge qui les fait parvenir à l'agent pointeur affecté au quai pour les formalités d'embarquement dans le navire.

B.2.5. Formalités après l'embarquement

11. Après l'embarquement de la marchandise, le service de prise en charge établit au préalable le rapport de pointage à l'embarquement dont une copie est envoyée à l'inspection de vérification F pour exploitation. Par ailleurs, l'agent maritime doit déposer[60] dans les meilleurs délais, dès la fin du chargement, une copie du manifeste au service de prise en charge pour son enregistrement à la cellule manifeste.

---

[59] Comme pour les importations, sous SYDONIA++, la vérification précède le paiement à la banque.

[60] Sous SYDONIA++ il saisit le manifeste lui-même.

Après avoir ainsi fixé les idées sur les procédures en vigueur sur la plateforme de Matadi, à la faveur de l'installation du Guichet Unique, il est important de souligner aussi les rapports entre la douane et les autres services de l'Etat commis aux différentes occurrences de perception des droits dévolus à l'Etat congolais conformément au droit fiscal et social congolais.

Une telle démarche a le mérite de nous indiquer en quoi l'allégement des démarches en faveur des assujettis aux procédures de dédouanement des marchandises méritait toute l'attention des autorités publiques. Il va de soi que tous ceux qui ont critiqué la lourdeur de ces procédures ne peuvent, on s'en doute bien, qu'y trouver un motif de début de satisfaction. Il va falloir cependant miser sur l'opérationnalité effective des interfaces programmatiques (API) ou des progiciels permettant d'accomplir telle ou telle déclaration, indépendamment de la configuration informatique de l'expéditeur ou de celle du destinataire, en tenant compte des privilèges dévolus à tous les partenaires traditionnels impliqués dans la procédure, d'où l'importance de comprendre d'abord le contexte qui a prévalu pour le regroupement de tous les services spécialisés de l'Etat au port de Matadi, ainsi que les missions qui leur ont été assignées par le législateur congolais. Ces services qui sont aussi nombreux qu'utiles pour l'Etat congolais, vont des transporteurs, jusqu'aux services sanitaires, en passant par les services de contrôle et de la certification de la qualité des produits entrant et sortant, les services taxateurs d'impôt et de perception de redevances variées, ainsi que les gestionnaires du port. Faisons un tour rapide des circuits de tous ces services étatiques.

4.1.1.2. OCC

Placé sous la tutelle du Ministère du commerce extérieur, l'Office Congolais de Contrôle, OCC en sigle, est un fruit du développement industriel et de l'intensification du commerce international après la seconde guerre mondiale. Il puise ses racines lointaines dans la branche locale de la Société Générale de Surveillance (SGS), une multinationale suisse spécialisée dans l'inspection avant embarquement des marchandises et implantée en RDC dès 1949. Créé par l'Etat congolais en remplacement de cette dernière le 10 janvier 1974, l'OCC est aux termes du Décret n° 09/42 du 03 décembre 2009 fixant ses nouveaux statuts, un Etablissement public à caractère scientifique et technique dont l'objet social est défini précisément comme suit : « Procéder en tant que tierce partie à l'évaluation de conformité, en l'occurrence l'inspection, la certification, les essais ou analyses et à la métrologie, en se référant aux standards nationaux, régionaux et/ou internationaux ».

A cet effet, l'Office effectue notamment :

- le contrôle de tous produits fabriqués localement ;
- le contrôle de qualité de tous produits et marchandises, à l'importation et à l'exportation au niveau du Guichet Unique ;
- les essais ou analyses des échantillons des produits importés ;
- le contrôle technique de tous les appareils et travaux ;
- la vérification et l'étalonnage des instruments de mesure ;
- la certification de la qualité des produits autres que les matières précieuses, des systèmes et du personnel ;
- les contrôles techniques.

Suivant la Loi n° 73/009 du 5 janvier 1973 particulière sur le commerce tel que modifiée à ce jour (exposé des motifs y compris), l'Office doit, par ailleurs, aussi procéder au contrôle des quantités et des prix des marchandises avant embarquement et au débarquement. Les missions de l'OCC comme évaluateur de la conformité s'inscrivent dans le cadre de l'infrastructure qualité au niveau national. Ses services sont nécessaires à diverses fins, notamment:

- *démontrer que les produits, processus, services, produits de base et personnels sont conformes à des spécifications, des prescriptions dans le cadre de règlements nationaux, régionaux ou internationaux, des spécifications d'acheteurs ou des accords commerciaux ;*
- *établir et surveiller l'application des exigences relatives à la protection de la santé et de l'environnement ainsi qu'à la sécurité des biens et des personnes ;*
- *protéger les consommateurs par le contrôle des pratiques commerciales déloyales ;*

- *aider à la mise en quarantaine des marchandises et produits nocifs, des organismes nuisibles et pathogènes lors de leur entrée dans une économie.*

Le personnel commis à l'exploitation est revêtu de la qualité d'officier de police judiciaire à compétence restreinte. Il est chargé de veiller à l'exécution des lois, règlements et normes sur la conformité des produits, marchandises, procédures et services. Il peut consigner les produits et marchandises jugés non conformes ou impropres à la consommation, falsifiés, nuisibles à la santé, corrompus ou contrefaits, et proposer à l'instance judiciaire compétente, le cas échéant, leur refoulement ou leur destruction.

L'Office Congolais de Contrôle est aussi depuis peu Officier de liaison de l'Interpol. Il a à son actif 4.458 agents, un réseau mondial de mandataires membres affiliés du groupe VERITAS /Bureau BIVAC BV, un réseau national de laboratoires. L'Office est aussi commissaire d'avaries, sur requête des clients. Il peut créer des agences, bureaux et succursales à l'étranger. Il est membre permanent de l'Organisation Internationale de la Normalisation (ISO), membre du programme des pays affiliés à la Commission Electrotechnique Internationale (CEI), membre des Organisations sous-régionales de Normalisation (COMESA, SADCSTAN) et gestionnaire à Kinshasa d'un Centre de Documentation et d'Informations sur les Normes (CEDIN).

Le cadre juridique complet sur lequel repose les prestations de l'OCC à l'importation et à l'exportation comprend, pour l'essentiel, les référentiels suivants :

- le Décret n°09/42 du 03 décembre 2009 fixant les statuts d'un établissement public à caractère scientifique et technique dénommé Office Congolais de Contrôle, et dont l'objet social consiste en substance à : «Procéder en tant que tierce partie à l'évaluation de conformité, en l'occurrence l'inspection, la certification, les essais ou analyses et à la métrologie, en se référant aux standards nationaux, régionaux et/ou internationaux» ;
- le Décret -loi du 2 mars 1961 sur le prix tel que modifié à ce jour ;
- la Loi n° 73/009 du 5 janvier 1973 particulière sur le commerce tel que modifiée à ce jour, y compris dans son exposé des motifs, qui

institue le contrôle avant embarquement et au débarquement des marchandises sous la responsabilité exclusive de l'OCC ;

- le Décret n°036/2002 du 28 mars 2002 portant désignation des services habilités à exercer aux frontières de la République Démocratique du Congo, dont l'OCC ;
- la Réglementation du change en RDC du 13 février 2003, qui stipule que : «Les marchandises importées ou exportées doivent être contrôlées à l'embarquement par l'Office Congolais de Contrôle ou son mandataire» (Article 17, Alinéa 2) ;
- la Réglementation de change en RDC du 09 juillet 2012 réf. D.23/Gouv. N° 01034, qui confirme les dispositions ci-dessus en leur point 7, relatif au paiement des prestations de l'Office Congolais de Contrôle à la présentation de l'Attestation de Vérification (AV) ou du Certificat de Vérification à l'Exportation (CVE) ;
- l'Ordre opérationnel n°234/2010 du 27/12/2010 du Vice-Premier Ministre en charge du Ministère de l'intérieur et sécurité ;
- le Contrat de vérification avant embarquement des marchandises importées en République Démocratique du Congo ;

Le Gouvernement a, le 30 Novembre 2005, signé un contrat de vérification avant embarquement avec le BUREAU VERITAS BIVAC BV pour épauler l'OFIDA et l'OCC chacun suivant ses prérogatives. L'arrêté interministériel N°106/cab/min/finances et N°004/CAB/140/MIN/CE/2006 du 16 juin 2006 a réglementé l'application dudit contrat.

A. Procédures à l'importation / contrôle avant embarquement

A.1. Formalités de contrôle avant embarquement

1. Souscription de la licence d'importation modèle «IB» à la banque avec achat de devises ou dispense d'achat selon la règlementation de change;
2. Retrait de deux volets OCC de la déclaration d'importation/licence modèle «IB». Il s'agit d'un document de change et d'un support d'inspection auquel sont joints la facture pro forma, le contrat avec le fournisseur et toute autre pièce requise ;
3. Ouverture du dossier de contrôle ;
4. Ouverture du dossier de contrôle à la firme BIVAC et elle se charge de l'envoi de l'ordre de contrôle ou d'inspection à ses correspondants par voie électronique ;
5. Réalisation de l'inspection avant embarquement/BIVAC dans le pays d'exportation, conformément aux textes légaux et réglementaires

en RDC. Cette inspection couvre les aspects : quantité, qualité, prix et conformité ;

6. Emission de l'Attestation de Vérification (AV) qui constate la régularité de l'importation par rapport aux aspects évoqués ci-dessus ;
7. Transmission de l'Attestation de Vérification ou de l'Avis de Refus d'Attestation (ARA) au Département Contrôle Importations/DCI à Kinshasa ;
8. Authentification ou reconnaissance de l'AV pour déclencher le processus de contrôle au département /DCI.

A.2. Contrôle au port de Matadi

A.2.1. Formalités avant l'accostage du navire

9. Analyse du manifeste déposé par l'agent maritime en rapport avec d'autres documents tels que les licences, les attestations de vérification, etc.
10. Récupération des manifestes saisis par l'OGEFREM ;
11. Inventaire des discordances éventuelles ;
12. Apurement des manifestes sur base des connaissements ou Laissez Suivre de l'agent maritime.

A.2.2. Formalités à l'accostage du navire

A.2.2.1. Cas des vivres et autres produits sensibles (produit pharmaceutiques, cosmétiques et chimiques) :

13. Prélèvement de la température des cales ;
14. Vérifications de l'étanchéité des cales ;
15. Examen organoleptique conjoint entre l'OCC et la Quarantaine ;
16. Vérification des documents OCC autorisant le débarquement par le Service Quai ;
17. Signal de débarquement de la cargaison.

A.2.2.2. Cas des marchandises en sacherie :

18. Demande du plan de chargement des cargaisons ;
19. Inspection des cales pour s'assurer du respect du plan de chargement ;
20. Dans le cas de déversement des produits nocifs sur les produits alimentaires, refus de débarquement.

A.2.2.3. Cas des marchandises avec contrat de surveillance et de prévention entre l'OCC et divers partenaires :

21. Obtention des documents de chargement auprès de l'Officier de bord ;

22. Vérification de ces documents, du conditionnement des marchandises ainsi que du plan de changement ou d'arrimage ;

23. Vérification de la cargaison. S'il est constaté des souillures des marchandises et en général si la vérification n'est pas satisfaisante, prise en charge de la marchandise par le commissariat d'avarie/OCC et début de la procédure de refoulement, de destruction ou de conversion.

A.2.3. Déchargement et prise en charge de la marchandise

24. Prélèvement du poids ou volume des marchandises débarquées sous palan par le Service Quai. A ce stade, le service vérifie également si la marchandise n'a pas subi de dommage et si le conditionnement est normal.

A.2.4. Formalités de déclaration

A.2.4.1. Vérification en amont du Guichet Unique

a) Ouverture et Acceptation du dossier

25. Ouverture du dossier comprenant tous les documents requis par les textes légaux, réglementaires et instructions relatives au contrôle des importations ;

26. Enregistrement.

b) Vérification (Contrôle physique)

27. Ouverture et dépotage du container en cas de doute malgré l'AV BIVAC;

28. Edition du rapport du dépotage ;

29. Edition du rapport de Tally ;

30. Envoi signal au Guichet Unique par le biais du Serveur et transmission du rapport de Tally au débarquement imprimé au Service Import pour traitement.

c) Evaluation de la marchandise

31. Pas d'évaluation de la marchandise sauf en cas de remise en cause de l'AV BIVAC;

32. Transmission du dossier au Guichet Unique pour facturation du Tally.

A.2.4.2. Formalités au Guichet Unique

a) Facturation

33. Saisie de la facture commerciale ;

34. Saisie de la valeur FOB de l'AV BIVAC et de la valeur Fret acceptée ;

35. Calcul de frais Tally à payer ;

36. Edition du décompte frais à payer ;

37. Envoi signal à l'OFIDA pour émission du bulletin de préliquidation.

b) Paiement

38. Paiement des frais OCC à la banque sur base du bulletin de préliquidation ;

39. Emission de la «Note de débit» comptant (preuve de paiement) sur présentation du bordereau de versement de la banque par l'agent en douane.

A.2.4.3.Sortie des marchandises

40. Emission du Bon de sortie OCC sur présentation et vérification des preuves de paiement ;

41. Présentation de la lettre de consignation pour les marchandises devant faire l'objet des essais physico-chimique et microbiologiques ;

42. Renvoi du signal du Bon de sortie au Service Import ;

43. Pointage de sortie magasins et apurement des registres ad hoc au moment de l'enlèvement de la marchandise.

B. Procédures à l'importation / contrôle à l'arrivée pour les marchandises non contrôlées à l'embarquement

B.1. Formalités avant embarquement et domaine d'application

Dans le cas d'espèce, il n'y a pas de formalités avant embarquement, ne peuvent bénéficier de cette dérogation que :

- les importations en provenance d'un pays ou d'une zone où la société d'inspection ne serait point représentée ;
- les importations en provenance de la haute mer, pour autant que le mandataire ne soit en mesure d'intervenir sur ordre à partir de la côte maritime du pays le plus proche ;
- les Importations des valeurs FOB inférieures à 2.500 USD sous réserve de non fractionnement et de leur caractère non commercial ;

- les importations des produits pétroliers autres que les lubrifiants ;
- les importations des biens dispensés de la souscription du modèle «IB» et de ce fait exemptées de contrôle pré-embarquement (échantillons commerciaux, journaux périodiques et revues destinées à l'usage personnel dans le cadre d'un abonnement, bagages et objets personnels, importations destinées à la fabrication de la monnaie) ;
- les importations qui pour une raison quelconque acceptable, ont échappé au contrôle avant embarquement.

B.2. Contrôle au port de Matadi

B.2.1. Formalités avant l'accostage du navire

1. Analyse du manifeste déposé par l'agent maritime en rapport avec d'autres documents tels que les licences, les attestations de vérification, etc.
2. Récupération des manifestes saisis par l'OGEFREM ;
3. Inventaire des discordances éventuelles ;
4. Apurement des manifestes sur base des connaissements ou Laissez Suivre de l'agent maritime.

B.2.2. Formalités à l'accostage du navire

B.2.2.1. Cas des vivres et autres produits sensibles (produits pharmaceutiques, cosmétiques et chimiques) :

5. Prélèvement de la température des cales ;
6. Vérifications de l'étanchéité des cales ;
7. Examen organoleptique conjoint entre l'OCC et la Quarantaine ;
8. Vérification des documents OCC autorisant le débarquement par le Service Quai ;
9. Signal de débarquement de la cargaison.

B.2.2.2.Cas des marchandises en sacherie :

10. Demande du plan de chargement des cargaisons ;
11. Inspection des cales pour s'assurer du respect du plan de chargement ;
12. Dans le cas de déversement des produits nocifs sur les produits alimentaires, refus de débarquement.

B.2.2.3. Cas des marchandises pour lesquelles existe un contrat de surveillance et de prévention entre l'OCC et divers partenaires :

13. Obtention des documents de chargement auprès de l'Officier de bord ;

14. Vérification de ces documents, du conditionnement des marchandises ainsi que du plan de changement ou d'arrimage ;

15. Vérification de la cargaison. S'il est constaté des souillures des marchandises et en général si la vérification n'est pas satisfaisante, prise en charge de la marchandise par le commissariat d'avarie/OCC et début de la procédure de refoulement, de destruction ou de conversion.

B.2.3. Déchargement et prise en charge de la marchandise

16. Prélèvement du poids ou volume des marchandises débarquées sous palan par le Service Quai. A ce stade, le service vérifie également si la marchandise n'a pas subi de dommage et si le conditionnement est normal.

B.2.4. Formalités de déclaration

B.2.4.1. Vérification en amont du Guichet Unique

a) Ouverture et Acceptation des dossiers

17. Ouverture du dossier comprenant tous les documents requis par les textes légaux, réglementaires et instructions relatives au contrôle des importations ;

18. Enregistrement ;

19. Codification de la marchandise, du pays et navire ;

20. Contrôle documentaire (vérification et appréciation des informations déclarées).

b) Vérification (Contrôle physique)

21. Ouverture et dépotage du container ;

22. Prélèvement éventuel des échantillons et émission de la lettre de consignation ;

23. Examen organoleptique ;

24. Essais physico-chimique et micro biologique ;

25. Pesage au pont peseur (pont bascule) ONATRA ;

26. Edition du rapport au dépotage ;
27. Transmission du rapport de dépotage pour évaluation.

c) Evaluation de l'importation

28. Evaluation de la marchandise conformément à l'accord de l'OMC instituant la valeur transactionnelle et les méthodes usitées aux fins de cette évaluation;
29. Transmission du dossier au Guichet Unique pour facturation.

B.2.4.2. Formalités au Guichet Unique

a) Facturation

30. Saisie de la facture commerciale ;
31. Saisie des valeurs FOB et Fret acceptées ;
32. Calcul de frais à payer ;
33. Edition du décompte frais à payer
34. Envoi signal à l'OFIDA pour émission du bulletin de préliquidation.

b) Paiement

35. Paiement des frais OCC à la banque sur base du bulletin de préliquidation ;
36. Emission de la Note de débit comptant (preuve de paiement) sur présentation du bordereau de versement de la banque par l'agent en douane.

B.2.4.3. Sortie des marchandises

37. Emission du Bon de sortie OCC sur présentation et vérification des preuves de paiement ;
38. Présentation de la lettre de consignation pour les marchandises devant faire l'objet des essais physico-chimique et microbiologiques ;
39. Renvoi du signal du Bon de sortie au Service Import ;
40. Pointage de sortie magasins et apurement des registres ad hoc au moment de l'enlèvement de la marchandise ;
41. Emission du Certificat de Vérification à l'Importation (CVI).

A. Procédures à l'exportation

C.1. Formalités en amont du Guichet Unique

Pour les cargaisons se trouvant en dehors des installations portuaires notamment les entrepôts agréés ou les installations de l'exportateur, les opérations suivantes sont faites par l'OCC :

1. Inspection et échantillonnage éventuel à la demande de l'exportateur ;
2. Etablissement du rapport de pesage ;
3. Etablissement du rapport de mise à l'empotage ;
4. Etablissement du bulletin d'analyse ;
5. Etablissement du rapport du lot prêt à l'exportation. Il sanctionne les opérations de : cubage, inspection quantitative et qualitative, analyses ou essais physico-chimique et microbiologiques, pesage et mesurage. Ce rapport permet à l'exportateur de souscrire et d'obtenir la validation auprès de la banque d'une déclaration d'exportation de Biens / licence modèle «EB» ;
6. Contrôle technique pour les engins à l'exportation sanctionnée par un certificat à l'export.

C.2. Formalités de prise en charge au port

7. Saisie de la déclaration à l'exportation/licence modèle «EB» ;
8. Envoi signal aux partenaires.

C.3. Formalités au Guichet Unique

9. Récupération des signaux ;
10. Facturation de frais de contrôle, édition décompte frais à payer ;
11. Envoi signal facture au Guichet Unique ;
12. Acceptation du dossier ;
13. Etablissement de la fiche d'embarquement après présentation de la preuve de paiement.

C.4. Formalités d'embarquement

14. Pointage sur base de la fiche d'embarquement ;
15. Correction des données sur la cargaison en exportation ;
16. Emission du rapport d'embarquement ;
17. Etablissement du Certificat de Vérification à l'Exportation (CVE).

C.5. Formalités après embarquement

18. Réception et apurement du manifeste 48 heures après le départ du navire.

4.1.1.3. ONATRA / SCTP

Partenaire essentiel dans la procédure, l'Office National de Transport, en sigle ONATRA, est une entreprise d'Etat à caractère commercial qui assure le transport de marchandises par voie routière, fluviale et ferroviaire, et gère les ports et les chantiers navals. Actuellement Société Commerciale de Transport et des Ports, en sigle SCTP, sous la tutelle du Ministère du portefeuille.

Ses missions consistent à :

- *exploiter, selon les méthodes industrielles et commerciales, les services de transport par eau, par chemin de fer et par route, les postes et les activités accessoires ou connexes qui lui sont confiés par l'Etat ;*
- *gérer les chantiers navals de N'DOLO, de BOMA et de BOYERA ainsi que d'autres chantiers qui lui sont confiés ;*
- *percevoir à son profit les taxes instituées par l'Etat pour l'utilisation des ports maritimes et fluviaux dont il assure l'exploitation ;*
- *effectuer également toutes les opérations se rattachant directement ou indirectement à son objet social.*

A. Procédures à l'importation

A.1. Réception et traitement de manifeste du navire

Lors des réunions quotidiennes de planning, les agents maritimes annoncent l'arrivée de leurs navires au port maritime de Matadi et doivent transmettre ce document à l'Office par le biais du Service Import/Export 48 heures avant l'accostage du navire.

A.1.1. Service Import/Export

1. Réceptionne le manifeste du navire (avec copies des connaissements ou titres de transport et liste des conteneurs) fourni par l'agent maritime ;
2. Transmet le manifeste du navire à la Division principale Import/export.

A.1.2. Division principale Import/Export

3. Réceptionne le manifeste du navire;
4. Contacte les agents maritimes en cas de complément d'informations sur le manifeste du navire;
5. Prépare les dossiers pour chaque connaissement du manifeste du navire;
6. Analyse et fait la correction éventuelle du manifeste du navire à partir des lettres de correction des agents maritimes;

7. Transmet le manifeste du navire vérifié au Pool commercial pour la saisie.

A.1.3. Pool commercial

8. Réceptionne le manifeste du navire analysé;
9. Enregistre les données du manifeste du navire dans l'ordinateur;
10. Edite un listing témoin pour «checking » et détection d'erreurs éventuelles qui seront après correction ressaisies et recyclées dans le système jusqu'à produire un fichier valide des données permettant l'édition du manifeste déclaré;
11. Transmet selon la nature des envois, trois exemplaires du manifeste navire déclaré à la Direction d'Exploitation (via le Chef de Service Import-export) et un exemplaire à l'Inspection Commerciale.

A.2. Arrivée et déchargement du navire

A.2.1. Exploitation (TCM et/ou MANUCO)

12. Déchargement des marchandises du navire.

A.2.2 Contre pointage (Quai)

13. Assiste au déchargement des marchandises ;
14. Etablit la fiche de pointage ;
15. Transmet la fiche de pointage au Pool de Saisie Contre pointage.

A.2.3. Pool de Saisie Contre pointage

16. Réceptionne la fiche de pointage ;
17. Pointe les opérations de déchargement et d'entrée en magasin des envois (conteneurs et cargo général) sur ordinateur.

A.3. Réception et traitement des notes de paiement et des notes de remise

A.3.1. Sous-direction commerciale

18. Réceptionne du Directeur de Département des ports maritimes les différentes notes de paiement (terme, compensation, et autres remises sur les envois) ;
19. Transmet à l'Inspecteur commercial les différentes notes de paiement et remise sur les envois.

A.3.2. Inspecteur commercial

20. Réceptionne du Sous-directeur commercial les différentes notes de paiement et remises sur les envois ;

21. Saisit sur ordinateur les notes sur les remises des envois.

A.4. Réception des instructions des transitaires et facturation des envois

A.4.1. OFIDA/Guichet Unique

22. Le Transitaire obtient de l'OFIDA la fiche de suivi ;
23. L'OFIDA saisit le connaissement et le transmet électroniquement dans le réseau informatique ONATRA.

A.4.2. Division principale Import/Export

24. Réceptionne les instructions des transitaires et le Laissez-Suivre émis par les agents maritimes ;
25. Complète le dossier du connaissement déjà préparé ;
26. Attribue le numéro d'instruction;
27. Signe la fiche de suivi Guichet Unique pour la partie ONATRA avant la saisie de l'instruction en précisant la date et l'heure de réception;
28. Transmet le dossier à la comptabilité Tiers pour tous les autres modes de paiement (Comptant Kinshasa, terme, compensation totale, compensation par quotité, et échelonné);
29. Transmet éventuellement le dossier à l'Inspecteur commercial pour les dossiers avec notes de remise sur les envois ;
30. Transmet le dossier à la Cellule des agents chargés du suivi des instructions pour le paiement comptant Matadi.

A.4.3. Inspecteur commercial

31. Réceptionne le dossier avec note de remise;
32. Saisit sur ordinateur la note de remise sur les envois et inscrit la référence de la note ;
33. Transmet le dossier à la Cellule des agents chargés du suivi des instructions.

A.4.4. Comptabilité Tiers

34. Reçoit le dossier de la Division principale Import/Export des modes de paiement autre que comptant Matadi ;
35. Met à jour le compte sur ordinateur (création, modification);
36. Saisit le montant de la provision éventuellement pour le paiement comptant Kinshasa, la compensation totale, la compensation par quotité et échelonnée;
37. Inscrit sur le dossier le numéro du compte ;

38. Transmet le dossier à la Cellule des agents chargés du suivi des instructions.

A.4.5. Cellule des agents chargés du suivi des instructions

39. Réceptionne par le biais du Chef de la Division principale Import/Export, les dossiers complets pour le paiement au comptant Matadi;
40. Réceptionne de la comptabilité Tiers par le biais du Chef de la Division principale Import/Export, les dossiers pour les modes de paiement autres que comptant Matadi ;
41. Réceptionne de l'Inspecteur commercial les dossiers sur les remises;
42. Saisit les éléments du dossier à l'ordinateur et édite l'instruction;
43. Vérifie l'instruction saisie;
44. Prend contact avec le Chef de Service ou l'Inspecteur en cas d'anomalie constatée entre l'instruction saisie, les données du connaissement et l'instruction du transitaire ;
45. Calcule et édite la facture pro-forma si l'instruction est conforme aux données du connaissement et de l'instruction du transitaire. Par la même occasion la facture pro-forma est transférée électroniquement dans le réseau informatique de l'OFIDA;
46. Vérifie la facture pro-forma ;
47. Prend contact avec le Chef de Service ou l'Inspecteur en cas d'anomalie constatée entre la facture et l'instruction ;
48. Remet une copie de la facture pro-forma au transitaire;
49. Classe une autre copie dans le dossier;
50. Transmet le dossier à la Division principale Import/Export ;
51. Oriente le client pour le paiement à la trésorerie pour les factures dont les dossiers sont en enlèvement d'urgence et les modes de paiement autres que comptant Matadi et à terme;
52. Oriente le client auprès du Chef de Service ou de l'Inspecteur commercial pour confirmer la facture en mode de paiement à terme;
53. Oriente le client à l'OFIDA pour le mode de paiement comptant Matadi (Guichet Unique).

A.5. Paiement des factures de transit et de transport

A.5.1. OFIDA /Guichet Unique

54. Le Transitaire obtient le bulletin de préliquidation (dans lequel est incorporée la facture ONATRA) après déclaration de l'envoi auprès de l'OFIDA ;

55. Le Bulletin de préliquidation est transféré électroniquement à la banque ;

56. Le transitaire se présente à la banque et paie tous les frais ;

57. La banque transfère après perception électroniquement le signal de paiement dans le réseau informatique de l'ONATRA et au Guichet Unique ;

58. Le micro-ordinateur du réseau ONATRA connecté au Guichet Unique réceptionne le signal de paiement et apure automatiquement la facture payée ;

59. La banque transmet à la Trésorerie de l'ONATRA les extraits de compte ;

60. La Trésorerie ONATRA enregistre sur bordereau de banque les factures payées au Guichet Unique.

A.5.2. Trésorerie

61. Perçoit en espèces ou par chèque les frais des factures ;
62. Enregistre le paiement sur ordinateur;
63. Edite la facture définitive (originale + copie);
64. Remet au client l'original de la facture;
65. Transmet les copies aux agents chargés du suivi des instructions.

A.6. Traitement des opérations de sortie des envois

A.6.1. Cellule des agents chargés du suivi des instructions

66. Vérifie la facture définitive (facture payée à la trésorerie) ou la preuve de paiement de la facture de la banque (facture payée à la banque);

67. Edite le Bon d'Enlèvement en 6 copies et les transmet à la Division principale Import/Export.

A.6.2. Division principale Import/Export.

68. Remet une copie au transitaire, une autre au Contre pointage, une autre encore au TCM ou à la MANUCO, et la dernière est classée dans le dossier;

69. Transmet le dossier au Dispatching.

A.6.3. Exploitation

A.6.3.1. MANUCO

70. Le Service Administratif reçoit une copie du Bon d'Enlèvement qu'il transmet au chantier de traitement (magasin ou cour) ;

71. Le chantier de traitement reçoit le bon d'enlèvement, effectue la sortie de l'envoi du magasin ou de la cour (aire de stockage) et le charge dans le wagon ou sur le camion.

A.6.3.2. TCM (Terminal à Conteneur Matadi)

72. Le Service Administratif reçoit une copie du Bon d'Enlèvement;
73. Prépare le planning et le transmet au Service Parc ;
74. Le Service Parc effectue la sortie de l'envoi du parc et charge l'envoi dans le wagon ou sur le camion.

A.6.3.3. Contre Pointage Magasin / TCM

75. Etablit la fiche de pointage;
76. Transmet une copie au Pool de saisie Contre pointage.

A.6.3.4. Pont Peseur

77. Fait la pesée de l'envoi;
78. Edite les étiquettes de pesée;
79. Transmet l'étiquette de pesée au Service des Activités Connexes / Contre pointage.

A.6.3.5. Service des Activités Connexes / Contre-pointage

80. Réceptionne les étiquettes de pesée et les fiches de pointage;
81. Saisit sur ordinateur le pointage sur la sortie de l'envoi du magasin ;
82. Edite le bon de sortie magasin pour la sortie Beach (cargo et conteneur) ;
83. Transmet au service Contrôle Trafic les copies des bons de sortie, la fiche de pointage et le bon d'enlèvement ;
84. Edite la lettre de transport d'exploitation pour la sortie rail (cargo ou conteneur) ;
85. Transmet au chantier de traitement les copies des lettres de transport d'exploitation et l'original ;
86. Analyse les étiquettes de pesée;
87. Transmet à la Division Frais Accessoires les étiquettes de pesée pour les envois avec excédent de poids.

A.6.3.6. Division Frais Accessoires

88. Saisit et calcule les frais accessoires sur ordinateur sur base des bons d'enlèvement dont les étiquettes de pesée présentent un excédent

de poids, le magasinage après le paiement des factures en dehors de la franchise, le retrait tardif en dehors du délai réglementaire, ou d'annulation d'instruction ;

89. Edite les factures des frais accessoires (Pro-forma);

90. Remet au transitaire une copie et classe une autre dans le dossier.

A.6.4.Trésorerie

91. Perçoit les frais dus au poids excédentaire;
92. Enregistre le paiement sur ordinateur;
93. Edite la facture définitive (originale + copie);
94. Remet au client l'original de la facture;
95. Transmet les copies à la cellule agents chargés du suivi des instructions ;
96. Transmet une copie à la Division Import/Export.

A.6.5. Service des Activités Connexes / Contre Pointage

97. Réceptionne de la Division Frais Accessoires la facture accessoire payée à la trésorerie et la vérifie ;
98. Transmet les éléments sur l'envoi (Bon de sortie Magasin, Fiche de Pointage, Factures Accessoires payées à la trésorerie) au transitaire.

A.6.6. Sortie Nkala-nkala ou Venise

99. Vérifie le Bon de sortie et la facture accessoire payée;
100. Contrôle l'exactitude des éléments et la marchandise ;
101. Libère l'envoi pour la sortie des installations portuaires.

B. Procédures à l'exportation

B.1. Formalités à l'ONATRA

1. Saisie de l'instruction par l'ONATRA/Bureau saisie instruction /Service Import/Export ;
2. Impression et retrait de l'instruction et la facture par l'agent maritime / bureau saisie instruction ONATRA.

B.2. Formalités à l'OFIDA/Guichet Unique/Cellule manifestes

3. Le préposé de l'OFIDA saisit le numéro de l'instruction qui vaut le titre de transport ou le connaissement.

B.3. Formalités à l'OFIDA / Guichet Unique / Service Acceptation

4. Le préposé de l'OFIDA, outre l'acceptation de la déclaration douanière, contrôle la validité des cartes d'entrée et donne son quitus ou calcule les frais supplémentaires à payer avant le quitus.

B.4. Formalités à la Banque

5. Paiement à la banque de la facture ONATRA dans le cas d'un conteneur vide ou du bulletin de préliquidation pour les autres marchandises.

B.5. Formalités à l'ONATRA

6. Retrait de l'instruction d'embarquement.

B.6. Formalités à l'OFIDA / Inspection de la Prise en charge/ Permanence

7. Dépôt de l'instruction d'embarquement à la permanence OFIDA.

B.7. Formalités d'embarquement

8. Pointage sur base de la fiche d'embarquement ;
9. Correction des données sur la cargaison en exportation ;
10. Emission du rapport d'embarquement.

4.1.1.4. Quarantaine Internationale

En matière de police sanitaire nationale, la République Démocratique du Congo dispose d'une autorité chargée de veiller aux règles sanitaires de base concernant tout produit importé entrant sur le territoire national. C'est en vertu du code sanitaire international adopté en 1951 par l'Assemblée Mondiale de la Santé de l'Organisation Mondiale de la Santé (O.M.S.). Ce code signé et ratifié par la RD Congo est consacré par l'existence, au port international de Matadi de la Quarantaine Internationale subdivisée en deux : une Quarantaine / Animale et Végétale, sous la tutelle du Ministère de l'agriculture et une Quarantaine / Santé (programme national de l'hygiène aux frontières), sous la tutelle du Ministère de la santé. Placée aux différents postes frontaliers, entrepôts publics et privés concédés, la Quarantaine se charge essentiellement des tâches suivantes :

- *contrôle des documents sanitaires ;*
- *contrôle sur le transfert des cadavres humains, des malades;*

- *vaccination ;*
- *notification et isolement des cas suspects et leur prise en charge ;*
- *déclaration de santé et surveillance des maladies transmissibles à potentiel épidémique ;*
- *application des mesures d'assainissement, désinfection et dératisation ;*
- *contrôle de produits toxiques, soporifiques et stupéfiants ;*
- *contrôle sanitaire des aéronefs, navires, caboteurs, trains, wagons, véhicules d'occasion et routiers ;*
- *contrôle de la friperie ;*
- *inspection sanitaire des denrées alimentaires aux postes de frontières ;*
- *destruction des denrées alimentaires avariées ou périmées aux postes frontaliers.*

En matière du contrôle des produits pharmaceutiques, par exemple, il sied de signaler que la Quarantaine/Santé opère en fonction des définitions qui ont permis de constituer les listes de produits pharmaceutiques et des produits parapharmaceutiques. Toutefois, il est déplorable de constater l'inexistence d'un texte national listant les produits couverts par ces définitions. Une certaine opacité légale permet encore de nos jours de maintenir une confusion entre les produits soumis aux contrôles de la Quarantaine/Santé et ceux de la Quarantaine/Animale et Végétale. Dans le cas spécifique du port de Matadi, les listes en usage sont les suivantes:

- Produits pharmaceutiques

Médicaments finis, matières premières pharmaceutiques, substances stupéfiantes et psychotropes, antiseptiques, désinfectants et produits biologiques, consommables médicaux (coton, seringues, ...) et intrants pharmaceutiques industriels, plantes médicinales et produits dérives, etc.

- Produits parapharmaceutiques

Produits cosmétiques et d'hygiène corporelle (produits finis et matières premières), produits diététiques (substituts du lait maternel, du sucre, du sel, etc.), phytosanitaires (engrais, insecticides pesticides, défoliants, etc.), matériel médical, produits de droguerie (matières premières chimiques industrielles ou substances vénéneuses ou encore produits toxiques, précurseurs chimiques de substances psychotropes et stupéfiantes, etc.), produits pétroliers (carburants et lubrifiants), tabac, cigares, cigarettes et ciments.

A. Procédures à l'importation

A.1. Formalités avant embarquement

Au niveau central des Ministères de la santé et de l'agriculture : obtention de l'autorisation d'importation pour les animaux vivants, les produits alimentaires, les semences, les boutures, pesticides, les produits phytosanitaires, les produits vétérinaires, autorisation d'importation, d'ouverture, de mise sur le marché ou AMM, autorisation d'importation des produits pharmaceutiques, cosmétiques et diététiques, certificat de fumigation pour les friperies etc.

A.2. Formalités au port de Matadi

A.2.1. Formalités à l'accostage du navire

A.2.1.1. Cas des navires frigorifiques à vivres frais

1. Autorisation d'ouverture des cales sur ordre de l'Expert Inspecteur Officiel ;
2. Contrôle du système frigorifique de conservation par l'Expert Inspecteur Vétérinaire ;
3. Prélèvement d'échantillons pour analyses phytosanitaires physiques et organoleptiques ;
4. Autorisation de déchargement de la marchandise si les examens préliminaires s'avèrent satisfaisants ;
5. Inspection continue au cours du déchargement
6. Délivrance du certificat vétérinaire si les résultats des analyses physiques et organoleptiques sont satisfaisants.
7. Durée de cette étape : le temps que prend le déchargement sans influer sur les démarches du dédouanement.

A.2.1.1. Cas des grands navires à vivres secs (Sacheries)

8. Autorisation d'ouverture des cales ;
9. Examen physique et organoleptique du produit ;
10. Autorisation de déchargement ;
11. Si le produit est non conforme, décision de refoulement ;

12. A la fin du déchargement, délivrance du certificat sanitaire (phytosanitaire) pour chaque connaissement.

A.2.2. Formalités de déclaration

A.2.2.1. Vérification en amont du Guichet Unique

a) Ouverture et acceptation du dossier

13. Dépôt du dossier complet comprenant : le connaissement et l'autorisation ad hoc ;

14. Vérification de l'existence de l'autorisation suivant la nomenclature de la Quarantaine, de son authenticité et de sa validité temporelle ;

15. A 1'issue de cette étude, il y a établissement et délivrance d'une Note d'acceptation à 1'assujetti sur laquelle est écrit le montant de la taxe à payer sur le bulletin de préliquidation au Guichet Unique. La note n'est émise que pour certaines taxes dont les algorithmes ne sont pas pris en charge dans le système du Guichet Unique.

b) Vérification (Contrôle physique)

Vérification de la conformité qualitative (nature) et quantitative à l'œil nu par rapport aux termes de l'autorisation délivrée et prélèvement d'échantillons :

16. Vérification des preuves de paiement ;

17. Vérification de 1'état de la marchandise par le prélèvement d'un échantillon ;

18. Contrôle du RELENT du produit de fumigation ;

19. Emission d'une fiche de dépotage et du certificat d'hygiène, vétérinaire ou phytosanitaire attestant le bon état de la salubrité du produit et de son innocuité;

20. En cas de conformité, signature du Bon de sortie.

c) Contrôle chimique

21. Analyses qualitatives (Minilab-GPHF) et quantitatives (par sous-traitance), s'il y a lieu, à partir des échantillons prélevés pendant le dépotage.

A.2.2.2. Formalités au Guichet Unique

a) Facturation

22. Incorporation du montant repris sur la Note d'Acceptation par le Service d'acceptation de la douane au Guichet Unique.

b) Paiement

23. Paiement des frais à la banque sur base du bulletin de préliquidation.

A.2.3. Formalités de sortie des marchandises

24. Emission du Bon de sortie Quarantaine sur présentation et vérification des preuves de paiement ;

25. Pointage de sortie magasins et apurement des registres ad hoc au moment de l'enlèvement de la marchandise.

B. Procédures à l'exportation

B.1. Formalités pour les produits végétaux et animaux

1. Obtention du Permis d'exportation des végétaux ou des animaux au niveau central du Ministère de l'Agriculture ;
2. Inspection phytosanitaire ou vétérinaire et paiement de la taxe rémunératoire ;
3. Délivrance du certificat phytosanitaire ou vétérinaire pour l'Expert Inspecteur Officiel concerné.

B.2. Formalités pour les denrées alimentaires

4. Obtention du Permis d'exportation au niveau central du Ministère de l'Agriculture ;
5. Inspection suivie du prélèvement d'échantillons ;
6. Délivrance du certificat phytosanitaire ou vétérinaire d'origine par l'Expert Inspecteur Officiel concerné.

B.3. Formalités pour les Produits biologiques, médicaments vétérinaires, intrants vétérinaires et d'élevage et produits phytosanitaires

7. Autorisation du Permis d'exportation au niveau central du Ministère de l'Agriculture ;
8. Inspection et paiement de la taxe rémunératoire ;
9. Délivrance du certificat d'origine par l'Expert inspecteur Officiel concerné.

4.2.1.5. DGI

Au nombre de services taxateurs de l'Etat, la Direction Générale des Impôts, DGI en sigle, figure parmi les services publics relevant de la fiscalité pure au titre de l'impôt. Placée sous la tutelle du

Ministère des Finances, la DGI assume toutes les missions et prérogatives en matière fiscale, notamment celles concernant :

- *l'assiette ;*
- *le contrôle ;*
- *le recouvrement et le contentieux des impôts ;*
- *les taxes ;*
- *les redevances ;*
- *et les prélèvements à caractère fiscal.*

La DGI n'est pas physiquement au port car son impôt, précompte sur le bénéfice industriel et commercial, a été configuré au site.[61]

4.1.1.6. DGRAD

Parmi les services percepteurs au port de Matadi, figure en bonne place la Direction Générale des Recettes Administratives, Domaniales, judiciaires et de participations, en abrégé DGRAD. Créée par le Décret n° 0058 du 27 décembre 1995, ce service public est placé sous la tutelle du Ministère des Finances. Doté de l'autonomie administrative et financière, il se charge de l'ordonnancement et du recouvrement des recettes administratives, judiciaires, domaniales et de participations émargeant au budget général de l'Etat.

N'étant pas présente au Guichet Unique de Matadi, la DGRAD s'est vue suppléer par l'OFIDA qui se charge dans le cadre d'un protocole d'accord synallagmatique, de percevoir en ses lieu et place les recettes dues et les lui reverse. Précisons ici que les différentes recettes perçues par la DGRAD portent notamment sur les impositions suivantes:

- *taxe sur le contrôle par la Quarantaine Internationale des denrées alimentaires (versée à 100% au compte du Trésor Public) ;*
- *taxe égale à une fois le montant des droits d'entrée de la douane, perçue pour défaut de l'attestation de contrôle avant embarquement, AV BIVAC, pour le compte du Ministère du Commerce extérieur (versée à raison de 60% au compte du Trésor Public et 40% au profit des intervenants : Ministère du Commerce extérieur, DGRAD, OFIDA) ;*

[61] La perception du précompte BIC a été supprimée depuis décembre 2011 en vue de son remplacement par la TVA qui est entrée en vigueur en Janvier 2012.

- *taxe sur l'importation des aéronefs pour le compte du Ministère de Transport (versée au compte du Trésor Public) ;*
- *taxe sur le matériel de télécommunication pour le compte du Ministère de Télécommunication (versée au compte du Trésor Public) ;*
- *taxe rémunératoire sur les matières précieuses (versée au compte du Trésor Public) ;*
- *taxe de 0,1% de la valeur CIF due à l'importation des produits pharmaceutiques pour le compte du Ministère de la Santé ;*
- *taxe sur le commerce extérieur de 20 US par titre de transport ou connaissement (versée au compte du Trésor Public) ;*
- *taxe d'ouverture de dossier de 10 $ US versée au compte du Ministère du Commerce extérieur / Fonds propres ;*
- *taxe sur le contrôle des friperies, perçue pour le compte de la Quarantaine Internationale / Santé, 0,025 $ US / KG (versée au compte du Trésor Public) ;*
- *taxe de désinfection des véhicules perçue à l'intervention de la Quarantaine Internationale versée en partie au compte du Trésor Public et en partie au compte de la Quarantaine Internationale / Fonds propres ;*
- *taxe sur les véhicules perçue pour compte du Ministère des Transports et communications versée en partie au compte du Trésor Public et en partie au compte de ce Ministère.*

4.1.1.7. FPI

En tant qu'entreprise publique à caractère économique et financier, le Fonds de Promotion de l'Industrie (FPI) est partenaire dans la procédure de taxation douanière au même titre que bon nombre d'autres intervenants publics habilités à percevoir des droits et taxes à l'importation. Le FPI est impliqué au Guichet Unique de Matadi en vertu de l'article 9 de son texte fondateur qui prévoit que la taxe de promotion de l'industrie sur les marchandises importées est recouvrée par l'Office des douanes et accises pour le compte du FPI au même moment que les droits et taxes de douane. L'OFIDA reverse conformément au protocole d'accord de collaboration signé entre les deux organismes, toutes les sommes perçues pour le FPI.

Il est à rappeler que l'Ordonnance-loi 89-031 du 07 août 1989 créant la taxe de promotion de l'industrie en son article 4, stipule que ladite taxe est assise sur le prix de revient industriel de chaque unité produite et / ou vendue pour les produits fabriqués localement et sur la valeur CIF majorée des droits de douane pour les marchandises importées. Le taux applicable est de 2% du prix de revient ou de la valeur CIF augmentée des droits de douane (article 6). Parmi les ressources du FPI, figurent en particulier, les produits de la taxe de promotion de l'industrie, qui à l'origine fut une subvention destinée à la réalisation de l'objet social du FPI pendant dix ans. Au-delà de cette échéance, elles sont censées constituer des lignes de crédit dont les conditions d'octroi et de remboursement devaient, depuis la fin de ladite échéance, être fixées en son temps par le Gouvernement. Il importe de noter cependant que, conformément à l'article 7 du même texte, sont exemptés de la taxe de promotion de l'industrie :

- *les intrants industriels déterminés par le Ministre de l'Economie nationale et à l'industrie ;*
- *les biens d'équipement, les biens d'approvisionnement et les matières premières importées.*

4.1.1.8. OGEFREM

Placé sous la double tutelle du Ministère des Transports et du Ministère du Portefeuille, l'OGEFREM, Office de Gestion du FREt Multimodal, jouit du statut d'un Organisme de droit public à caractère commercial et technique. Dans la chaîne de taxation, l'OGEFREM en tant que structure de gestion du fret maritime bénéficie d'une commission, de 0,59% de la valeur CIF, qui lui est assurée par l'OFIDA conformément au protocole d'accord de collaboration signé entre les deux organismes. Au début de chaque année ou pendant l'année pour la toute première opération de dédouanement, chaque importateur doit payer à l'OGEFREM l'abonnement annuel fixé à 50$ US.

Il y a aussi le Certificat FERI, Fiche Electronique de Renseignement à l'Importation émise par le correspondant, FRABREMAR de l'OGEFREM, que doit souscrire toute marchandise à destination de la RD Congo dans le pays d'exportation moyennant payement de 60 € euros pour le conteneur de 20 pieds ou 110 € euros pour le conteneur de 40 pieds en contrepartie du contrôle du prix, de la valeur du fret et éventuellement de l'assurance ainsi que du poids de la marchandise. Il est aussi impliqué dans la procédure au Guichet Unique par la certification de la valeur fret réellement payée à l'aide du manifeste comptable dont il est le seul à détenir.

4.1.1.9. SONAS

La Société Nationale d'Assurance, en abrégé SONAS, est une entreprise publique à caractère économique et financier, jouissant du monopole de toutes les assurances en RD Congo, conformément à l'Ordonnance-loi n°240 du 02 juin 1967 portant octroi du monopole d'assurance à la SONAS. Partenaire dans la procédure de taxation douanière au même titre que les autres intervenants publics habilités à percevoir des droits à l'importation, la SONAS est impliquée au Guichet Unique de Matadi en vertu de la Loi n°73-013 du 5 janvier 1973 portant obligation de l'assurance de responsabilité civile en matière d'utilisation des véhicules L'OFIDA reverse conformément au protocole d'accord de collaboration signé entre les deux organismes, toutes les sommes perçues pour la SONAS.

4.1.1.10. FONER

Le Fonds National d'Entretien Routier, en sigle FONER, établissement public créé suivant la Loi n° 08/006-A du 07 juillet 2008, doté de la personnalité juridique et jouissant de l'autonomie financière et de gestion. Le FONER est placé sous la tutelle administrative du Ministère des Finances et sous la tutelle technique des Ministères des Travaux publics ainsi que des Transports, sous la coordination du Ministère ayant les travaux publics dans ses attributions. Le FONER a, conformément à la loi précitée, reçu mission de financer l'entretien et la protection des routes et voiries d'intérêt national, provincial et local grâce à des ressources collectées notamment au titre de redevances prélevées sur les lubrifiants et l'essence-auto, le gasoil et les gaz de pétrole liquéfiés, redevance sur les charges à l 'essieu.

Le fait générateur de la redevance sur les charges à l'essieu étant la circulation sur la voie publique des véhicules importés de poids supérieur à 3,5 tonnes, pour la première année, le paiement de la redevance doit se faire au même moment que celui de droits et taxes dus à l'occasion de la mise en consommation et donc de la mise en circulation sur le territoire national. A l'importation, le paiement des droits de consommation sur les huiles de graissage et les lubrifiants se fait dans les mêmes conditions que pour toutes les autres marchandises ayant séjourné ou non dans un entrepôt. Dans des cas d'exception dictée par des contraintes opérationnelles et selon le Décret n° 036/2002 du 28 mars 2002 portant désignation des quatre services et organismes publics habilités à exercer aux frontières de la République Démocratique du Congo dont la Direction Générale des Douanes et Accises, le recouvrement des redevances sur les lubrifiants et les carburants terrestres peut, dans le respect des dispositions légales et réglementaires en vigueur, se faire par des mandataires de l'établissement public chargé de la gestion du fonds (article 18 de la Loi n° 08/006-A du 07 juillet 2008) et c'est dans ce cadre qu'il faut justifier le protocole d'accord entre la DGDA et le FONER .

4.1.2. Intervenants institutionnels, maritimes et financiers

4.1.2.1. Ministères du Commerce extérieur et de la Santé

Légalement, le Ministre du Commerce extérieur est l'autorité normative et policière en matière de commerce d'importation, d'exportation et de transit en République Démocratique du Congo (cf. loi n° 73-009 du 05 Janvier 1973). Cependant, ses attributions sont encore plus clairement définies dans la lettre n° MEC/SG-CO.145/1159/91 du 13 décembre 1991 à travers laquelle ses missions se limitent à:

- *L'identification et l'enregistrement de tous les opérateurs économiques, importateurs, exportateurs, transitaires ;*
- *la perception de différentes taxes instituées par les lois, telles que la taxe sur autorisation délivrées aux étrangers (personnes physiques et morales) pour exercer le commerce, sur le numéro Import - export, sur les opérations d'importation (taxe sur le commerce extérieur de 20$ US par titre de transport ou connaissement) et les amendes transactionnelles ;*
- *la recherche des infractions commises en matière de commerce sur l'ensemble du territoire national ;*
- *au suivi des accords commerciaux signés entre la RD Congo et ses partenaires étrangers ;*
- *la réglementation du commerce frontalier;*
- *la promotion des produits congolais sur les marchés extérieurs.*

Dans la pratique, avec l'implantation du Guichet Unique et suivant l'avenant n° 001 au protocole d'accord de collaboration DGRAD - OFIDA sur la perception des taxes à l'importation des marchandises et des amendes transactionnelles, les taxes qui reviennent à ce Ministère sont perçues par le Guichet Unique directement suivant les algorithmes de perception. Quant aux taxes annuelles relatives à l'autorisation accordée aux étrangers (personnes physiques et morales) pour l'exercice du commerce et au numéro Import - export, elles sont constatées et liquidées par le Service du Commerce extérieur pour autant qu'elles constituent des préalables avant embarquement au moment de souscrire la licence. Ci-après les documents préalables à l'importation / exportation et à l'exercice du commerce:

- *NRC (nouveau registre de commerce)*[62] *;*
- *IDNAT (numéro d'identification nationale) ;*
- *Numéro Import - export + la preuve de paiement de la taxe annuelle ;*
- *Numéro impôt (NIF : nouveau identifiant fiscal de la DGI) ;*
- *Autorisation accordée aux étrangers pour exercer le commerce (personnes physiques et personnes morales) + la preuve de paiement de la taxe annuelle.*

Selon la réglementation en vigueur à l'exportation, tout dossier doit obligatoirement obtenir le visa préalable du Service du Commerce extérieur et être couvert d'une fiche d'identification. Cependant, la mission du Commerce extérieur ne se limite pas seulement à la perception des taxes, mais s'étend aussi sur la recherche de toutes les infractions commises telles qu'énoncées précédemment conformément à la loi particulière sur le commerce Titre V, en son article 22 et à l'ordonnance n°86-028 du 05 février 1996, Chapitre V, article 5, à loi n°04/015 du 16 Juillet 2004 XII n°7 et à l'arrêté Interministériel n°071/ CABMIN/ FINANCES/ 2005 du 02 Juillet 2005 portant fixation des taux des taxes à percevoir à l'initiative du Ministère du Commerce extérieur.

De son côté, le ministère de la Santé est chargé de l'octroi de l'autorisation préalable à l'importation de certains produits pharmaceutiques (licence d'importation).

[62] Le NRC est remplacé par le RCCM : registre de commerce et de crédit mobilier.

Après ce rappel portant sur la connaissance des opérateurs étatiques dans le circuit de taxation frontalière, voyons à présent quels sont les autres acteurs privés habilités à jouer quelque rôle dans la chaîne logistique de dédouanement des marchandises.

Parmi les opérateurs non étatiques qui interviennent dans le circuit de l'importation et de l'exportation des marchandises se croisent aussi bien les transporteurs, les commissionnaires et déclarants en douane, les banquiers que les concessionnaires d'entrepôt. Il s'agit pour l'essentiel des professionnels agissant en tant qu'intermédiaires (au sens où ils interviennent dans des opérations marchandes) en conformité à l'éthique libérale que confère la loi en cette matière.

4.1.2.2. Les agents maritimes

Concernant les agents maritimes, il y a lieu de noter que c'est à eux que revient la charge de fournir aux usagers les documents appelés « Laissez-Suivre », en échange des originaux des connaissements pour le déclenchement de la procédure de dédouanement à l'arrivée des marchandises.

Toutefois, bien des récriminations semblent fustiger la tarification en cette matière, d'autant qu'on constate que les prix de délivrance de ces documents sont exorbitants dans la mesure où ils sont en inadéquation avec les frais de gestion qu'ils occasionnent à la charge des armateurs dans le maquis des procédures longues et fastidieuses.

Ci-dessous la liste de la tarification :

A. Tarif Import

- Bon à délivrer : 12$ US / connaissement ;
- Saisie électronique du connaissement dans SYDONIA ++ : 43$ US / connaissement;
- Frais de traitement consignation :
  - ➢ Marchandises en conventionnel de 0 à 49,9 Tonne : 50$ US/connaissement, de 50 à 499,9 Tonne : 120$ US / connaissement et plus de 500 Tonne : 1$ US / connaissement;
  - ➢ Véhicule 60$ US par véhicule ;

➢ Container 100$ US par TEU (Twenty-Foot Equivalent Units ou 20 pieds).

- Changement d'instruction, Memo ONATRA / SCTP : 25$ US/connaissement ;
- Frais de lettre de garantie : 50$ US / connaissement ;
- Frais logistique terrestre : 135$ US / TEU ;
- Correction manifeste : 25$ US / connaissement ;
- Contrôle technique au débarquement : 32,5$ US par TC ;
- Vente plomb : 10$ US par plomb.

B. Tarif Export

- Booking charge : 12$ US par connaissement ;
- Frais de traitement consignation :

➢ Marchandises en conventionnel : 0,38$ US / Tonne ;
➢ Marchandises en container : 75$ US / TEU.

- Frais de modification d'instruction : 30$ US / connaissement ;
- Avis de réservation OGEFREM suivant tarif OGEFREM ;
- Frais logistique terrestre : 85$ US / TEU ;
- Vente imprimés (selon tarif Armateur) ;
- Vente plomb : 10$ US par plomb.

C. Caution container

- A dépoter en dehors du port : 1000$ US / TEU ordinaire, citerne, flat track 2500$ US / TEU ;
- A dépoter au port: 125$ US / TEU ordinaire, citerne; flat track 1250$ US / TEU ;

D. Surestarie container a l'import

- Dry freetime 2 jours déchargement, 30 jours freetime :

➢ Surestarie: 14 jours suivant le déchargement : 10$ US par jour / TEU ;
➢ Ensuite 20$ US par jour/TEU.

- Reefer freetime 2 jours déchargement, 15 jours freetime

➢ Surestarie 14 jours suivant 20$ US par jour / TEU ;
➢ Ensuite 40$ US par jour / 20 pieds et 60$ US par jour / 40 pieds.

E. Frais de détention a l'export

- International container handing charge : 1150$ US / TEU ;
- Ensuite 10$ US par jour / TEU.

F. Frais de terminal

- Intermodal container handing charge :115$ US / TEU;
- Terminal congestion surcharge : 130$ US / TEU.

4.1.2.3. Les Banques

L'implication des banques commerciales répond au souci exprimé par le législateur congolais à travers le Décret 007/2002 du 02 février 2002 relatif au mode de paiement des dettes envers l'Etat. Dans son article 3, la loi désigne, en effet, les banques et la Caisse d'épargne du Congo (CADECO), comme les seules structures autorisées à recevoir le paiement des dettes envers l'Etat, notamment celles émanant du ressort des régies financières (OFIDA, DGI et DGRAD).

Dans ces opérations impliquant les banques, différentes étapes ponctuent le processus de règlement, versement de la dette envers l'Etat :

1. Réception de deux exemplaires du bulletin de liquidation ;
2. Certification de la validité du bulletin de liquidation dans SYDONIA et perception des droits, taxes, frais et redevances repris sur le bulletin de liquidation et perception des frais bancaires redevance due à la prestation de la banque. Saisie du bordereau de versement ou quittance, impression de l'accusé de réception et remise de l'original du bordereau de versement au déclarant comme preuve de paiement au niveau de la banque ;
3. Dispatching du montant versé chez les différents bénéficiaires en créditant leurs comptes respectifs : OFIDA, DGI, DGRAD, OGEFREM, OCC, ONATRA, FPI, etc.) ;
4. Enregistrement du bulletin de liquidation dans un registre de transmission ;
5. Transmission par un agent de la banque des copies des bulletins dûment contresignées par le Gérant ou son adjoint ou encore par le responsable permanent au Guichet Unique ;
6. Accusé de réception par OFIDA, Service RECETTES à travers le registre de transmission, des copies des bulletins de liquidation et deux copies accusé de réception éditées par la banque ;

7. Impression des relevés des bulletins de liquidation par régie financière pour l'établissement des chèques bancaires en faveur du Trésor public ;

8. Comptabilisation des provisions sur les chèques bancaires émis par régies ;

9. Retrait sur carnet de transmission des chèques bancaires et des relevés y relatifs par les délégués des régies financières ;

10. Nivellement des encaissements au profit du Trésor public à la réception des différents chèques bancaires présentés en chambres de compensation par la Banque Centrale du Congo.

4.2. Les droits et taxes configurés

Après avoir circonscrit dans les grandes lignes l'espace opérationnel des différents services intervenant dans la procédure de dédouanement, allons maintenant à la découverte du fonctionnement de l'outil informatique en appui du système ainsi mis en place à partir de la gamme des taxes imposées aux assujettis par rapport à leurs obligations légales. Il sied d'avoir à l'esprit que le Guichet Unique, tel qu'indiqué dans les précédentes lignes, constitue avant tout un autre moyen efficace de juguler l'évasion fiscale[63] sous toutes ses formes. La nouvelle configuration, fondée sur la coordination des prestations, a également le mérite, en plus de soulager l'usager, de contribuer à rendre performante, transparente et démocratique la gestion des données. Il n'en demeure pas moins qu'en dépit de ses nombreuses contraintes hardware et software, l'ordinateur comme outil demeure le seul capable désormais de vaincre la logique artisanale qui a installé longtemps les services de taxation dans une sorte de zone de non-droit où l'opacité de gestion, le manque de lisibilité et de visibilité de l'ensemble des droits et taxes à payer, doublée de l'incurie de certains fonctionnaires véreux, avaient fini par congédier l'éthique et la déontologie du fonctionnaire. Le Guichet Unique a permis au Gouvernement face à la multiplicité des prélèvements et des taxations, (il faut deux

[63] Evasion fiscale : on parle d'évasion fiscale frauduleuse quand le contribuable ne paye pas d'impôt par des moyens frauduleux. L'évasion fiscale est non frauduleuse si par la négligence de l'administration, le contribuable ne paye pas en toute ignorance de son existence.

bulletins de liquidation, un normal et un spécial, pour contenir tous les droits et taxes à percevoir), d'avoir une bonne lisibilité de toute la nomenclature des actes générateurs des recettes. Ainsi, dans sa politique de réduction de la pression fiscale et d'assainissement du climat des affaires, le Gouvernement a purement et simplement supprimé certaines taxes dont notamment :

- *les frais de contrôle sur quelques denrées alimentaires et les frais de Tally de l'OCC ;*
- *les frais relatifs aux opérations d'inspection des denrées alimentaires de la Quarantaine pour l'obtention du certificat phytosanitaire à l'exportation de certains produits ;*
- *la taxe sur l'importation des matériels de télécommunication ;*
- *les frais administratifs et opérationnels perçus par les agents maritimes ou transitaires ;*
- *les frais pour l'obtention du Laissez-suivre perçus par les agents maritimes ou transitaires ;*
- *les frais de 10 dollars américains par connaissement ou titre de transport perçus par le Ministère du Commerce extérieur comme fonds propres ;*
- *les taxes perçues à l'initiative du Ministère de Transport ;*
- *la taxe de la Quarantaine sur les produits toxiques sous la rubrique de fonds propres, etc.*

4.2.1. Principaux Codes

Pour plus de clarté dans la démarche, il semble plus efficace d'énumérer ces droits et taxes au moyen d'un tableau. Précisons qu'à l'initiative du Guichet Unique de Matadi, c'est le présent tableau qui fut élaboré et mis à la disposition des commissionnaires en douane pour leur servir de guide et de répertoire.

Tableau 3 : Les codes, le service bénéficiaire et le libellé des droits ou taxes configurés :

Code Libellé	**Service**
AEU Amendes Prévisionnelles sur Enlèvements d'Urgence	DGDA
AMA Amendes sur les Accises ... l'Import	DGDA
AME Amendes sur Droits de sortie	DGDA
AMI Amendes ... l'Import	DGDA
AMR Amendes sur Redevance Administrative	DGDA
ASV Prime d'assurance trajet Véhicules	SONAS
BIC Précompte BIC	DGI
CEC Carte d'Entrée Conteneur	DGDA
CMP Supplément sur Compensation	DGDA
COG Commission OGEFREM	OGEFREM
CTL Frais de contrôle OCC	OCC
DAS Droits d'Accises Spécial	DGDA
DCI Droits de Consommation ... l'Import	DGDA
DCL Droits de Consommation Locale	DGDA
DDE Droits de Douane ... l'Export	DGDA
DDI Droits de Douane ... l'Import	DGDA
DDM Droits de Magasin	DGDA
ECH Taux de paiement échelonné	DGDA
EEC Centre Expertise Evaluation et Certification	CEEC
ENE Redevance commission nationale de l'énergie	DGRAD
FNE Fonds National d'Entretien Routier	FONER
FSR Frais Services Rendus Produits Miniers	DGRAD
GRT Garantie	DGDA
ICA Impôt Chiffre d'Affaire/Import	DGDA
ICO Frais ICA OCC	OCC
ICR Impôt Chiffre d'affaire Résiduel	DGDA
IDF Redevance développement des infrastructures aéroportuaires	RVA
IVE Inspection Vétérinaire ... l'Export	DGRAD
IVI Inspection Vétérinaire ... l'Import	DGRAD
LAB Frais Labo OCC	OCC
OCC Frais OCC	OCC
ONA Frais ONATRA	ONATRA
PLD Pénalités Licence 40 %	DGRAD
PLT Pénalités Licence 60 %	DGRAD
PNL Pénalités Licence	DGRAD
PNO Frais pénalités OCC	OCC
PSE Taxe Phytosanitaire Export	DGRAD
PSI Taxe Phytosanitaire Import	DGRAD
PVP Produits Partiels Vente Publique	DGDA

QDV Quarantaine Désinfection	DGRAD
QFR Quarantaine Friperie	DGRAD
QPT Quarantaine Produits Toxiques & Soporifiques	DGRAD
RAD Taxe Rémunératoire Or, Diamant : DGRAD	DGRAD
RDA Redevance Administrative	DGDA
RIN Redevance Informatique	DGDA
RRA Redevance rémunératoire 0.75% AUFS	DGDA
RRD Redevance rémunératoire 0.25% DGDA	DGDA
RRM Redevance Rémunératoire	DGDA
RTE Redevance Travaux Extraordinaires	DGDA
TAL Frais Tally OCC	OCC
TCE Taxe Commerce Extérieur	DGDA
TDA Taxe sur Denrées Alimentaires	DGDA
TEO Taxe d'Entreposage d'Office	DGDA
TIA Taxe sur Importation d'Aéronefs	DGRAD
TMP Taxe Matières Précieuses (40%)	DGRAD
TMS Taxe Ministère de la Santé	DGRAD
TMT Taxe Matériel de Télécommunication	DGRAD
TOE Taxe d'Ouverture Entrepôt	DGDA
TPC Taxe Progressive et Cumulative	DGDA
TPI Taxe Promotion de l'Industrie	FPI
TPR Taxe Provinciale	Gouverncrat provincial
TRM Taxe Rémunératoire Or, Diamant / DGDA	DGDA
TRO Taxe Rémunératoire Or, Diamant: OCC	OCC
TRP Transport et Péage (évacuation d'office)	DGDA
TSE Taxe de Surveillance Entrepôt	DGDA
TVP Taxe sur Vente Publique	DGDA
VIM Vente Imprimés	DGDA
VPD 6% Vente Publique / DGRAD	DGDA

4.2.2. Réalisations et rendement

Avant de mettre en lumière les exploits du Guichet Unique, il convient de rappeler que tout Etat vit en principe, pour partie, de ses importations et exportations. Est-ce que les services de douanes prennent-ils à cœur leur rôle contrôle avec un sens renouvelé du devoir de vigilance les marchandises qui franchissent le territoire lors de leur entrée ou de leur sortie. Peu importe que ce mouvement donne lieu ou non à la perception des droits, peu importe aussi qu'elle bénéficie d'une franchise douanière, d'une suspension des droits ou d'un taux nul, la marchandise doit forcément être soumise au respect des règles douanières.[64] Dans le contexte actuel de notre pays, il est un fait avéré que ce sont les exploits réalisés par les services de douanes (moteur des réformes) qui ont permis, en cette période de vache maigre, de subvenir aux besoins de l'Etat. Ce disant, il semble utile de mettre un accent particulier sur la procédure à l'importation dont les prouesses, depuis l'instauration du Guichet Unique, sont perceptibles en termes de réalisations et de rendement, au point d'occuper le cœur de la réflexion à travers ce livre.

Créé par Ordonnance n° 79-144 du 15 mai 1979, sous la forme d'un établissement public à caractère administratif, économique et financier, l'OFIDA (devenu DGDA sous le régime du Décret n°09/043 du 03 décembre 2009 portant création et organisation de la Direction Générale des Douanes et Accises) est, comme nous l'avons indiqué précédemment, doté de la personnalité juridique. Il est par ailleurs régi par la loi cadre n° 78-002 du 06 janvier 1978 portant dispositions applicables aux entreprises publiques.[65] A ce titre, la douane constitue donc un grand service pourvoyeur des ressources à l'Etat congolais. A titre indicatif, la douane intervient pour plus de 50% des recettes budgétaires réalisées.

On comprend dès lors l'importance que l'Etat doit accorder au comportement de ce service capital. Il sied de veiller à le doter des moyens de sa politique pour que ce service générateur des recettes publiques soit à la hauteur de ses ambitions, tant en ce qui concerne les opérations d'importation que d'exportation des marchandises quand celles-ci sont censées franchir ou non la frontière nationale. Ce service, au plan national ou interne, perçoit également les droits d'accises sur la consommation d'un certain nombre de produits expressément prévus par la loi, notamment les alcools et les boissons alcooliques, les eaux de table et limonades, les tabacs fabriqués, les huiles minérales, les parfums liquides alcooliques et les communications téléphoniques.

A l'importation, les droits sont généralement perçus sur la quasi-totalité de produits, sauf ceux exemptés par la loi. Toutefois, une précision s'impose : en vue de stimuler le commerce extérieur en rendant les marchandises exportées compétitives et d'améliorer la balance des paiements, les droits à l'exportation ont

---

[64] Mathias BUABUA wa KAYEMBE, « Question de la fraude dans les entrepôts douaniers au Congo », *Revue de la Faculté de Droit de l'UPC*, n°01, 1999, p. 16.
[65] *Idem*, p. 127.

été supprimés sur toutes les marchandises, sauf sur les produits miniers et les huiles minérales, les bois, le café et le thé.[66] Cette vision conforte la thèse selon laquelle l'Etat doit présider à la destinée de son économie en l'orientant dans un sens comme dans un autre. L'impôt est souvent aussi un moyen de diriger l'économie : on freine certaines opérations en les taxant, on dégrève au contraire d'autres opérations pour les favoriser[67]

A cet égard, la douane joue non seulement le rôle économique, mais aussi fiscal car elle s'emploie à renflouer les caisses de l'Etat par le prélèvement des droits et taxes dont elle détient le pouvoir de par la loi. Ceci ne suffit pas, car l'installation des grandes entreprises en sus de celles qui existent déjà, dans un pays post-conflit comme le nôtre, s'opère timidement et cela pose le vrai problème de la déclaration douanière qui se fait dans un climat déloyal en vue de sous-évaluer la marchandise et payer moins au Trésor public. Au sujet de la procédure de déclaration justement, c'est dans un passage de l'ouvrage de Jean-Marc FEDIDA voué au contentieux douanier, que l'on trouve un éclairage encore plus édifiant : « Je suis libre, donc responsable, de déclarer au service de l'administration des douanes la marchandise que je destine à voyager au-delà des frontières. Ma déclaration doit donc être conforme à ce qu'est la marchandise. **La loi douanière n'est par conséquent autre que l'expression de la répression du mensonge**.

La déclaration, c'est donc non seulement cette obligation de communication à la douane mais également cette volonté de placer sous un régime douanier particulier telle ou telle marchandise circulant par-delà les frontières d'un Etat. La déclaration conditionne la position tarifaire, c'est-à-dire la dette douanière qui est créée ».[68] Tout en partageant le point de vue émis ci-haut, il nous semble important d'insister sur le fait qu'il est impérieux d'encourager l'investissement en permettant aux entreprises à grands capitaux de s'installer dans notre pays en leur garantissant un meilleur climat des affaires, de sorte qu'en florissant sur le sol national elles soient à mesure, en s'acquittant

---

[66] *Idem*, p.128.

[67] A. COLIN, H. CAPITANT et L. JULLIOT DE LA MONRANDIERE, *Droit civil*, T. II, 3ème éd. Dalloz, Paris, 1964, p.VII.

[68] Jean-Marc FEDIDA, *Le contentieux douanier*, Coll. « Que sais-je ? », PUF, Paris, 2001, p.56.

régulièrement de leurs obligations fiscales et douanières, de contribuer à grande échelle à la prospérité de l'Etat. Il est un fait que plus on favorise l'implantation des entreprises de grande taille économique sur un territoire, plus elles participent à sa croissance économique, par le jeu de flux financier. Il sied d'avoir conscience que les opérations commerciales que peut réaliser normalement une entreprise sont, en l'occurrence : les ventes, les prestations de services, les importations et les exportations. Généralement, toutes ces opérations sont frappées par des impôts indirects (contributions sur le chiffre d'affaire, droits de consommation, droits de douane, taxe de statistique, taxe sur la valeur ajoutée et taxe conjoncturelle temporaire) que les entreprises peuvent inclure dans leurs prix. Ce qui leur permet de répercuter la charge fiscale sur leurs clients.[69]

En l'espèce, rien qu'en considérant la période qui part de 2002 à 2010 (voir les tableaux en annexe relatifs aux recettes relatives à ces années), on réalise que le déclenchement de l'amélioration de ce climat des affaires née de l'installation du Guichet Unique à Matadi a permis de relancer la confiance au niveau d'un certain nombre d'entreprises de grande dimension dont le volume d'importation suit une courbe exponentielle. Il apparaît clairement que c'est au cours de cette période que la maximisation des recettes douanières, sous l'impulsion notamment du Guichet Unique, a permis à l'Etat de faire face à ses obligations régaliennes malgré la récession et le déclin global de l'économie mondiale entre 2008 et 2010.

Pour une large part, ces recettes proviennent des échanges commerciaux internationaux, et, dans une moindre mesure, nationaux. Pour mieux illustrer ce propos, à l'aide des tableaux ci-après il importe de présenter le relevé des recettes constatées à l'OFIDA/Matadi, d'une part, et celles mobilisées par les autres services intervenant dans la chaîne des recettes, d'autre part, pour les exercices 2002 à 2010. Ce qui permet de mettre en lumière assez clairement les exploits découlant de ce système.

4.2.2.1. Recettes OFIDA : voir tableaux ci-contre.

---

[69] Nguyen Chan TAM, AZAMA LANA, Philippe DARTOIS, Jerassier KABONGO, Styliani DARANAS, *Guide juridique de l'Entreprise*, UNAZA, Campus de Kinshasa, Faculté de Droit, 1978, p. 183.

Tableau n°4 : Recettes OFIDA / DGDA en Franc congolais

RELEVE DES RECETTES CONSTATEES DGDA (OFIDA)/GUICHET UNIQUE MATADI
EXERCICES 2002. 2003. 2004. 2005. 2006.

Mois	2002	2003	2004	2005	2006
JAN.	1 610 641 570, 00	1 698 056 517, 00	2 645 819 502, 38	3 129 139 296, 68	4 279 835 833,5 2
FEV.	1 439 207 084, 00	2 389 857 982, 00	3 208 333 418, 05	3 951 817 973,39	4 724 048 355,28
MARS	1 157 394 743,00	2 126 901 729,00	4 191 020 501, 78	5 452 803 206,04	5 834 884 123,86
AVR.	1 440 394 201,00	1 415 250 622,00	2 911 532 629,26	3 126 829 587,95	4 796 396 522,03
MAI	1 547 060 466,00	1 913 984 951,00	3 382 168 493,18	4 469 647 699,21	4 579 043 020,97
JUIN	1 493 897 434,00	1 716 044 723, 00	4 460 715 532,21	3 283 710 795,25	2 665 585 439,77
JUIL.	1 726 313 472,00	2 456 276 873,44	3 852 721 904,49	4 747 745 565,91	4 877 790 653,61
AOÛT	1 341 383 244,00	2 459 776 668,84	3 043 872 885,08	5 065 266 546,22	5 476 922 394,72
SEPT.	2 029 187 450,00	3 693 337 418,10	3 872 012 307,98	6 197 162 494,84	5 603 519 449,42
OCT.	1 785 395 564,00	3 413 392 729,53	4 198 079 436,62	5 637 478 260,60	5 887 275 204,01
NOV.	2 081 005 955,00	2 210 708 807,22	3 541 435 968,86	6 270 352 377,93	5 757 610 993,52
DÉC.	2 004 740 574,00	2 093 184 963,10	5 166 346 930,77	6 275 139 437,36	5 820 520 325,42
TOT.	19 656 621757,0	27 586 773 984, 3	44 474 059 510,66	57607093 241,38	60 303 432 316, 1
% ACCROISS.	-	40,34	126,25	193,07	206,78
PERIODE DE BASE 2002					
MOY. MENS.	1 638 051 813,08	2 298 897 832,02	3 706 171 625,89	4 800 591 103,45	5 025 286 026,34

Source : DGDA Bureau Recette principale

Tableau n°5 : **Recettes OFIDA / DGDA en Franc congolais**

RELEVE DES RECETTES CONSTATEES DGDA (OFIDA) / GUICHET UNIQUE MATADI BEACH
EXERCICES 2007. 2008. 2009. 2010

	2007	**2008**	**2009**	**2010**
JANVIER	5 001 295 890,01	7 636 856 614,80	9 865 111 769,99	17 426 538 108, 76
FEVRIER	6 509 248 018,96	8 010 126 114,18	13 195 203 753, 42	15 323 623 149,25
MARS	4 834 118 918,22	5 690 263 752,89	13 124 473 630,39	17 373 117 415,18
AVRIL	5 453 616 611,95	9 983 958 275,12	11 652 391 223, 64	18 045 000 022,93
MAI	5 288 786 044,42	8 699 443 366,77	13 164 491 178, 73	15 864 909 408,17
JUIN	6 370 148 918,75	9 341 771 783,02	8 995 124 477,97	19 534 623 313,84
JUILLET	5 732 116 312,17	11 065 717 262,66	15 550 913 606, 25	17 681 498 215,84
AOÛT	8 762 550 721,89	8 539 361 138,06	12 539 158 642, 50	15 246 720 195,54
SEPTEMBRE	5 088 895 630,95	11 405 759 538, 01	16 697 131 083, 09	16 130 179 092,55
OCTOBRE	7 189 751 146,27	11 798 933 149, 06	18 034 391 683,48	13 191 894 116,42
NOVEMBRE	7 249 678 627,30	10 149 774 160, 46	18 171 534 906,93	18 482 043 110,03
DÉCEMBRE	7 712 967 575,17	13 016 396 096, 31	13 951 826 082,75	24 068 373 735,64
TOTAL	75 193 174 416, 06	115 338 361 251, 34	164 941 752 039, 14	208 368 519 884,15
% ACCROISS	282,53	486,77	739,12	960,04
PERIOD. 2002				
MOY. MENS.	6 266 097 868,01	9 611 530 104,28	13 745 146 003,26	17 364 043 323,68

Source : Source : DGDA Bureau Recette principale

Tableau n°6 : Recettes OFIDA / DGDA en Dollar américain
RELEVE DES RECETTES CONSTATEES DGDA (OFIDA) / GUICHET UNIQUE MATADI
EXERCICES 2002. 2003. 2004. 2005. 2006.

	2002	2003	2004	2005	2006
JANVIER	$4 915 723,04	$4 098 699,87	$7 025 778,09	$6 240 697,30	$9 826 504,65
FEVRIER	$4 276 813,18	$5 733 425,41	$8 457 839,54	$8 465 262,07	$10 899 334,36
MARS	$3 449 787,52	$4 767 684,52	$10 987 244,01	$11 054 174,52	$13 350 860,54
AVRIL	$4 486 296,72	$3 413 144,87	$7 581 373,88	$6 139 064,93	$10 899 308,40
MAI	$4 823 751,22	$4 600 694,22	$8 776 083,98	$8 718 473,89	$10 264 150,95
JUIN	$4 430 625,36	$4 089 404,84	$11 545 457,17	$7 294 154,22	$5 938 435,27
JUILLET	$5 096 599,25	$5 708 713,81	$9 908 076,62	$9 729 271,91	$10 762 522,95
AOÛT	$3 873 984,04	$5 813 324,00	$7 798 357,63	$10 390 290,35	$11 822 311,82
SEPTEMBRE	$5 619 923,46	$9 385 031,46	$9 571 059,47	$13 295 778,79	$11 577 758,73
OCTOBRE	$4 820 565,03	$9 145 106,55	$9 885 151,31	$12 302 994,76	$11 423 616,90
NOVEMBRE	$5 227 600,84	$5 922 249,47	$8 253 769,89	$13 793 726,91	$10 840 508,72
DÉCEMBRE	$5 246 098,93	$5 671 389,15	$11 743 891,54	$14 341 536,82	$11 163 895,75
TOTAL	$56 267 768,58	$68 348 868,18	$111 534 083,13	$121 765 426,49	$128 769 209,04
% ACCROIS.	-	21,47	98,22	116,40	128,85
PER. BASE 2002					
MOY. MENS.	$4 688 980,72	$5 695 739,01	$9 294 506,93	$10 147 118,87	$10 730 767,42

Source : DGDA Bureau Recette principale

Tableau n°7: Recettes : OFIDA / DGDA en Dollar américain (suite)
RELEVE DES RECETTES CONSTATEES DGDA (OFIDA) / GUICHET UNIQUE MATADI
EXERCICES 2007. 2008. 2009. 2010

	2007	2008	2009	2010
JANVIER	$9 467 980,37	$14 704 796,42	$14 520 735,45	$19 153 127,43
FEVRIER	$11 856 236,31	$14 710 605,29	$18 123 385,39	$16 692 589,05
MARS	$8 639 014,97	$10 296 084,20	$16 458 402,94	$19 055 672,30
AVRIL	$9 870 799,30	$17 887 403,97	$13 958 418,23	$20 103 087,81
MAI	$10 498 584,94	$15 580 348,46	$16 642 774,45	$17 679 452,38
JUIN	$12 808 497,97	$16 709 126,36	$11 696 678,16	$21 707 655,10
JUILLET	$11 567 822,47	$19 788 287,56	$20 312 856,57	$19 627 256,06
AOÛT	$17 713 147,76	$15 281 315,60	$15 730 021,90	$16 911 999,08
SEPTEMBRE	$10 278 792,74	$20 365 973,03	$21 542 664,43	$17 849 120,82
OCTOBRE	$14 474 137,10	$20 744 589,13	$20 431 637,79	$14 535 108,17
NOVEMBRE	$14 579 729,47	$17 409 262,55	$20 217 157,44	$20 279 800,81
DÉCEMBRE	$15 403 073,91	$21 700 641,12	$15 360 962,44	$26 499 134,00
TOTAL	$147 157 817,29	$205 178 433,70	$204 995 695,18	$230 094 003,02
% ACCROIS.	161,53	264,65	264,32	308,93
PER. 2002				
MOY. MENS.	$12 263 151,44	$17 098 202,81	$17 082 974,60	$19 174 500,25

Source : DGDA Bureau Recette principale

Et comme le montrent les tableaux ci-dessus et le graphique ci-contre (voir Graphique n°1), de janvier à juin 2003, avant l'installation du Guichet Unique, les recettes réalisées s'élevaient à 11.260.096.524,00 FC contre 20.799.590.076,86 FC pour la période correspondante après son installation en 2004, soit une progression de 84,72% et 23.413.948.558,52 FC en 2005, pour la même période, ce qui correspond à une progression de 107,94 %. En 2002, 19.656.621.757,00 FC ont été réalisés contre 27.586.773.984,23 FC en 2003. Soit une progression de 40,34% et 44.474.059.510.66 FC en 2004, correspondant à une progression de 126,25% et 57.607.093.241,38 FC en 2005, soit une progression de 193,07% et 60.303.432.316,13 FC en 2006, soit une progression de 206,78% ; 75.193.174.416,06 FC soit une progression de 282,53% en 2007 ; 115.338.361.251,34 FC soit une progression de 486,77% en 2008 ; 164.941.752.039,14 FC soit une progression de 739,12% en 2009 et enfin 208.368.519.884,14 FC soit 960,04% de progression de pour l'année 2010 avec comme période de base janvier 2002.

Graphique n°1 : Evolution annuelle des recettes OFIDA/DGDA en Dollars américains (Source : DGDA Bureau Recette principale

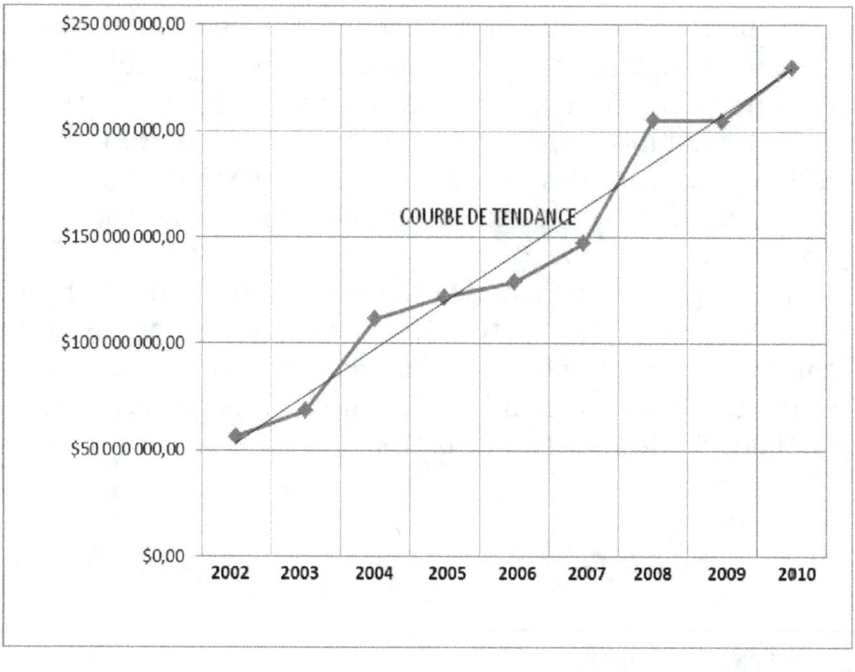

Comme on peut s'en rendre compte ici, les statistiques attestent que les recettes de l'OFIDA ont connu une tendance à la hausse du jour au lendemain à la suite, notamment, de la maîtrise progressive des nouvelles technologies de l'information et de la communication. Même en Franc congolais constant, c'est-à-dire le franc congolais déflaté, après analyse soit par la méthode du déflateur, soit par celle de l'indice des prix, ou encore en dollar américain, la tendance est toujours à la hausse d'autant plus que le franc congolais a connu une stabilité relative par rapport au dollar américain qui est une monnaie de référence[70].

La contraction des recettes entre 2008 et 2009 est la conséquence des répercutions de la crise financière mondiale couplées à la détérioration de plus en plus du pouvoir d'achat du consommateur congolais rétrécissant la demande intérieure ainsi que la baisse spectaculaire des exportations du diamant, principales sources de devises étrangères qui financent les importations.

4.2.2.2. Recettes DGI : voir tableaux suivants.

Il est évident que les chiffres repris dans les tableaux qui suivent parlent d'eux-mêmes. Cependant, il convient de dire un mot sur le taux d'imposition et sur l'assiette imposable. A partir d'une interprétation objective des chiffres tels qu'analysés dans ces différents tableaux, il apparaît clairement qu'outre l'OFIDA, la Direction Générale des Impôts a non seulement maximisé les recettes, mais les a confortablement consolidées. Et cela en dépit de la création de la Direction des Grandes Entreprises/DGE, qui avait provoqué l'étiolement des recettes au niveau de la province, dans la mesure où toutes les grandes entreprises payent désormais leurs impôts à Kinshasa et sont exemptes du Précompte BIC à l'importation. Ces entreprises représentent plus ou moins 80% des recettes de la DGI.

[70] Alain TENDAY LUPUMBA, *op.cit.*

Tableau n° 8 : **Recettes DGI en Franc congolais**
RELEVE DES RECETTES DE LA DGI / PRECOMPTE BIC
EXERCICES 2002. 2003. 2004. 2005. 2006.

	2002	2003	2004	2005	2006
JANVIER	34 454 120,00	64 537 046,00	52 639 895,65	68 347 449,50	55 775 310,60
FEVRIER	48 295 464,00	47 231 080,00	64 271 221,41	67 878 287,87	62 207 859,41
MARS	30 971 839,00	97 533 282,00	59 428 965,23	95 505 242,03	91 268 795,20
AVRIL	29 869 718,00	57 803 244,00	73 720 366,71	69 555 850,84	74 480 167,30
MAI	47 038 842,00	68 684 976,00	64 769 517,70	74 898 462,21	67 274 454,30
JUIN	41 815 362,00	25 249 256,00	71 444 355,65	67 023 147,48	57 328 775,12
JUILLET	77 640 392,00	39 102 654,55	91 439 178,98	91 085 605,98	79 713 723,88
AOÛT	59 028 493,00	41 704 487,30	67 255 552,12	77 813 262,77	81 181 625,89
SEPTEMBRE	69 405 083,00	58 854 922,93	55 237 240,98	106 265 184,23	86 941 797,44
OCTOBRE	61 299 812,00	59 534 218,46	72 596 097,96	87 871 275,72	81 471 372,03
NOVEMBRE	55 082 230,00	39 951 713,09	65 822 128,61	118 567 418,61	72 908 511,50
DÉCEMBRE	54 983 700,00	55 212 352,50	61 970 553,85	89 848 337,85	66 602 894,96
TOTAL	609 885 055,00	655 399 232,83	800 595 074, 85	1 014 659 525,09	877 155 287,63
% ACCROIS.	-	7,46	31,27	66,37	43,82
PER. 2002					
MOY. MENS.	50 823 754,58	54 616 602,74	66 716 256,24	84 554 960,42	73 096 273,97
				PREBIC A 5 %	PREBIC A 2 %

Source : DGDA Bureau Recette principale

Tableau n° 9 : **Recettes DGI en Franc congolais**

RELEVE DES RECETTES DE LA DGI / PRECOMPTE BIC
EXERCICES 2007. 2008. 2009. 2010

	2007	2008	2009	2010
JANVIER	47 906 846,47	83 575 099,84	95 642 197,13	152 434 484,67
FEVRIER	71 280 263,26	110 577 759,41	156 536 523,75	156 639 429,37
MARS	67 147 790,59	71 712 716,23	166 709 989,45	221 397 352,74
AVRIL	58 514 043,80	126 434 854,18	135 998 003,61	197 539 602,01
MAI	49 157 213,83	116 740 221,37	119 238 264,58	169 967 723,97
JUIN	66 281 471,25	100 870 070,09	116 658 921,46	191 064 051,40
JUILLET	59 354 498,38	127 684 095,41	111 164 801,65	191 626 529,20
AOÛT	126 848 014,78	126 991 221,13	101 652 910,32	189 467 123,38
SEPTEMBRE	72 924 258,97	160 074 028,17	142 959 656,04	193 968 469,56
OCTOBRE	82 631 469,01	161 847 253,24	236 859 414,39	162 386 005,81
NOVEMBRE	80 752 480,47	122 451 344,39	174 437 288,99	200 015 087,36
DÉCEMBRE	81 842 503,85	138 568 737,50	142 239 916,47	190 974 130,27
TOTAL	864 640 854,66	1 447 527 400,96	1 700 097 887,84	2 217 479 989,74
% ACCROIS.	41,77	137,34	178,76	263,59
PER. 2002				
MOY. MENS.	72 053 404,56	120 627 283,41	141 674 823,99	184 789 999,15
	PREBIC A 1 %			

Source : DGDA Bureau Recette principale

Tableau 10 : Recettes DGI en Dollar américain

RELEVE DES RECETTES DE LA DGI / PRECOMPTE BIC
EXERCICES 2002. 2003. 2004. 2005. 2006. 2007. 2008. 2009. 2010

	2002	2003	2004	2005	2006
JANVIER	105 154, 94	155 776, 90	139 781,35	136 310, 88	128 060,13
FEVRIER	143 517, 00	113 310, 45	169 432, 41	145 403, 33	143 526,10
MARS	92 316,18	218 631, 60	155 799, 89	193 612, 64	208 833,10
AVRIL	93 033,16	139 403, 47	191 961, 33	136 562, 57	169 248, 37
MAI	146 667, 62	165 099, 82	168 064, 58	146 096, 59	150 799, 01
JUIN	124 016, 68	60 170, 01	184 916, 02	148 879, 49	127 717, 99
JUILLET	229 217, 91	90 879, 76	235 154,89	186 656,30	175 883,07
AOÛT	170 477, 33	98 562, 48	172 307,74	159 616, 95	175 236, 10
SEPTEMBRE	192 220,42	149 554, 52	136 538, 54	227 987, 95	179 635, 52
OCTOBRE	165 509,39	159 503,11	170 940, 88	191 766, 57	158 086, 33
NOVEMBRE	138 369,58	107 026,31	153 406, 90	260 828, 50	137 273,14
DÉCEMBRE	143 883,92	149 595,35	140 868, 48	205 344, 16	127 745, 93
TOTAL	1 744 384,11	1 607 513,79	2 019 173, 01	2 139 065, 93	1 882 044, 81
% ACCROIS.	-	- 7,85	15,75	22,63	7,89
PER. 2002					
MOY. MENS.	145 365,34	133 959, 48	168 264, 42	178 255, 49	156 837, 07
				PREBIC A 5 %	PREBIC A 2 %

Source : DGDA Bureau Recette principale

Tableau 11 : Recettes DGI en Dollar américain

RELEVE DES RECETTES DE LA DGI / PRECOMPTE BIC
EXERCICES 2002. 2003. 2004. 2005. 2006. 2007. 2008. 2009. 2010

	2007	2008	2009	2010
JANVIER	90 692,71	160 924,17	140 778,44	167 537,41
FEVRIER	129 833, 07	203 076, 17	215 000,22	170 633,12
MARS	119 999,28	129 758, 51	209 058,30	242 839,28
AVRIL	105 907, 77	226 522, 51	162 912,23	220 069,60
MAI	97 580, 27	209 076, 98	150 743,05	189 407,72
JUIN	133 272, 57	180 420, 89	151 695,72	212 318,02
JUILLET	119 781, 64	228 331,30	145 205,27	212 714,04
AOÛT	256 418, 22	227 252,71	127 520,72	210 161,12
SEPTEMBRE	147 295,88	285 826,06	184 446,77	214 639,07
OCTOBRE	166 350,57	284 555,79	268 344,28	178 920,34
NOVEMBRE	162 400, 21	210 033,01	194 074,20	219 470,66
DÉCEMBRE	163 442, 43	231 018, 66	156 606,17	210 261,36
TOTAL	1 692 974, 61	2 576 796,77	2 106 385,37	2 448 971, 75
% ACCROIS.	- 2,95	47,72	20,75	40,39
PER. 2002				
MOY. MENS.	141 081, 22	214 733, 06	175 532,11	204 080,98
	PREBIC A 1 %			

Source : DGDA Bureau Recette principale

A cette diminution des assujettis, il faut aussi tenir compte de la baisse successive du taux d'imposition qui est passé de 5 à 2% de la valeur CIF en Mars 2006, puis à 1% en Novembre de la même année. En 2002, la DGI a perçu à titre de Précompte BIC la somme de 609. 885. 055, 00 FC y compris la part des grandes entreprises. En 2003, les recettes ont atteint la barre de 655.399.232,83 FC malgré l'exemption des grandes entreprises soit une augmentation timorée de 7,46%.

En 2004, les recettes se chiffraient à 800.595.074,85 FC, soit une augmentation de 31,27%. Et en 2005, elles ont franchi le cap de 1.014.659.525,09 FC, soit une augmentation de 66,37%. Par contre, en 2006, elles s'élevaient à 877.155.287,63 FC pour 43,82% de progression, essentiellement à cause de la baisse du taux d'imposition.

En 2007, elles ont été de 864.640.854,66 FC soit 41,77%. En 2008, elles ont atteint 1.447.527.400,96 FC soit 137,34%. En 2009, les recettes se chiffraient à 1.700.097.887,84 FC soit 178,76%. Enfin, en 2010, la DGI a perçu 2.217.479.989,74 FC soit 263,59% avec comme période de base janvier 2002.

Graphique n°2 :
Evolution annuelle des recettes DGI en Dollar américain

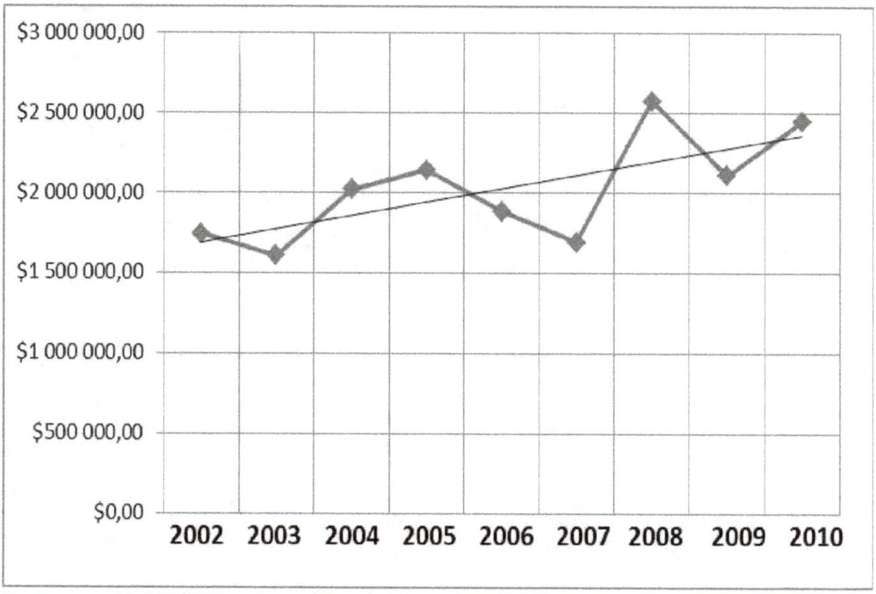

Source : DGDA Bureau Recette principale

4.2.2.3. Recettes DGRAD

Avant le Guichet Unique en 2002, la DGRAD avait réalisé les recettes de l'ordre de 158.037.223,20 FC. Les données statistiques au niveau de la DGRAD renseignent qu'en 2003, les recettes étaient de 418.498.430,50 FC, soit une progression de 164,81%. Elles sont passées à 1.333.420.808.06 FC en 2004, soit une augmentation de 743,74%.

En 2005, elles étaient de 2.375.624.344,99 FC soit une augmentation de 1403,21%.

En 2006, elles se sont améliorées encore car elles se chiffraient à 3.008.960.748,93 FC, soit une augmentation de 1.803,96%.

En 2007 elles ont été de 3.324.983.123,01 FC soit une progression de 2003,92%.pour l'année 2008, la DGRAD a perçu 3.577.556.979,49 FC soit 2 163,74% de progression. Tandis qu'en 2009, elle encaissé 7.014.111.253,80 FC soit 4 338,27% d'augmentation.

Et, enfin, en 2010, les recettes étaient de 7.970.521.369,44 FC soit 4 943,45% de progression, avec comme période de base janvier 2002.

Tableau n°12 : Recettes DGRAD en Franc congolais

RELEVE DES RECETTES DE LA DGRAD (EXERCICES 2002. 2003. 2004. 2005. 2006)

	2002	2003	2004	2005	2006
JANVIER	17 408 789, 56	12 063 420,43	64 988 417,51	133 523 731,06	190 198 426,99
FEVRIER	18 203 799,38	9 741 147,68	100 509 864,16	126 683 768,17	280 938 611,40
MARS	24 246 563,89	10 866 364,40	91 011 932,33	183 173 321,13	367 919 384,87
AVRIL	9 469 562,80	17 356 223,59	116 537 133,49	149 173 321,13	279 093 103,33
MAI	15 398 250,61	26 964 267,78	103 120 773,66	162 869 740,36	198 174 614,25
JUIN	16 550 380,20	24 353 581,71	112 950 239,47	136 578 975,31	99 995 771,11
JUILLET	10 550 380,20	12 437 270,83	132 828 889,86	164 536 359,34	144 778 127,86
AOÛT	6 918 443,20	59 246 441,05	105 692 753,53	203 259 112,31	248 310 770,84
SEPTEMBRE	9 619 706,74	62 626 586,48	129 109 400,91	414 464 590,88	266 505 078,74
OCTOBRE	9 217 734,46	66 554 507,61	141 451 052,45	277 758 636,10	247 397 158,18
NOVEMBRE	7 433 836,94	44 646 801,86	108 483 600,46	214 838 737,09	352 977 399,52
DÉCEMBRE	13 019 775,22	71 641 817,08	126 736 750,23	208 764 052,11	332 672 301,84
TOTAL	158 037 223,20	418 498 430,50	1 333 420 808,06	2 375 624 344,99	3 008 960 748,93
% ACCROIS.	-	164,81	743,74	1 403,21	1 803,96
PER. 2002					
MOYENNE MENSUELLE	13 169 768,60	34 874 869,21	111 118 400,67	197 968 695,42	250 746 729,08

Source : DGDA Bureau Recette principale

Tableau n°13 : Recettes DGRAD en Franc congolais

RELEVE DES RECETTES DE LA DGRAD
EXERCICES 2007. 2008. 2009. 2010

	2007	**2008**	**2009**	**2010**
JANVIER	229 641 848,10	261 812 856,71	487 414 407,23	575 759 393,54
FEVRIER	285 879 430,93	340 796 737,81	409 407 740,87	562 409 968,09
MARS	248 745 849,69	236 639 976,57	326 973 299,59	690 681 861,28
AVRIL	274 822 555,59	308 181 967,46	371 928 975,50	628 078 011,59
MAI	232 573 784,00	328 380 198,09	556 133 549,83	758 145 618,52
JUIN	269 700 460,66	299 707 543,08	814 810 034,17	932 503 592,78
JUILLET	223 235 132,00	330 931 002,23	815 178 460,08	810 936 246,28
AOÛT	385 317 994,03	239 054 915,20	576 317 743,06	620 177 408,05
SEPTEMBRE	262 776 721,98	261 218 920,89	654 693 070,64	652 407 323,99
OCTOBRE	306 801 215,87	291 690 274,94	776 105 264,80	470 429 052,12
NOVEMBRE	306 382 593,54	316 294 191,34	621 530 521,00	514 830 545,10
DÉCEMBRE	299 105 536,62	362 848 395,17	603 618 187,03	754 162 348,09
TOTAL	3 324 983 123,01	3 577 556 979,49	7 014 111 253,80	7 970 521 369,44
% ACCROIS.	2 003,92	2 163,74	4 338,27	4 943,45
PER. 2002				
MOY. MENS.	277 081 926,92	298 129 748,29	584 509 271,15	664 210 114,12

Tableau n°14 : Recettes DGRAD en Dollar américain

RELEVE DES RECETTES DE LA DGRAD : EXERCICES 2002. 2003. 2004. 2005. 2006.

	2002	2003	2004	2005	2006
JANVIER	53 132, 11	29 118,19	172 571,94	266 297,25	436 695,66
FEVRIER	54 095,24	23 369,65	264 965,07	271 371,63	648 182,16
MARS	72 270,50	24 358,15	238 598,29	371 337,42	841 840,27
AVRIL	29 494,20	41 857,82	303 452,41	292 879,63	634 209,83
MAI	48 011,91	64 814,70	267 578,80	317 692,95	444 218,18
JUIN	$49 085,39	$58 035,58	$292 343,72	$303 384,85	$222 772,23
JUILLET	$31 147,91	$28 905,87	$341 597,15	$337 174,55	$319 443,38
AOÛT	$19 980,82	$140 020,34	$270 783,28	$416 941,77	$535 995,79
SEPTEMBRE	$26 642,20	$159 138,58	$319 139,93	$889 218,17	$550 641,70
OCTOBRE	$24 887,87	$178 311,76	$333 072,56	$606 168,73	$480 047,26
NOVEMBRE	$18 674,21	$119 603,95	$252 834,92	$472 609,30	$664 590,68
DÉCEMBRE	$34 070,76	$194 110,23	$288 091,89	$477 120,45	$638 073,35
TOTAL	$461 493,10	$1 061 644,82	$3 345 029,95	$5 022 196,71	$6 416 710,48
% ACCROIS.	-	130,05	624,83	988,25	1 290,42
PER. 2002					
MOY. MENS.	$38 457,76	$88 470,40	$278 752,50	$418 516,39	$534 725,87

Source : DGDA Bureau Recette principale

Tableau 15 : Recettes DGRAD en Dollar américain

RELEVE DES RECETTES DE LA DGRAD
EXERCICES 2007. 2008. 2009. 2010

	2007	2008	2009	2010
JANVIER	434 736,23	504 121,65	717 438,97	632 804,57
FEVRIER	520 713,62	625 873,58	562 314,49	612 653,96
MARS	444 531,70	428 181,40	410 032,32	757 573,15
AVRIL	497 416,39	552 143,27	445 534,32	699 712,24
MAI	461 674,12	588 115,55	703 073,53	844 858,23
JUIN	$542 288,39	$536 070,81	$1 059 526,28	$1 036 235,31
JUILLET	$450 504,53	$591 787,92	$1 064 799,38	$900 175,60
AOÛT	$778 905,00	$427 792,38	$722 974,40	$687 914,49
SEPTEMBRE	$530 768,89	$466 429,04	$844 686,02	$721 932,29
OCTOBRE	$617 640,69	$512 842,55	$879 270,12	$518 328,69
NOVEMBRE	$616 161,84	$542 519,32	$691 498,02	$564 908,37
DÉCEMBRE	$597 324,52	$604 932,64	$664 583,71	$830 328,19
TOTAL	$6 492 665,92	$6 380 810,11	$8 765 731,54	$8 807 425,10
% 'ACCROISS.	1 306,88	1 282,64	1 799,43	1 808,46
PER. 2002				
MOY. MENS.	$541 055,49	$531 734,18	$730 477,63	$733 952,09

Source : DGDA Bureau Recette principale

Graphique n°3
Evolution annuelle des recettes DGRAD en Dollar américain

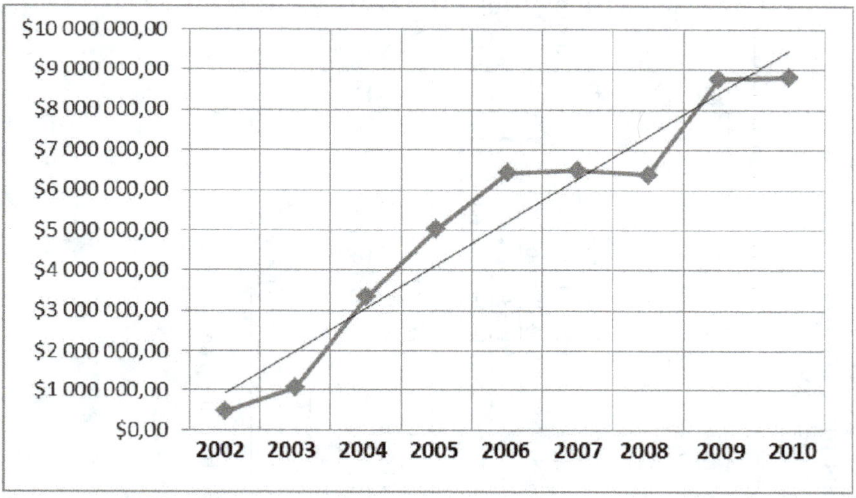

Source : DGDA Bureau Recette principale

4.2.2.4. Recettes OGEFREM

Parlant des recettes de l'OGEFREM réalisées avant le Guichet Unique, en 2002, il est à noter qu'elles étaient (comme les montrent les tableaux y afférents qui suivent), de 222.249.285,00 FC contre 630.773.912,34 FC en 2003, soit une progression de 183,81%. En 2004, elles sont passées à 1.112.041.742,61 FC pour ainsi traduire une croissance de 400,36%. Tandis qu'en 2005, elles sont chiffrées à 1.320.979.931,46 FC, soit une forte progression de 494,37%. En 2006, elles se situent à 1.665.029.651,84 FC soit une progression spectaculaire de 649,17%. En 2007, soit 2.181.663.063,66 FC soit une hausse de 881,63%. En 2008, l'OGEFREM a réalisé 3.147.239.810,66 FC soit 1 316,09% de progression. Alors qu'en 2009, les recettes se chiffraient à 3.941.181.785,16 FC soit 1 673,32% d'augmentation. En 2010, les recettes étaient de 4.999.130.679,40 FC, soit 2 147,09% de progression, avec comme période de base le mois de janvier 2002.

Tableau 16 : Recettes OGEFREM en Franc congolais

RELEVE DES RECETTES DE LA COMMISSION OGEFREM
EXERCICES 2002. 2003. 2004. 2005. 2006.

	2002	2003	2004	2005	2006
JANVIER	15 491 051,00	72 120 741,00	50 465 634,57	83 679 545,73	92 429 127,92
FEVRIER	17 694 742,00	41 005 559,00	67 077 300,69	74 269 681,50	129 730 022,13
MARS	13 229 492,00	71 326 212,00	108 597 458,91	119 060 051,62	161 984 222,34
AVRIL	16 708 173,00	39 549 933,00	87 100 029,93	80 870 735,16	135 697 610,32
MAI	16 591 202,00	51 958 751,00	67 854 719,16	131 804 285,03	112 188 502,27
JUIN	12 708 793,00	50 411 301,00	79 587 752,39	87 279 431,05	109 981 040,34
JUILLET	22 085 619,00	53 150 771,00	121 652 985,14	114 275 065,72	159 101 729,34
AOÛT	19 768 746,00	51 980 822,82	82 673 036,18	90 836 503,72	138 354 401,88
SEPTEMBRE	20 710 789,00	58 706 780,94	86 434 272,61	146 061 330,64	111 962 469,30
OCTOBRE	20 921 127,00	57 219 050,20	106 118 543,11	114 440 803,96	152 858 980,67
NOVEMBRE	24 993 297,00	26 779 484,68	84 016 266,14	137 584 537,21	201 488 272,95
DÉCEMBRE	21 346 254,00	56 564 505,70	170 463 743,78	140 817 960,12	159 253 272,38
TOTAL	222 249 285,00	630 773 912,34	1 112 041 742, 61	1 320 979 931, 46	1 665 029 651,84
% D'ACCROIS.	-	183,81	400,36	494,37	649,17
PER. 2002					
MOY. MENS.	18 520 773,75	52 564 492,70	92 670 145,22	110 081 660,96	138 752 470,99

Source : Source : DGDA Bureau Recette principale

Tableau 17 : Recettes OGEFREM en Franc congolais

RELEVE DES RECETTES DE LA COMMISSION OGEFREM
EXERCICES 2007. 2008. 2009. 2010

	2007	2008	2009	2010
JANVIER	164 464 100,89	187 592 397,63	254 714 289,63	406 447 434,64
FEVRIER	132 097 556,99	220 449 118,23	285 452 043,28	351 757 794,71
MARS	155 847 852,04	183 819 056,50	253 177 341,98	432 267 695,85
AVRIL	160 529 847,55	259 992 925,98	245 470 022,87	396 075 081,76
MAI	147 937 857,53	275 988 684,96	277 072 671,75	379 721 562,46
JUIN	159 988 937,71	301 477 603,93	287 228 563,62	452 278 789,49
JUILLET	145 709 450,53	325 253 527,80	331 510 476,17	380 953 947,84
AOÛT	195 081 470,18	274 228 811,22	266 261 707,48	412 428 053,68
SEPTEMBRE	145 948 945,50	302 276 553,90	471 662 573,02	368 245 604,31
OCTOBRE	271 789 199,18	297 360 735,82	505 508 380,92	346 088 346,95
NOVEMBRE	294 168 329,77	258 290 112,73	386 674 509,35	425 589 030,84
DÉCEMBRE	208 099 515,79	260 510 281,96	376 449 205,08	642 277 336,86
TOTAL	2 181 663 063,66	3 147 239 810,66	3 941 181 785,16	4 994 130 679,40
% D'ACCROISS.	881,63	1 316,09	1 673,32	2 147,09
PER. 2002				
MOY. MENS.	181 805 255,31	262 269 984,22	328 431 815,43	416 177 556,62

Tableau n°18 : Recettes OGEFREM en Dollar américain

RELEVE DES RECETTES DE LA COMMISSION OGEFREM
EXERCICES 2002. 2003. 2004. 2005. 2006.

	2002	**2003**	**2004**	**2005**	**2006**
JANVIER	$47 279,12	$174 082,12	$134 007,76	$166 888,93	$212 217,31
FEVRIER	$52 582,50	$98 375,01	$176 829,83	$159 094,45	$299 313,38
MARS	$39 432,47	$159 885,56	$284 700,77	$241 364,04	$370 637,83
AVRIL	$52 039,80	$95 382,15	$226 800,79	$158 777,66	$308 358,60
MAI	$51 731,55	$124 894,57	$176 070,09	$257 096,82	$251 476,07
JUIN	$37 691,95	$120 132,19	$205 993,18	$193 875,06	$245 017,58
JUILLET	$65 203,42	$123 529,45	$312 855,98	$234 177,08	$351 047,46
AOÛT	$57 093,16	$122 849,11	$211 807,10	$186 331,29	$298 647,45
SEPTEMBRE	$57 359,44	$149 178,08	$213 653,13	$313 369,09	$231 332,20
OCTOBRE	$56 487,01	$153 300,35	$249 875,66	$249 750,78	$296 606,22
NOVEMBRE	$62 784,53	$71 739,34	$195 810,66	$302 662,98	$379 364,88
DÉCEMBRE	$55 859,88	$153 258,95	$387 489,99	$321 832,84	$305 451,55
TOTAL	$635 544,81	$1 546 606,89	$2 775 894,95	$2 785 221,02	$3 549 470,50
% ACCROISS.	-	143,35	336,77	338,24	458,49
PERIODE DE BASE 2002					
MOYENNE MENSUELLE	$52 962,07	$128 883,91	$231 324,58	$232 101,75	$295 789,21

Source : DGDA Bureau Recette principale

Tableau 19 : Recettes OGEFREM en Dollar américain

RELEVE DES RECETTES DE LA COMMISSION OGEFREM
EXERCICES 2007. 2008. 2009. 2010

	2007	2008	2009	2010
JANVIER	$311 347,88	$361 209,87	$374 921,13	$446 717,50
FEVRIER	$240 608,42	$404 855,04	$392 063,47	$383 182,77
MARS	$278 514,44	$332 606,11	$317 490,42	$474 132,04
AVRIL	$290 551,76	$465 807,08	$294 048,94	$441 248,66
MAI	$293 666,29	$494 284,48	$350 280,00	$423 152,07
JUIN	$321 690,75	$539 236,83	$373 493,45	$502 590,29
JUILLET	$294 052,14	$581 635,17	$433 024,38	$422 875,97
AOÛT	$394 349,43	$490 736,60	$334 017,82	$457 474,31
SEPTEMBRE	$294 794,60	$539 741,01	$608 539,78	$407 488,36
OCTOBRE	$547 155,81	$522 812,21	$572 703,77	$381 327,47
NOVEMBRE	$591 597,90	$443 028,61	$430 203,58	$466 986,29
DÉCEMBRE	$415 582,22	$434 316,85	$414 470,63	$707 143,47
TOTAL	$4 273 911,65	$5 610 269,87	$4 895 257,38	$5 514 319,20
% ACCROISS.	572,48	782,75	670,25	767,65
PERIODE DE BASE 2002				
MOYENNE MENSUELLE	$356 159,30	$467 522,49	$407 938,12	$459 526,60

Source : DGDA Bureau Recette principale

Graphique n°4 :
Evolution annuelle des recettes OGEFREM en Dollar américain

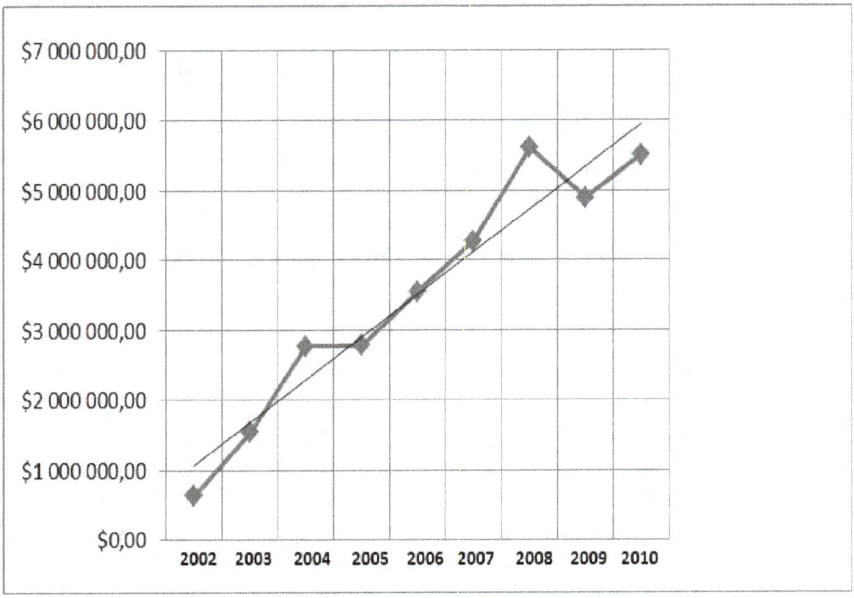

Source : DGDA Bureau Recette principale

4.2.2..5. Recettes FPI

Les recettes du FPI encaissées au bureau Matadi-Beach depuis l'installation du Guichet Unique ont-elles aussi connu une augmentation notable. Dans le cours de l'année 2002, elles s'élevaient à 1.874.985.401,00 FC contre 2.010.473.370,61 FC en 2003, traduisant ainsi une croissance relative de 7,23%. En 2004 elles étaient de 2.470.044.299,29 FC soit une croissance de 31,74% et en 2005 elles étaient de l'ordre de 3.505.299.362,59 FC soit une progression de 86,95% et en 2006 elles se sont situées à 3.934.562.781,49 FC soit une hausse de 109,84%. En 2007, elles se chiffraient à 5.024.964.676,83 soit une progression de 168 %. En 2008, la TPI (Taxe pour la promotion de l'industrie) a pu atteindre 6.984.268.548,34 FC soit 272,50% de hausse.

En 2009, elle a consolidé en réalisant 10.286.427.351,87 FC soit 448,61% de progression. Et enfin, en 2010, elle a atteint 14.002.686.586,58 FC soit 646,82% de hausse, avec comme période de base le mois de janvier 2002.

Il est sans doute intéressant - à ce stade – de stigmatiser le fait que l'incidence du Guichet Unique sur l'évolution des recettes de la TPI a été sensiblement diluée à cause de l'élargissement de la liste des marchandises exemptées et de l'application du nouveau tarif douanier promulgué le 13 mars 2003. Ledit tarif a consacré la baisse des taux des droits de douane, en passant de 30 à 20%. Il reste que ce nouveau tarif a surtout le mérite d'avoir consacré la consolidation de l'impôt sur le chiffre d'affaire ICA dans la perspective de l'introduction de la TVA[71].

[71] La TVA : taxe sur la valeur ajoutée mise en œuvre en Janvier 2012.

Tableau 20 : **RELEVE DES RECETTES DE LA T P I EXERCICES 2002. 2003. 2004. 2005. 2006.**

	2002	2003	2004	2005	2006
JANVIER	168 417 618,00	181 102 908,00	197 255 638,32	263 578 414,88	221 551 238,78
FEVRIER	164 055 644,00	180 783 232,00	220 780 221,91	250 429 134,61	346 124 972,60
MARS	152 531 528,00	192 562 921,00	209 742 022,18	322 111 516,30	426 482 272,76
AVRIL	73 765 925,00	165 398 225,00	220 014 488,73	240 458 271,88	293 209 839,20
MAI	126 316 261,00	169 685 826,00	181 063 078,15	287 903 542,44	275 404 910,96
JUIN	140 753 127,00	107 072 104,00	183 316 896,66	187 381 071,45	188 829 497,52
JUILLET	159 724 048,00	166 083 027,47	193 959 134,27	294 689 669,89	364 940 610,02
AOÛT	143 109 498,00	176 257 861,00	191 244 674,62	221 994 968,27	314 156 172,30
SEPTEMBRE	141 980 633,00	192 836 091,84	232 477 789,70	335 049 185,04	382 853 355,21
OCTOBRE	210 817 716,00	170 578 014,26	189 176 122,97	356 103 003,26	374 389 253,85
NOVEMBRE	213 958 025,00	112 144 580,50	188 849 346,49	355 453 639,19	388 274 038,45
DÉCEMBRE	179 555 378,00	195 968 579,54	262 164 885,29	390 146 945,38	358 346 619,84
TOTAL	1 874 985 401,00	2 010 473 370,61	2 470 044 299,29	3 505 299 362,59	3 934 562 781,49
% D'ACCROISS.	-	7,23	31,74	86,95	109,84
PER. 2002					
MOY. MENS.	156 248 783,42	167 539 447,55	205 837 024,94	292 108 280,22	327 880 231,79

Tableau 21 : **RELEVE DES RECETTES DE LA T P I**
EXERCICES 2007. 2008. 2009. 2010

	2007	2008	2009	2010
JANVIER	402 648 231,30	384 571 936,46	638 012 873,37	1 068 090 887,98
FEVRIER	360 886 174,99	541 465 362,74	803 532 236,29	797 444 667,80
MARS	269 739 433,22	367 467 030,79	748 012 384,67	1 119 887 189,02
AVRIL	447 066 513,59	551 675 439,92	810 705 735,84	1 136 431 767,88
MAI	403 301 261,78	609 869 685,78	790 706 762,17	1 058 901 853,07
JUIN	376 113 843,30	638 259 996,04	756 575 060,48	1 325 653 600,48
JUILLET	374 462 954,28	640 051 164,34	882 306 625,02	1 038 598 610,59
AOÛT	503 763 122,73	598 789 486,95	717 888 056,12	1 052 662 060,13
SEPTEMBRE	399 962 219,23	664 817 001,98	935 175 258,80	922 107 665,67
OCTOBRE	417 238 257,28	658 794 722,56	1 280 930 849,75	947 519 911,75
NOVEMBRE	562 880 824,30	601 713 868,64	904 334 324,44	1 391 954 632,49
DÉCEMBRE	506 901 840,83	726 792 852,14	1 018 247 184,92	2 143 433 739,72
TOTAL	5 024 964 676,83	6 984 268 548,34	10 286 427 351,87	14 002 686 586,58
% ACCROISS.	168,00	272,50	448,61	646,82
PERIODE 2002				
MOY. MENS.	418 747 056,40	582 022 379,03	857 202 279,32	1 166 890 548,88

Tableau n°22: Recettes FPI en Dollar américain

RELEVE DES RECETTES DE LA T P I. (EXERCICES 2002. 2003 . 2004 . 2005 . 2006.)

	2002	2003	2004	2005	2006
JANVIER	$514 015,27	$437 138,85	$523 797,76	$525 675,90	$508 681,73
FEVRIER	$487 515,21	$433 710,78	$582 022,95	$536 448,86	$798 580,27
MARS	$454 642,95	$431 651,00	$549 862,92	$652 999,34	$975 838,63
AVRIL	$229 753,65	$398 889,14	$572 898,30	$472 104,06	$666 288,63
MAI	$393 855,46	$407 878,13	$469 824,25	$561 583,30	$617 333,70
JUIN	$417 447,92	$255 157,21	$474 470,38	$416 232,28	$420 677,47
JUILLET	$471 553,68	$385 999,02	$498 806,30	$603 889,97	$805 217,36
AOÛT	$413 307,62	$416 559,79	$489 966,05	$455 374,29	$678 127,60
SEPTEMBRE	$393 221,58	$490 010,14	$574 651,78	$718 835,41	$791 035,67
OCTOBRE	$569 207,48	$457 009,85	$445 450,03	$777 144,17	$726 461,61
NOVEMBRE	$537 474,27	$300 423,19	$440 137,58	$781 938,58	$731 047,67
DÉCEMBRE	$469 868,91	$530 967,92	$595 940,62	$891 662,54	$687 317,30
TOTAL	$5 351 864,00	$4 945 395,02	$6 217 828,92	$7 393 888,72	$8 406 607,63
% ACCROISS.	-	- 7,59	16,18	38,16	57,08
PERIODE 2002					
MOY. MENS.	$445 988,67	$412 116,25	$518 152,41	$616 157,39	$700 550,64

Source : DGDA Bureau Recette principale

Tableau 23 : Recettes FPI en Dollar américain

RELEVE DES RECETTES DE LA T P I (EXERCICES 2007 . 2008 . 2009 . 2010)

	2007	**2008**	**2009**	**2010**
JANVIER	$762 255,55	$740 494,72	$939 109,09	$1 173 915,37
FEVRIER	$657 334,27	$994 401,73	$1 103 637,71	$868 685,95
MARS	$482 049,17	$664 902,66	$938 025,37	$1 228 346,23
AVRIL	$809 170,16	$988 389,69	$971 145,71	$1 266 045,31
MAI	$800 579,29	$1 092 251,75	$999 624,99	$1 180 013,35
JUIN	$756 254,44	$1 141 621,44	$983 801,28	$1 473 119,33
JUILLET	$755 693,14	$1 144 572,57	$1 152 483,28	$1 152 891,04
AOÛT	$1 018 337,12	$1 071 542,82	$900 570,38	$1 167 636,03
SEPTEMBRE	$807 862,66	$1 187 088,43	$1 206 564,57	$1 020 373,74
OCTOBRE	$839 968,40	$1 158 276,40	$1 451 200,33	$1 043 997,50
NOVEMBRE	$1 132 001,92	$1 032 081,56	$1 006 137,87	$1 527 350,76
DÉCEMBRE	$1 012 301,22	$1 211 692,60	$1 121 090,29	$2 359 907,59
TOTAL	$9 833 807,33	$12 427 316,37	$12 773 390,86	$15 462 282,19
% ACCROISS.	83,75	132,21	138,67	188,91
PER. 2002				
MOYENNE MENSUELLE	$819 483,94	$1 035 609,70	$1 064 449,24	$1 288 523,52

Source : DGDA Bureau Recette principale

Graphique n°5
Evolution annuelle des recettes FPI en Dollar américain

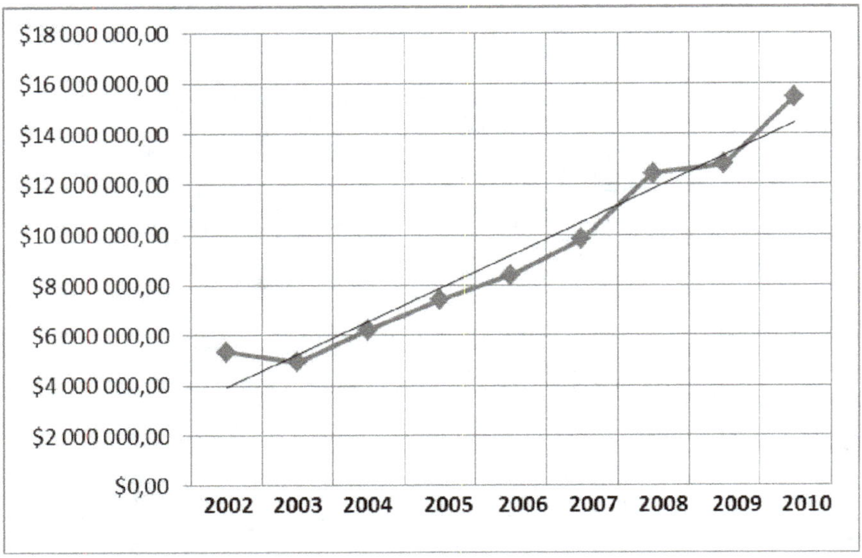

La TPI étant perçue sur le CIF[72] dédouané (CIF+Droits de douane), la baisse des droits de douane ne peut qu'influencer négativement l'évolution de la TPI. C'est ici que l'on comprend la position de Robert Umba-di-Ndangi sur la question. Dans l'éventualité d'une réglementation à part entière sur la TVA en RD Congo, soutient-il, une opération est soumise à la TVA lorsqu'elle constitue une livraison de biens ou services, relevant d'une activité économique (agricole, industrielle, commerciale et libérale, etc.) et réalisée à l'intérieur du pays par une personne (physique ou morale) agissant à titre individuel. Seul le consommateur « final » acquitte véritablement la TVA, car pour les intermédiaires cet impôt est déductible, neutre.[73]

Au terme de ce parcours sur les réalisations et le rendement du Guichet Unique, il convient de signaler que les performances sont restées les mêmes pour les autres partenaires notamment

[72] CIF : Cost Insurance Freight ou CAF: Coût Assurance Fret.

[73] Robert UMBA-di-NDANGI, *Finances publiques : commentaires des principes-procédures-pratiques-des origines à nos jours en République Démocratique du Congo*, B.E.C.I.F., Kinshasa, 2006, pp. 248-249.

l'ONATRA, l'OCC et la SONAS[74]. Du coup, une analyse approfondie de chacun de ces services serait non seulement superfétatoire, mais n'influencerait nullement le résultat combien satisfaisant sus indiqué.

A partir de l'analyse globale des recettes effectivement réalisées pendant la période sous examen, l'on sait dès lors apprécier le ratio legis non pas d'une disposition, mais bien de tout le Décret portant création du Guichet Unique. Il suffit tout simplement pour le législateur de bien cerner le problème qui se pose à la société - en l'occurrence la fraude douanière et par ricochet fiscale - pour drastiquement réglementer ce secteur de manière à en tirer le maximum de profits que l'on en attend. Il importe donc à l'Etat congolais de manifester une volonté politique affirmée en se dotant en plus d'un budget consistant aux fins de faire face à ses charges publiques. Un tel objectif peut être atteint, à moyen terme, sous les auspices du Ministère des Finances, via la Direction Générale des Douanes et Accises.

Quand on sait l'importance qui revient à ce dernier service, on comprendrait aisément Claude J. BERR et Henri TREMEAU lorsqu'ils soutiennent que la perception du droit de douane constitue - tel aura été le cas dans nombre de pays à faibles revenus - une source importante de rentrées fiscales et l'instrument commode parfois d'alimentation d'un budget en difficulté.[75]

Raison pour laquelle toutes les formalités accomplies pour le dédouanement d'une marchandise doivent être correctement opérées et encadrées. La plus grande formalité étant l'acquittement des droits et taxes d'entrée, de sortie ou éventuellement de transit des marchandises.[76]

De la conjonction de la loyauté, du patriotisme et de la compétence des agents préposés aux frontières du pays dépendent le succès et la haute performance fiscale dont l'Etat a

---

[74] Cfr tableaux en annexe.

[75] Claude J. BERR et Henri TREMEAU, *Le Droit douanier communautaire et national*, Coll. « Droits des affaires et de l'entreprise », série études et recherches, 6ème éd., Economica, Paris, 2004, p.26.

[76] Yoram ECIBA w'ISSANGANINO, *Vente publique des marchandises abandonnées sous douane, Aspects juridiques*, CEDI, Kinshasa, 2007, p.57.

besoin pour la maximisation des recettes publiques.[77] Tel est le pari que se doit de gagner désormais le Guichet Unique dans ses projets d'extension à l'échelle nationale.

Après ce long exposé sur les réalisations et le rendement du Guichet Unique en tant que système, nous allons à présent tenter de critiquer objectivement cette nouvelle organisation opérationnelle en vue, d'une part, d'aider tous les services et usagers intervenant dans la chaîne logistique du commerce extérieur de tirer le meilleur parti que ce système offre dans la perspective d'une plus grande rentabilité, en alliant souplesse, transparence, facilité et performance optimales ; et d'autre part, de faire bénéficier le système des apports respectifs utiles pour son amélioration nécessaire compte tenu du fait que toute œuvre est perfectible.

---

[77] Claude J. BERR et Henri TREMEAU, *Introduction au droit douanier,* Coll. « Connaissance du droit », Dalloz, Paris, 1997, p.13.

Troisième partie :

Les critiques du système et les perspectives

A plus d'un titre, le terme Guichet Unique demeure encore un sujet à débat voire de controverse, tant que sa nouveauté dans les usages du commerce extérieur continue à inspirer méfiance et critiques parfois sévères, surtout entre les services taxateurs traditionnels de l'Etat appelés pourtant à travailler ensemble en parfaite harmonie, même s'ils n'en ont pas tous forcément la meilleure perception.

Ainsi qu'il a été dit dans les lignes introductives du présent ouvrage, qu'il est malaisé de critiquer un système sans connaître le but pour lequel il a été créé. Loin de nous la prétention d'en avoir assez de connaissances, mais tout esprit critique qui se donne de plein gré à un tel exercice, recherche indubitablement les faiblesses du système et contracte incidemment l'obligation de proposer les pistes de solutions aux fins de contourner la difficulté et avancer vers un développement harmonieux.

Dans leur grande majorité, les scientifiques congolais s'accordent sur le fait que la RD Congo est résolument engagée dans la voie du développement et ce, grâce à l'installation des institutions démocratiques et citoyennes qui en portent les germes. Mais, le grand problème qui gangrène l'entreprise congolaise en général réside dans sa gestion ainsi que dans son « incapacité » de respecter et de faire respecter les règles qui la gouvernent. Aussi, faut-il dire que les mécanismes qui accompagnent un système donné, doivent à tout jamais être suivis pour en assurer l'efficacité.

C'est donc un impératif majeur et cardinal dont l'observation débouche à coup sûr, sur une gestion saine et managériale des finances soit de l'Etat, soit des privés. Cette situation reste valable en RD Congo tant pour les régies financières que pour les entreprises du portefeuille de l'Etat.

C'est donc une sonnette d'alarme tirée au sujet du Guichet Unique, créé notamment pour renflouer davantage les caisses de l'Etat. Cependant, il y a lieu de tempérer explicitement l'hymne au Guichet Unique dans son format actuel, par la dénonciation ferme de nombreuses insuffisances qui justifient d'ailleurs la volonté gouvernementale de le faire muter, et qui sont évoquées notamment en ces termes dans plusieurs documents officiels :

- *faiblesse de l'outil et des programmes informatiques ;*
- *cadre juridique insuffisant et floraison des textes juridiques parfois contradictoires ;*
- *multiplicité persistante de procédures, d'interventions et de prélèvements ;*
- *absence de prise en charge commune des opérations de prédédouanement et de post-dédouanement ;*
- *conflits de prérogatives entre les intervenants ;*
- *survivance des traitements manuels des dossiers, en dehors du Guichet Unique ;*
- *faible transparence du système, absence de croisement d'informations opérationnelles entre intervenants et partant conciliation déficitaire des données ;*
- *application lacunaire sinon sélective de l'Arrêté Interministériel n° 098/CAB/MIN/FINANCES et n°003/CAB/140/MIN/CE/2006 portant mesures d'application du Décret présidentiel n° 05/183 du 30 décembre 2005 instaurant le Guichet Unique. Suivant l'Article 6 de l'Arrêté précité, la douane devait «conclure des protocoles d'accord avec les administrations et organismes concernés en vue, notamment, de la conciliation périodique des données et des comptes, de la vérification de l'efficacité du système et, le cas échéant, des ajustements jugés nécessaires» ; disposition reprise par ailleurs dans le Code des douanes en vigueur.*

Mais avant d'épingler ce qui constituera la trame de cette critique, il convient de relever à titre illustratif quelques constats faits à propos de l'entreprise au Congo. En effet, à ce jour, l'observation qui se dégage autour du comportement de l'ensemble des entreprises publiques de la RD Congo, est qu'elles affichent des signes évidents de détérioration de gestion quotidienne[78]. A une époque aussi changeante qu'est la nôtre, un fait reste pourtant évident : il faut réagir et briser les différents obstacles au développement, car si ces freins cumulatifs à la modernisation persistent, les risques de stagner longtemps dans notre état de sous-développement s'accroîtront[79]. C'est à ce titre

[78] Afoto Jean Elenga, *op.cit.*, p.141-149.

[79] François MBILO BOMPATE, *L'entreprise publique congolaise face au défi du management moderne*, Bruxelles, Kinshasa, éd..., 2002, p.27.

qu'Alexis Thambwe Mwamba affirme à juste titre que la douane est appelée à jouer un rôle dans le processus du développement économique des pays en voie de développement[80].

Planté de cette façon, ce décor conduit à l'examen de :

- *Le cadre juridique ;*
- *L'environnement de travail*
- *Le comité de suivi ;*
- *La normalisation documentaire ;*
- *La gestion des risques ;*
- *Le système de gestion ;*
- *La sécurisation du site et des données ainsi que la maintenance de l'outil de travail;*
- *La formation des utilisateurs ;*
- *Le circuit de la déclaration ;*
- *Les équipements de manutention ;*
- *La multiplicité des intervenants ;*
- *Le call center et enfin,*
- *La création d'un Guichet Unique Intégral.*

---

[80] Alexis TAMBWE MWAMBA, *Droit douanier zaïrois*, PUZ, Kinshasa, 1996, p. 15.

Chapitre 7 :
Le cadre juridique

S'agissant du cadre juridique, le Guichet Unique a évolué de 1998 à Décembre 2005 sans cadre juridique spécial et depuis l'insuffisance persiste. Le Décret n° 05/183 du 30 décembre 2005 portant institution du Guichet Unique à l'importation et à l'exportation ainsi que l'arrêté interministériel n°098/CAB/MIN/FINANCES et n°003/CAB/140/MIN/CE/2006 du 12 juin 2006 portant mesures d'application dudit Décret, ont consacré la création d'un Guichet Unique des paiements plutôt que des opérations. En effet, dans son article 1er le Décret précité définit clairement la perception des droits, taxes, redevances et autres paiements à l'importation et à l'exportation, par le biais de « la douane... pour le compte du Trésor et autres organismes. » Avec, bien entendu, l'obligation d'opérer toutes ces perceptions par voie bancaire et l'intégration des modalités ou algorithmes de calcul de toutes les perceptions dans le système douanier. Il n'est nullement question d'intégration des procédures mais de centralisation des paiements dans un bulletin de liquidation unique.

Quant à la mise en œuvre de ce Décret, le leadership de la douane n'a pas été totalement assumé (en avait-il les moyens ?) car un excellent partenariat passe notamment par une meilleure connaissance mutuelle, le respect des compétences réciproques, l'intégrité et l'ouverture d'esprit nécessaires pour travailler en synergie et faire bénéficier le système des apports respectifs. Chacun devrait prendre conscience de tous les intérêts en vue pour la société, à travers le fonctionnement sain du système de Guichet Unique. Ce qui implique notamment une meilleure compréhension des missions assignées à d'autres partenaires, lesquelles ne se réduisent pas à la simple perception des taxes ou des redevances.

Chapitre 8 :
L'environnement de travail

Cet environnement sera décortiqué en trois phases : en amont, dans, et en aval du Guichet Unique. En effet, Il y a lieu de relever que certaines formalités de prédédouanement et de post dédouanement des marchandises ne sont pas accomplies au niveau du Guichet Unique. Ces formalités sont effectuées auprès des Ministères ou des services concernés.

Les formalités intrinsèques au Guichet Unique sont:

- *la prise en charge des marchandises ;*
- *le traitement du manifeste ;*
- *la création de la déclaration douanière par le déclarant en douane ;*
- *la recevabilité et la vérification douanière ;*
- *le paiement à la banque et enfin ;*
- *l'émission du bon à enlever qui clôture l'activité au sein du Guichet Unique.*

Le principe général de dédouanement ne doit pas inclure les impôts et taxes intérieurs ainsi que les formalités portuaires qui n'ont rien à avoir avec la procédure douanière. Fort malheureusement, la Guichet Unique de Matadi a inclus les impôts et taxes intérieurs (notamment le Précompte BIC / DGI, l'assurance véhicule / SONAS) et les frais portuaires alors que ces derniers sont perçus en fonction du séjour de la marchandise dans les installations portuaires, séjour qui ne correspond pas avec la mainlevée de la procédure douanière. D'une manière générale, le climat des affaires sur la plateforme de Matadi n'a pas connu un changement comparable aux standards internationaux mais plutôt notable. En effet, une des missions du Guichet Unique était de réduire sensiblement les coûts et les délais dans l'accomplissement des formalités administratives, qu'elles soient d'ordre privé (interentreprises) ou d'ordre public (relations informationnelles entre les opérateurs économiques et les administrations ou les services publics). Avant l'instauration du

Guichet Unique, le « customs clearance time [81]» était de quinze (15) jours, l'objectif de réduction des délais à 48 heures (2 jours) pour le dédouanement n'a pas été atteint et il est à ce jour de sept (7) jours au minimum.

L'évaluation du temps de traitement des dossiers afin de dégager les pesanteurs à la facilitation et à la simplification conformément au programme de réforme et de modernisation de la douane révèle plusieurs failles. Par ailleurs, l'absence d'harmonisation des calendriers et des horaires de service, les uns avec une semaine de cinq jours[82] et les autres une semaine de six jours, pour des maillons d'une même chaîne de production portuaire, ne sera que la résultante du dysfonctionnement constaté.

Le Décret n°36 du 28 avril 2002 limitant le nombre de services aux frontières n'est pas d'application et la persistance de nombreux services non autorisés à opérer dans les cordons douaniers, la persistance des tracasseries dans le circuit de dédouanement ne sont pas de nature à assainir le climat des affaires. Durant les premières années de fonctionnement, les problèmes liés à la performance, à la disponibilité du système et la stabilité de la connexion (défaut de signal entre partenaires) ont été rencontrés. Cela a provoqué un tollé général appelant à un retour au système à base de papier. Mais la détermination du Directeur général des douanes et l'appui solide du Ministre des Finances, ainsi que l'engagement de l'équipe sur terrain, ont aidé à surmonter la résistance.

Maintenant la structure inaugurée le 27 Juin 2003, est mieux acceptée par l'ensemble des utilisateurs étatiques et opérateurs économiques ; ces derniers voient un avantage dans la concentration en un même point des différents intervenants (OFIDA, ONATRA, OCC, OGEFREM, Banques, etc.)

---

[81] Le « customs clearance time » représente le temps nécessaire pour mettre une marchandise sur le marché à partir du moment où la déclaration douanière a été émise jusqu'à la sortie des installations douanières (main levée).

[82] L'opérateur économique désireux de travailler le sixième jour, le samedi, doit payer les frais exorbitants pour prestations extraordinaires sans garantie de tout terminer à cause d'une signature par ci ou d'un quitus par-là qui manque pour parachever le parcours.

2.1. En amont du Guichet Unique

2.1.1. OCC / BIVAC

L'émission, avec lenteur (pas moins de deux semaines), de l'Attestation de Vérification, qui constate la régularité de l'importation dans le pays d'importation et dans un bureau unique de la firme Veritas BIVAC à Kinshasa par une et une seule personne ne facilite pas la simplification voulue, du processus de dédouanement par le programme de réforme et modernisation douanière.

L'authentification des AV BIVAC à l'OCC au Département Contrôle Importations à Kinshasa pour tous les dossiers y compris ceux des provinces, est loin d'être une simplification.

2.1.2. Ministères et services

Il convient d'accélérer la collecte des documents et formulaires des services de l'Etat chargés d'émettre des autorisations préalables à l'importation et à l'exportation par l'interconnexion. Cette interconnexion va contribuer à la réduction des délais et mettre fin aux déplacements incessants, d'un bureau à l'autre ou d'un immeuble à l'autre de la ville ou du territoire national, et d'un endroit à l'autre du port, tout en apportant de meilleures garanties de sécurité.

En effet, les opérateurs économiques congolais sont confrontés à de nombreux types de formulaires administratifs et à une accumulation de formalités, lesquelles sont accomplies dans des lieux divers; il s'ensuit des surcoûts et une perte de compétitivité. Par exemple pour l'inspection avant embarquement des importations :

- *chaque importateur doit se procurer une licence d'importation (modèle IB) ou une déclaration préalable à l'importation (DPI), auprès d'une banque ;*
- *le formulaire, une fois rempli, est présenté à la banque, laquelle l'enregistre, l'horodate et le vise pour domiciliation ;*
- *ce titre, dans le cas des produits soumis à autorisation, est adressé aux différents ministères pour être saisi et examiné par les services compétents en vue de l'octroi des autorisations ad hoc ;*

- *cette licence est ensuite déposée, enregistrée, traitée par l'OCC, notamment pour la vérification de la constitution de la provision des frais d'inspection dans le compte de l'importateur ;*
- *ensuite vient l'ouverture du dossier de contrôle à la firme BIVAC, qui se charge de l'envoi de l'ordre d'inspection à ses correspondants par voie électronique ;*
- *réalisation de l'inspection avant embarquement/BIVAC, dans le pays d'exportation ;*
- *émission de l'Attestation de Vérification dans la capitale Kinshasa;*
- *enfin l'authentification de l'Attestation de Vérification par l'OCC avant sa remise à l'importateur pour lui permettre de se présenter aux services provinciaux de l'OCC pour entamer la procédure de dédouanement.*

Parallèlement, une copie de l'Attestation est renvoyée à la banque pour la perception des frais d'inspection. Quel parcours de combattant !

2.1.3. Les agents maritimes

L'émission du Laissez-Suivre par les agents maritimes est d'une lenteur incompréhensible, minimum 48 heures (2 jours).

2.2. Dans le Guichet Unique

2.2.1. Les conflits de compétence

- Persistance des conflits de compétence entre d'une part la douane et l'OCC, et d'autre part, entre l'OCC et la Quarantaine animale et végétale ainsi que la Quarantaine santé.

Le sempiternel conflit entre la douane et l'OCC réside sur la base imposable: la valeur en douane. En effet, quand il y a une attestation de vérification avant embarquement, les violons s'accordent car les deux organismes se réfèrent à la valeur de l'attestation tandis qu'en l'absence de l'attestation, malgré la loi n°009/03 du 18 mars 2003, transposition de l'article 7 de l'Accord Général sur les tarifs douaniers et le commerce, relative à l'évaluation en douane des marchandises et à l'exportation, suivant les dispositions légales et réglementaires en la matière, ainsi que des accords de Marrakech de 1994, malgré le Décret n°

05/183 du 30 décembre 2005 portant institution d'un Guichet Unique à l'importation et à l'exportation en ses articles 2 et 3, ainsi que le Décret n° 09/43 du 03 décembre 2009 portant création de la DGDA en son article 5 ; l'OCC oppose les dispositions de ses textes qui prévoient son objet principal d'effectuer des contrôles de qualité, de quantité, de prix suivant l'évaluation de la marchandise conformément à l'accord de l'OMC sur l'inspection avant expédition (art.20. Vérification des prix) et l'Accord Général sur les tarifs douaniers et le commerce (GATT 1947) tel qu'amendé à ce jour (art.7. Valeur en douane). En somme, les deux organismes se réfèrent aux mêmes dispositions.

Le Gouvernement devrait ainsi procéder à l'évaluation rigoureuse de la manière dont est appliquée la loi sur l'évaluation en douane selon l'approche de la valeur transactionnelle. Il n'est pas dans l'intérêt du pays de se priver d'éventuels apports des organismes d'inspection (OCC et OGEFREM) en matière de vérification de prix, distinctement de la valeur en douane dont cette dernière demeure in fine l'unique responsable ou l'autorité compétente. Il n'est pas compréhensible non plus qu'elle veuille s'exonérer de recevoir toute lumière extérieure à sa sphère de compétence tout en respectant la loi n°009/03 du 18 mars 2003. Autrement dit, les apports d'autres sources d'information sur les éléments relatifs aux quantités, à la qualité et au prix réellement payés devraient compter et être vivement recommandé. De même, vouloir ériger des barrières étanches entre la qualité et le prix ou avoir une perception morcelée de l'évaluation de la conformité paraît tout aussi infondé.

La « base de données des valeurs intégrées » devrait réellement être créée et exploitée au titre de référence nécessaire, chaque fois que le doute surviendrait dans l'application de la valeur transactionnelle déclarée. Une harmonisation sans complaisance s'impose en vue de résorber ce problème et éliminer la défiance entre ces deux services.

Ces conflits sur la valeur, sur la visite des marchandises, sur le prélèvement d'échantillon, sur les rapports d'examen des échantillons ont pour finalité : la perception des frais supplémentaires par l'OCC en dehors du Guichet Unique ;

- La survivance des circuits parallèles au Guichet Unique tant à l'OCC qu'à l'ONATRA, la mise en œuvre du Guichet Unique se trouve fortement handicapée par cette situation[83] ;

- La multiplicité des procédures, nonobstant les tables de procédures officielles du Guichet Unique, la persistance de l'usage des procédures extra ;

- Le non-respect des décisions de la douane en matière de gestion des risques, les autres services soumettent le déclarant à la visite physique des marchandises même contre l'avis de la douane, justifiant leur attitude par le fait que la RD CONGO étant un pays post-conflit, les services de renseignement devraient faire leur travail selon leurs méthodes d'investigation.

2.2.2. Le comité de suivi

L'existence du Guichet Unique a engendré non seulement la recherche d'une meilleure synergie entre tous les intervenants, qui doivent dorénavant travailler au même rythme, mais aussi une dynamique de recherche d'une plus grande qualité : les uns et les autres recherchent désormais une explication aux goulots d'étranglement pendant les réunions du Comité de suivi du Guichet Unique. Au départ, il y avait une réunion par semaine, ensuite une réunion toutes les deux semaines et présentement, au besoin, sur convocation de son président.

Au présidium, OFIDA, OCC et ONATRA. La douane assurant la présidence et le secrétariat. Sont membres : outre le présidium, la Quarantaine internationale, le FPI, l'OGEFREM, la DGRAD, la DGI, la SONAS, le ministère du Commerce extérieur, les Banques, la Fédération des entreprises du Congo (le patronat), les agents maritimes, le syndicat des déclarants en douane. Cette approche a connu un vif succès et des avis et suggestions sont exprimés par tous les participants, les réunions sont clôturées par un compte rendu. L'examen des comptes rendus des différentes réunions du Comité de suivi témoigne du haut degré de conscience des

[83] 80% des paiements perçus pour l'OCC se font au Guichet Unique et le reste 20% en dehors tandis que pour l'ONATRA le rapport est de 50% au Guichet Unique et 50% en dehors.

responsables, mais plusieurs recommandations sont restées lettre morte du fait d'une part de l'instinct de survie de certains services et d'autre part, du manque de qualité des représentants qui ne disposent pas de pouvoir à engager leurs organismes sans l'accord de la tutelle à Kinshasa.

Sur le plan réglementaire, la formalisation par Décret des comités de suivi des Guichets Uniques dotés de la bonne signature tant sur le plan national que local est vivement recommandée.

2.3.3. La normalisation documentaire

L'ensemble des documents n'est absolument pas conforme aux normes et recommandations internationales en la matière (Recommandation internationale CEE / FAL n° 1 "Formule - cadre pour les documents commerciaux, devenue norme internationale ISO 6422, "Répertoire des éléments de données commerciales des Nations Unies, également normes internationales ISO 7372). Les opérateurs sont appelés à remplir des formulaires hétérogènes qui, même s'ils présentent parfois des cases refermant la même information, celles-ci sont disposées d'une manière qui diffère d'un formulaire à l'autre, et encodées d'une manière incohérente ; ceci a pour conséquence de compliquer la tâche des fonctionnaires des différents services.

Il s'ensuit des difficultés de gestion de tous ordres :

- *problèmes de lisibilité des informations qui sont affichées, en ordre dispersé, sur ces documents ou formulaires ;*
- *problèmes de regroupement des pièces dans un même dossier;*
- *difficultés de recollement de documents et, donc, de recoupement d'informations ;*
- *complications pour la saisie des informations d'un document à l'autre*
- *complexité de réglementations ;*
- *manque de transparence ;*
- *difficulté de contrôle ;*
- *perte de revenue ;*
- *mauvaises pratiques (corruptions) ;*
- *coût élevé des transactions ;*
- *long délai de traitement ;*

- *traitement incorrect et non standard ;*
- *compilation des statistiques biaisées ;*
- *diminution de la compétitivité.*

Le résultat de cette inefficience est l'archivage de tonnes et de tonnes des documents commerciaux et la congestion quasi permanente des ports, aéroports et frontières. Aussi, il est recommandé d'utiliser des documents et formulaires standardisés, qui supprimeraient les inconvénients susmentionnés. L'utilisation systématique de documents et formulaires normalisés constitue une étape incontournable dans le processus de rationalisation des échanges d'informations ou échanges des données informatisées au niveau d'une plate-forme portuaire désireuse d'accélérer les opérations et de réduire les coûts ; car, les documents et formulaires normalisés sont alors plus faciles à établir, plus commodes à archiver, plus simples à lire et à comparer. Ils ne nécessitent pas l'emploi de machines spéciales pour leur établissement ; ils peuvent rendre plus efficaces les contrôles administratifs.

La normalisation documentaire est, également, un préalable extrêmement positif dans le cadre des projets d'informatisation, puisque la standardisation des données et de leur agencement permet de préparer l'encodage des informations selon des principes communs (utilisation de règles de représentation harmonisées) et de "nettoyer" ainsi les bases de données des différents partenaires de la place portuaire qui vont être en relation par voie électronique.

La normalisation documentaire facilite enfin la démarche de constitution d'une "Liasse Unique", qui alimente, d'un seul et même élan, à partir de l'ordre de déclarer, les différents services publics destinataires de l'information. Pour réussir, la normalisation documentaire implique la bonne compréhension par les opérateurs étatiques de l'interdépendance des actions, la volonté d'ouverture des systèmes d'information (par abandon des solutions propriétaires, qui se traduisent par des modes d'organisation, de structuration et d'encodage de données selon des modes particularistes, facteurs d'incompatibilités) et une grande rigueur de chacun pour la mise en conformité des documents.

L'élargissement de la normalisation ne peut que renforcer la fluidité des transactions et accélérer les traitements et échanges d'informations. La normalisation des nouveaux formulaires envisagés ne pose aucun problème technique ou juridique. Elle devrait se faire sous l'autorité du service chargé des normes : l'OCC, car sans les normes vive la jungle.

2.2.4. La gestion des risques

La gestion et l'évaluation des risques n'est pas encore mise en œuvre. La cellule locale chargée de la sélectivité travaille manuellement au cas par cas, alors que la mise en place de la sélectivité des déclarations devait être automatique par l'établissement des paramètres et des critères de sélectivité indépendamment de toute manipulation subjective.

Partant de la logique, moins contrôler mais mieux contrôler, la douane devrait adopter cette position pour deux raisons essentielles :

- *Les contrôles douaniers ne doivent plus être une contrainte à la libre circulation des personnes et des marchandises...*
- *pourtant, dans le même temps, la douane doit être en mesure de rechercher et de réprimer l'ensemble des trafics illicites.*

Ces deux fonctions (facilitation du commerce international et répression des trafics) peuvent paraître contradictoires, pourtant, elles sont complémentaires ! Faciliter les opérations commerciales qui s'inscrivent dans un cadre légal permet de consacrer plus de temps aux opérations potentiellement frauduleuses. Des contrôles systématiques sont aujourd'hui inadaptés et font supporter aux entreprises exerçant dans un cadre légal, un coût excessif. Il est préférable de contrôler en priorité les opérations les plus sensibles. La réalisation d'un taux de 100% de contrôle douanier est stratégiquement inutile : à un même moment, tous les produits, tous les opérateurs, ne présentent pas le même risque de fraude.

Les contrôles doivent présenter un caractère :

- *effectif,*
- *proportionné,*
- *et dissuasif.*

Dans l'idéal, une politique de lutte contre la fraude basée sur l'évaluation des risques devrait conduire à des contrôles peu nombreux mais... efficaces à 100%. Le but est d'approcher le plus possible cet idéal !

Une caractéristique commune des conditions de travail de toutes les administrations douanières est le volume élevé de transactions à l'importation et l'impossibilité de les vérifier toutes. En fait le contrevenant, compte sur cet important volume d'importation, lorsqu'il choisit la date et le lieu de sa tentative d'opération irrégulière. L'évaluation des risques est utilisée pour améliorer la sélection ou le ciblage en concentrant les domaines risquant de donner les résultats les plus favorables en matière de lutte contre la fraude.

Une rationalisation des procédures impose la nécessité de rendre le scanning obligatoire dans le cas d'absence de contrôle avant embarquement et un allègement du scanning dans le cas où l'inspection avant embarquement a été réalisée et cela, en prenant en compte les techniques de gestion des risques. Partant de 100% d'inspection physique, état actuel, dans un premier temps, les rapports peuvent évoluer vers 20% d'inspection physique (visites manuelles et scanning), 20% de contrôles documentaires et 60% en passage libre.

La définition d'un taux attendu par rapport à chaque circuit de contrôle permet de réguler les flux de déclarations en fonction de la politique de contrôles définie localement. La détermination de ce taux « attendu » par la douane lui permet d'adapter au mieux ses ressources par rapport au nombre[84] de déclarations sélectionnées. La sélectivité doit obligatoirement être mise en œuvre, tous les services doivent l'accepter comme mesure de qualité, mesure de renforcement de l'efficacité des contrôles pour la lutte contre la fraude par une meilleure coordination des techniques de gestion de risque. Le Gouvernement devrait aussi encourager l'adoption des techniques de gestion et d'évaluation des risques au niveau du dédouanement en impliquant les services concernés: douane, OCC, quarantaines, services spécialisés de sécurité etc.

---

[84] Le Guichet Unique de Matadi traite une moyenne de 5.000 déclarations par mois pour une équipe de + ou –40 vérificateurs pour 26 jours ouvrables par mois, soit un ratio de 5 déclarations / jour par vérificateur.

2.2.5. La mise à niveau des utilisateurs

La formation des agents et des usagers devrait se faire selon un chronogramme bien déterminé afin de veiller au renouvellement des utilisateurs du fait de mutation, révocation, décès, recrutement pour que seuls les utilisateurs formés puissent accéder au site car beaucoup d'erreurs, de gaffes, de fautes entraînant perte de temps, évasions fiscales, sont imputables à la méconnaissance des procédures et de l'outil de travail. Le training et le coaching doivent être permanents et interactifs.

2.2.6. Le centre d'appels

Le Guichet Unique de Matadi est caractérisé par la non-assistance en ligne des utilisateurs douaniers et déclarants en douane et par l'inexistence d'un espace « utilisateur » dans le site avec une rubrique FAQ (foire à questions interactives) ni un helpdesk ou service clients ou utilisateurs. La mise en œuvre d'un service utilisateurs du genre centre d'appels est vivement recommandée. On appelle Centre d'appel (en anglais Call Center) une plate-forme, hébergée par l'entreprise ou externalisée, chargée d'assister les utilisateurs. Les centres d'appels permettent d'assister des clients dans le cadre d'un service après-vente (SAV), d'un support technique, d'une télévente ou bien d'accompagner les personnels d'une entreprise dans le cadre de l'utilisation d'un outil ou dans leurs tâches quotidiennes (training and coaching). Dans le cas d'un centre d'appel dédié au support technique, le terme de centre de support (en anglais Help Desk ou Hot Line) est généralement utilisé. Un centre d'appel est avant tout, une organisation humaine chargée de prendre en compte les demandes des utilisateurs. La plupart du temps, le canal privilégié est le téléphone, mais une aide par internet via des applications de groupware est également possible. Certains disposent d'un outil dit de "Web Call Back" (ou "Call Through") permettant à l'utilisateur d'être rappelé par l'entreprise par simple saisie du numéro de téléphone et d'un clic sur le bouton de saisie.

Les opérateurs sont chargés dans un premier temps d'identifier leurs interlocuteurs. Le couplage téléphonie-informatique (noté CTI) est de plus en plus utilisé afin de permettre aux opérateurs de disposer de fiches concernant les clients grâce au numéro d'appel. Une fois l'utilisateur identifié et son identité vérifiée à l'aide de quelques questions (numéro de client, adresse, numéro de téléphone...), l'opérateur ou l'opératrice ouvre un ticket d'incident et peut prendre connaissance de son dossier via l'interface du logiciel de Help Desk. L'ouverture d'un ticket d'incident déclenche un chronomètre et l'opérateur est donc chargé de donner une réponse à l'utilisateur dans un temps le plus court possible. Afin de l'aider dans sa tâche, une base de connaissance capitalisant les questions les plus fréquentes des utilisateurs lui permet de poser les "bonnes questions", de diagnostiquer le problème et dans la mesure du possible de trouver une solution. On parle ainsi de CBR (Case-Based Reasoning, traduisez raisonnement à base de cas ou système de raisonnement par cas) permettant de trouver une solution par des questions / réponses successives.

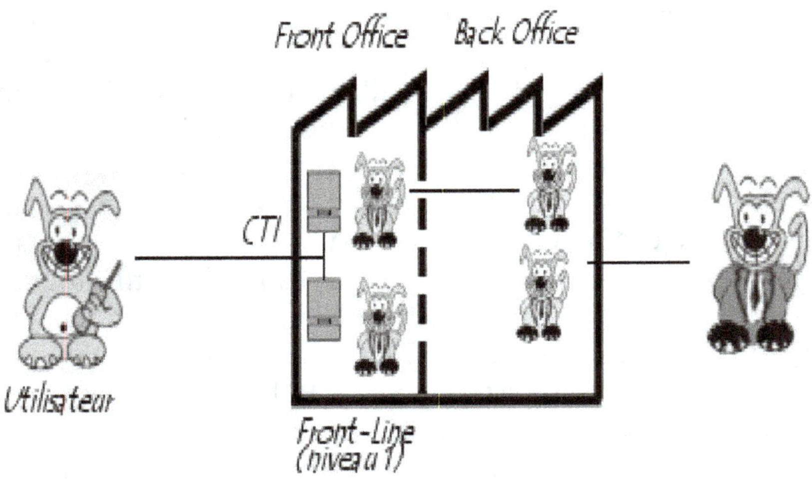

Figure 2 Centre d'appels

Lorsque le premier niveau d'opérateurs (on parle de Front-Line) n'est pas capable d'apporter une réponse à son interlocuteur, le dossier est transmis à des opérateurs de niveau 2, plus spécialisés, donc plus coûteux pour l'entreprise. Le mécanisme consistant à transmettre le dossier à un niveau supérieur est appelé escalade d'appels. Dans de rares cas, il peut s'avérer que le problème dépende d'un éditeur tiers, auquel cas, le problème peut être transféré directement au centre de support de l'éditeur.

2.2.7. La maintenance de l'outil de travail

La maintenance de l'outil de travail devrait se faire selon les normes requises en informatique par anticipation et non par à coup ou encore en cas de force majeure de panne.

2.2.8. La sécurisation du site et des données

La faiblesse chronique du système informatique et le manque de transparence ont été relevés. Pour gagner la confiance du public et de tous les intervenants directs ou indirects et aussi pour assurer la transparence, le Guichet Unique devra garantir la sécurité des informations et des transactions. Des dispositifs de protection devront naturellement être proportionnels à la sensibilité des données transportées et à la valeur des transactions envisagées. En effet, le système étant ouvert du fait de sa connexion sur le réseau internet, le degré de sécurité devra intégrer les attaques des hackers, des saboteurs par des cyber-attaques tant nationaux qu'internationaux et des fraudeurs attentionnés afin de pallier à toute éventualité et aussi se prémunir contre la curiosité des Gouvernements étrangers afin de répondre aux impératifs stratégiques qui peuvent devenir des armes économiques.

Ayant opté pour la configuration client-serveur, avec un serveur central logé dans la capitale, sa sécurité devra être maximale et le backup des données devra se faire par infogérance. On appelle infogérance[85] (en anglais facilities management ou

[85] L'infogérance a ses partisans et ses détracteurs car : d'un côté elle permet à l'entreprise de se centrer sur son cœur de métier et de confier la gestion de son système informatique, en partie ou en totalité, à une société possédant les compétences adéquates et capable de le maintenir 7 jours sur 7, 24H/24 (selon la convention de service) en contrepartie elle devient dépendante d'un tiers et se dépossède d'une part de compétences informatiques.

outsourcing) l'externalisation d'une partie de ses services, c'est-à-dire confier tout ou partie de la gestion du système d'information à un prestataire informatique tiers. La prestation fait l'objet d'un contrat de service (ou convention de service, en anglais Service Level Agreement, abrégé en SLA) définissant les conditions auxquelles, le prestataire se plie et la qualité de service attendue (QoS, pour Quality of Service).

Présentement de par le monde, tous les grands organismes ont recours pour la sauvegarde au «Computer Cloud ou Cloud Computing: nuage électronique »[86] géré par des firmes spécialisées, appelées fournisseurs d'applications hébergées en anglais : Application Service Provider, ASP.

Afin d'éviter la personnalisation des applications, la douane devra, à travers sa Direction des systèmes et technologies d'information, élaborer et mettre en œuvre un schéma directeur de sécurisation du système informatique contre l'extérieur et contre les informaticiens internes (IT: information technology) par le respect strict des protocoles d'accès ainsi que l'archivage de toutes les manipulations opérées pendant l'accès. Afin d'éviter toutes ces manipulations quasi permanentes, le système devra, une fois pour toute, être stabilisé, standardisé et les IT n'intervenant dans le circuit de dédouanement qu'en cas de dysfonctionnement et non en temps réel comme présentement.

2.2.9. Le système de gestion à l'heure des inforoutes[87]

SYDONIA en soi n'est pas un progiciel de Guichet Unique (prédédouanement, dédouanement et post-dédouanement) mais un logiciel de procédure de dédouanement. Il a été greffé de progiciels locaux et c'est ce qui a créé la faiblesse chronique du système informatique telle que décriée par tous. En effet, dans sa conception actuelle, le Guichet Unique comprend les formalités tant commerciales liées au processus propre de la douane que les formalités logistiques liées à la manutention des marchandises ; alourdissant le système informatique qui n'a pas était conçu pour

[86] Tous les industriels en sont convaincus : l'avenir de l'informatique se joue « dans le nuage », c'est-à-dire avec des informations stockées à distance, mais accessibles de manière immédiate et sur tout support.

[87] Les inforoutes sont les autoroutes de l'information.

ce faire. Le système de gestion en vigueur est SYDONIA ++, sa migration vers SYDONIA WORLD est vivement souhaitée car ce dernier va promouvoir et soutenir l'application de principes opérationnels modernes qui devraient être l'objectif de toutes les Administrations douanières, raison pour laquelle la douane congolaise doit rapidement se mouvoir en une « administration électronique ».

En effet, la vraie question n'est pas tant de savoir si la technologie sera à l'heure au rendez-vous, mais de se demander si les comportements changeront suffisamment vite pour tirer profit des possibilités offertes par l'économie de l'information. La durée nécessaire aux individus et aux entreprises pour assimiler la technologie et se l'approprier comme une chose familière ne se réduit que très lentement. C'est ce qui donne la véritable mesure des enjeux de cette révolution de l'information, enjeux qui sont autant de défis pour tout le monde.

Enfin, le développement des réseaux du futur va changer le fonctionnement même de la société, modifiant par exemple l'organisation du travail, l'accès des citoyens aux services de santé ou d'éducation, les relations administration / administré, voire les conditions d'exercice de la démocratie. La révolution à laquelle nous assistons actuellement dans le secteur des technologies de l'information vient consacrer le rôle déterminant de l'information comme nouvelle génératrice de la cohésion sociale et du développement économique pour la société de demain. Elle vient également bouleverser les modes de production et de consommation de cette information et elle aura donc des répercussions profondes sur l'évolution et la structuration de nombreux domaines de la vie économique et politique de tous les pays. Elle est donc à la fois riche de promesses, mais aussi de défis à relever. Quelle que soit l'ampleur de cette mutation, elle n'est pourtant que l'aboutissement logique et prévisible de deux tendances lourdes de ce début du XXIe siècle : la numérisation de l'information et la dématérialisation de l'activité économique.

Pour toutes ces raisons, le pouvoir politique doit, en plus de son rôle réglementaire, préparer les opinions publiques à l'avènement de ce nouveau cadre de vie. La forte mobilisation médiatico-politique trouve là sa justification.

2.2.10. Le circuit de la déclaration

Si le système SYDONIA appréhende correctement l'ensemble des données relatives aux opérations du commerce extérieur, il ne constitue aujourd'hui qu'une première étape dans le dédouanement : celle-ci comporte une phase de saisie des données sur un terminal dédié, soit dans le confort des locaux de l'opérateur, ce qui constitue un mode de saisie déporté chez l'utilisateur, soit dans une salle publique (accessible à des opérateurs agréés), puis une phase de calcul des droits et taxes à percevoir et, enfin, une phase d'édition de la déclaration douanière provisoire. Commence ensuite un long circuit paperassier.

Les contrôles automatiques sur le SYDONIA (prévus à l'origine du système) ayant été retirés; tout le traitement de la déclaration, éditée sur papier, s'effectue manuellement et avec des taux de mise en visite considérables, par rapport aux tables de procédures en vigueur. La procédure de traitement de la déclaration provisoire, après son édition par le système, telle qu'elle peut être observée au bureau de douane de Matadi, s'effectue entièrement par voie manuelle et comporte plusieurs phases distinctes :

- *un examen par un inspecteur chef de pool qui donne des orientations au contrôleur ;*
- *ce dernier après traitement transmet le dossier au vérificateur ;*
- *le vérificateur, inspecteur chargé de visite statue en admettant conforme ou non, en demandant des renseignements complémentaires ou encore en procédant à une visite effective des marchandises, le plus souvent ;*
- *cette visite s'effectue en fonction de sa charge de travail et des impératifs du service chargé de la manutention et de la gestion du parc à dépoter ;*
- *chaque déclaration est ensuite révisée par le contrôleur et ;*
- *par l'inspecteur chef de pool, lequel délivre (à l'importation) le quitus pour l'édition du bon à enlever / BAE ;*
- *les déclarations sont ensuite rapprochées du manifeste de cargaison pour procéder à un «pré-apurement manuel» par l'inspection chargée de la prise en charge / Permanence ;*
- *ensuite le dossier est transmis chez le receveur principal pour la mainlevée (édition du bon de sortie / BS) et la transmission à la brigade douanière ;*

- *cette dernière fait une contre-vérification avant la sortie physique des marchandises des enceintes portuaires.*

Cet exemple témoigne d'une multitude de saisies - ressaisies, de nombreux traitements juxtaposés (par suite de l'absence d'interconnexions) et de la persistance des circuits papier, lors-même que les ordinateurs concernés renferment les données pertinentes et pourraient procéder, directement et immédiatement, aux contrôles automatisés.

2.3. En aval du Guichet Unique

2.3.1. Le déficit des équipements de manutention

La logistique est l'activité qui a pour objet de gérer les flux physiques d'une organisation, dans le but de mettre à disposition les ressources correspondant aux besoins, et ce, aux conditions économiques et pour une qualité de service déterminée, dans des conditions de sécurité et de sûreté satisfaisantes. La logistique concerne les opérations physiques tant en amont qu'en aval du Guichet Unique. Le port international de Matadi s'étend sur 1.600 mètres et est inextensible à cause de la topographie environnante constituée de collines ; il a 10 quais dont les quais 1 à 4, 5 à 7 et 8 à 10 ont été construits respectivement en 1890, 1920 et 1956 et avec la section 1 (quais 1 à 4) fermée depuis plus de 6 ans. Il n'offre plus de capacité pour la fluidité de mouvements des marchandises. Il a une capacité de 3.500 TEU (Twenty-foot Equivalent Unit ou 20 pieds); présentement, il ne reçoit, à l'importation, que 30 navires pour +ou- 6.000 TEU conteneurs par mois, soit un tonnage de +ou- 60.000.000 kg et pour les marchandises en conventionnel +ou- 80.000.000 kg soit un total de +ou- 140.000.000 Kg.

On ne peut pas vouloir développer le pays avec les infrastructures datant de plus de 50 ans pendant que la population a connu une croissance de 1.000 % augmentant ainsi la demande des biens et des services. En effet, un navire qui arrive au port doit attendre au moins 10 jours au mouillage pour avoir un quai pour l'accostage au lieu d'un jour, la durée du déchargement des conteneurs et des marchandises en conventionnel sont respectivement de 7 jours et de 21 jours, la durée pour le positionnement d'un conteneur à dépoter ou à visiter par un vérificateur de douane est d'au moins 5 jours et le temps pour l'accomplissement des formalités pour la sortie est d'au moins 3 jours, soit au minimum 25 jours pour un conteneur et 34 jours pour les marchandises en vrac ou en conventionnel.

La situation monopolistique du port de Matadi introduit des graves distorsions. En effet, le port souffre de la vétusté et d'un manque de moyens de manutention horizontal et vertical. Dans les cas fréquents où les opérateurs contournent cette faiblesse en utilisant leurs engins ou des engins loués, ils paient à l'ONATRA (concessionnaire dont la perception se fait au poids de la marchandise) le coût de la prestation comme s'il l'avait effectivement fournie. Le mouillage pendant un jour d'un navire coûterait pas moins de 24 000 dollars américains aux agents maritimes et pour un port semi-enclavé, tout retard renchérit la production en certifiant la qualification du port de Matadi de port le plus cher et le moins compétitif au monde.

Pendant des années, il n'y a pas eu d'investissements stratégiques dans les infrastructures ni dans la modernisation des équipements[88], privant le port de Matadi de l'amélioration de la performance opérationnelle et la perspective d'un futur promoteur et prospère, gage de la facilitation et de la promotion du commerce par l'offre des services portuaires compétitifs. Il n'y a pas eu d'efforts consentis pour garantir la compétitivité des opérations d'enlèvement des marchandises, la maîtrise des coûts de passage portuaire, le port de Matadi ne répond toujours pas aux exigences logistiques et aux attentes des utilisateurs qui y interviennent. En outre, le pont bascule[89] étant placé en fin de circuit (à la sortie et non au débarquement), ceci a pour inconvénients de faire dupliquer la procédure de paiement ONATRA, circuit parallèle, les poids déclarés étant dans la majeure partie des cas des poids approximatifs voire erronés.

---

[88] Au mois de Février 2012, la SCTP/ONATRA a acquis 2 portiques, 10 autogrues, 15 tracteurs qui vont sensiblement améliorer ses performances.

[89] Il serait intéressant de connaitre le pourcentage des corrections du fait du pesage du pont bascule afin d'appliquer aussi la sélectivité ou le ciblage à ce niveau aussi, car tout passe par le pesage. Par ailleurs, la Douane ne tient pas compte des corrections du pont bascule ni pour la fiabilisation des statistiques du commerce extérieur ni pour la taxation ou l'évaluation de certaines marchandises dont le poids est l'élément capital.

L'engorgement chronique du port étant aussi l'une des causes de retard dans la livraison des marchandises après l'émission du bon de sortie. Ce handicap logistique a impacté négativement sur la facilitation de l'implémentation du Guichet Unique de Matadi. Comme on peut le constater : tout le gain de temps gagné dans le Guichet Unique lors des formalités de dédouanement est dilué à cause de la défaillance de la logistique.

2.3.2. La multiplicité des intervenants

Un nombre impressionnant de services s'impliquent dans les formalités de sortie, hormis la douane et l'ONATRA qui ont un bon de sortie unique, tous les autres intervenants donnent tout de même leurs quitus, au regard de leurs procédures, avant la sortie physique des marchandises.

Chapitre 9 :
La création d'un Guichet Unique Intégral du Commerce Extérieur.

Afin de résorber tous ces problèmes qui constituent un blocage à la bonne marche du Guichet Unique, la création d'un Guichet Unique virtuel et intégral des opérations du commerce extérieur, en sigle GUICE, avec trois pools, est vivement recommandée : un Guichet Unique de prédédouanement pour les formalités documentaires (GUDOC), un Guichet Unique de la douane pour le dédouanement (GUDOU) et un Guichet Unique post-dédouanement pour la gestion logistique (GULOG). L'informatisation des procédures en amont et en aval de la procédure de dédouanement va réduire sensiblement le délai de séjour des marchandises dans les installations douanières.

En effet, cette automatisation des procédures sur toute la chaîne logistique du commerce extérieur a été insuffisante pour améliorer l'environnement commercial en raison du fait que d'autres organismes gouvernementaux liés au commerce se sont retrouvés avec des procédures manuelles. Selon une étude du Ministère du Commerce extérieur, de la première formalité avant l'importation jusqu'à la sortie physique des marchandises des installations portuaires, il faut soixante-trois (63) jours francs sans compter le délai de transit pour la partie orientale (enclavée) ou de trajet à bord du navire pour un pays à faible tirant en eau sur la bande passante du fleuve Congo pour la partie occidentale !!

Quant à l'exportation, il faut quarante-quatre (44) jours, rendant nos marchandises non compétitives sur le marché international. La mise en œuvre de l'automatisation des procédures sur toute la chaîne logistique du commerce extérieur sera un grand pas vers la dématérialisation des échanges car le temps à passer pour la collecte en amont des documents physiques avant le dépôt de la déclaration à la douane sera moins long et les processus moins complexes. Avec l'introduction des technologies de l'internet, le passage d'un système à base de papier à un système de commerce sans papier va permettre aux opérateurs économiques de saisir l'information à un seul organisme (vu de l'extérieur-front office) pour satisfaire toutes formalités liées aux importations et aux exportations. Le but étant de faciliter les transactions commerciales par voie électronique grâce aux échanges entre les intervenants. Ses principaux objectifs étant de:

- *rassembler les intervenants du commerce extérieur en contact plus étroit et fournir une plateforme électronique pour la présentation, la réception et le traitement de toute la documentation relative au commerce extérieur;*
- *améliorer le processus de travail et permettre l'échange et le traitement automatisés des documents électroniques ;*
- *simplifier et harmoniser les procédures ;*
- *réduire le commerce et les coûts liés au temps ;*
- *introduire de nouvelles technologies dans les administrations publiques et au sein de la communauté des affaires ;*
- *éliminer les formalités administratives dans toute la chaîne de commerce par une ambitieuse dématérialisation des échanges ;*
- *permettre le paiement électronique des droits et taxes ;*
- *rationaliser l'archivage des données et des informations ;*
- *lutter efficacement contre l'évasion fiscale sous toutes ses formes.*

De grands progrès doivent être réalisés dans le souci de simplifier, de faciliter les affaires, passant d'un contexte de navettes d'un bureau à l'autre pour recueillir des documents, à une situation où les opérateurs économiques peuvent, dans le confort de leurs bureaux ou de leurs maisons, envoyer des demandes, avec possibilité de garder une trace de l'évolution des dossiers. Cette nouvelle dynamique doit être soutenue par un environnement favorable légalisant les transactions électroniques, la signature électronique et la protection des données personnelles. Ce cadre propice pour les transactions électroniques (la signature électronique, le service ou système national de paiement électronique etc.) est essentiel, non seulement pour assurer et sécuriser les opérations en ligne, mais aussi pour rassurer les utilisateurs et les intervenants sur la force probante des données électroniques et la légalité de la dématérialisation des échanges. La meilleure façon d'obtenir un large consensus sur les Guichets Uniques est de se concentrer davantage sur les avantages communs plutôt que se concentrer sur les implications juridiques et de la réingénierie des processus d'affaires qui peuvent être adressées à un stade ultérieur, après que le consensus soit atteint.

Figure 3 : GUICE

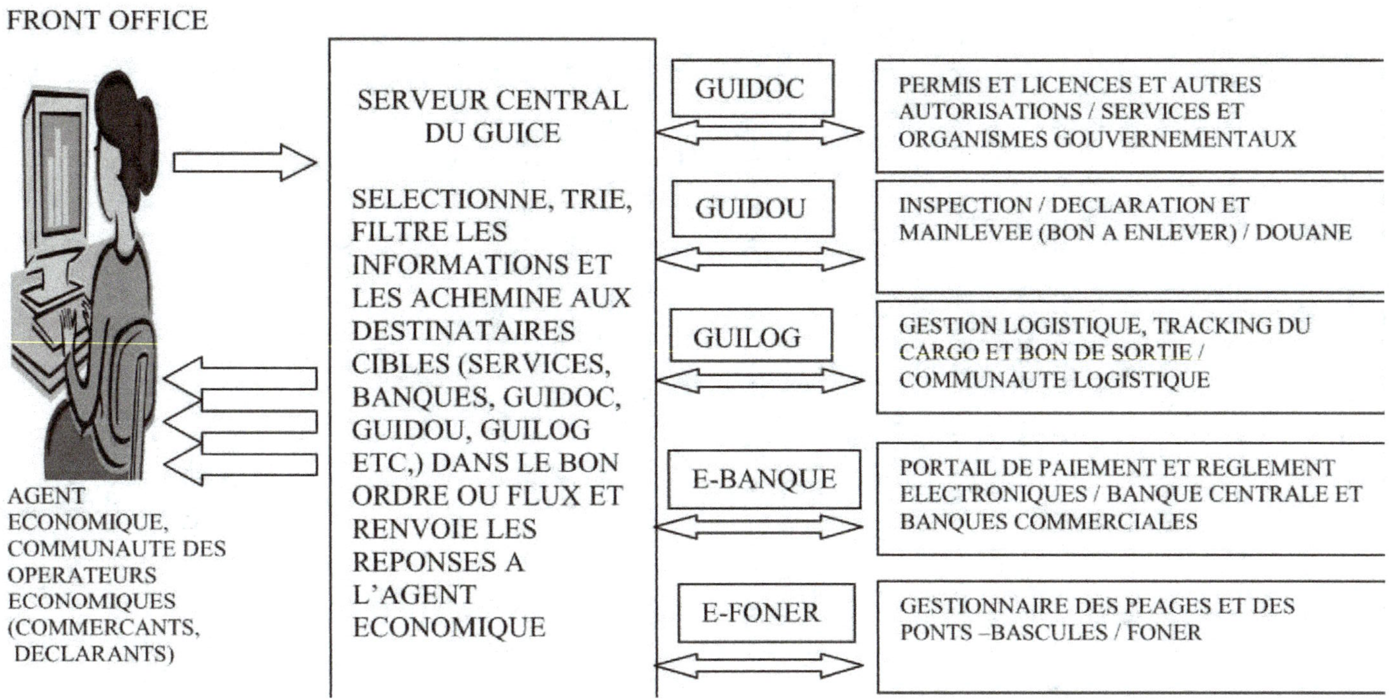

3.1. Le Guichet Unique Documentaire / GUDOC

In concreto, ce Guichet Unique documentaire fonctionnera de la manière suivante : sur présentation d'une demande à la fenêtre unique d'entrée, le système propose un ensemble électronique de documents requis pour la transaction en question, et la demande est automatiquement transmise aux parties prenantes concernées et impliquées dans la transaction, comme les banques, les assurances, le service d'inspection, les différents ministères. De même, une interface Web sera dédiée à la douane et aux autres organismes liés pour leur permettre de recevoir en temps réel la liasse unique, la liasse GUDOC, constituée ou être informés des rejets et des modifications ultérieurs éventuelles.

La normalisation de la présentation et de l'encodage des informations apportera une rationalisation dans la collecte des informations par les services publics et un allègement des coûts au niveau des entreprises appelées à remplir les formulaires papier ou à saisir les données qui seront ensuite véhiculées par voie électronique.

Le dossier chargé à travers GUDOC étant préalablement filtré par le serveur, il est quasiment recevable par le destinataire et toutes les étapes de traitement manuel sont éliminées. De même le traitement et la prise de décision sont automatisés au maximum ce qui réduit nettement le temps de réponse par rapport à un dossier papier qui doit passer de main en main avant de recevoir l'avis du destinataire. Ce système permettra aux opérateurs économiques de recueillir tous les documents requis avant de soumettre leur déclaration à la douane en 0,5 jour comme au Sénégal. Ce Guichet Unique documentaire doit être géré dans le cadre du partenariat public privé (PPP).

3.1.1. Description des services à offrir

D'une manière générale, GUDOC va offrir les services suivants aux usagers :

1. Ouverture de dossier :

Ce service consiste pour l'utilisateur à créer un dossier électronique dans le réseau. Chaque opération (ensemble des documents destinés à accompagner une déclaration en douane) doit faire l'objet de l'ouverture d'un dossier.

L'ouverture d'un dossier donne droit :

- au routage des documents collectés vers le système de la douane (GUDOU) ;
- à disposer d'éditions certifiées ;
- de bénéficier des services du help desk pour bénéficier d'une assistance en ligne et pouvoir activer le traitement d'une requête et être informé sur l'état d'avancement des dossiers en cours (le tracking) ;

2. Collecte de document(s) :
Après l'ouverture d'un dossier, l'utilisateur peut faire une demande de collecte d'un ou de plusieurs documents nécessaires au bon déroulement de son opération ;

3. Paiement électronique :
Ce service permet à l'utilisateur, après la constitution de sa liasse unique, la liasse GUDOC, de payer, sur un bulletin unique, les frais et taxes à travers l'infrastructure sécurisée;

4. Centre de facilitation :
Le Centre de facilitation servira, d'une part, à assurer le back office du GUDOC et d'autre part, à prendre en charge les besoins de tous les utilisateurs qui n'ont pas de moyens d'accès. Des opérateurs prendront en charge leurs requêtes et assureront le suivi des dossiers à leur place ;

5. Routage vers la douane :
Ce service sert de passerelle entre le GUDOC et avec le système de la douane GUDOU ;

6. Editions certifiées :
Les éditions certifiées seront autorisées par le système en fonction des critères bien définis. Les éditions certifiées seront imprimées sur papier sécurisé. Le système n'autorisera que l'impression d'une copie originale. Ces documents authentiques

vont servir lorsque le dédouanement doit avoir lieu dans un bureau non automatisé. Toutes les autres impressions seront frappées du sceau COPIE. Seul le centre de facilitation sera autorisé à faire des éditions certifiées.

3.1.2. Structure technologique

GUDOC comme outil facilitant la collecte électronique des documents de prédédouanement est une plateforme interconnectant toutes les administrations impliquées dans le traitement des formalités d'import / export et permettant aux opérateurs économiques / déclarants de déposer leurs demandes via un formulaire électronique unique.

Tous les processus seront automatisés et les résultats seront disponibles en format souple, avec la possibilité d'imprimer des copies papier. La solution doit être flexible et modulaire, et sera très susceptible de se conformer aux différentes contraintes techniques, organisationnelles et géographiques. Le Sénégal a développé le système de gestion ORBUS 2000 qui s'adapte bien à la structure qui doit être mise en place pour le GUDOC.

Figure 4 GUIDOC

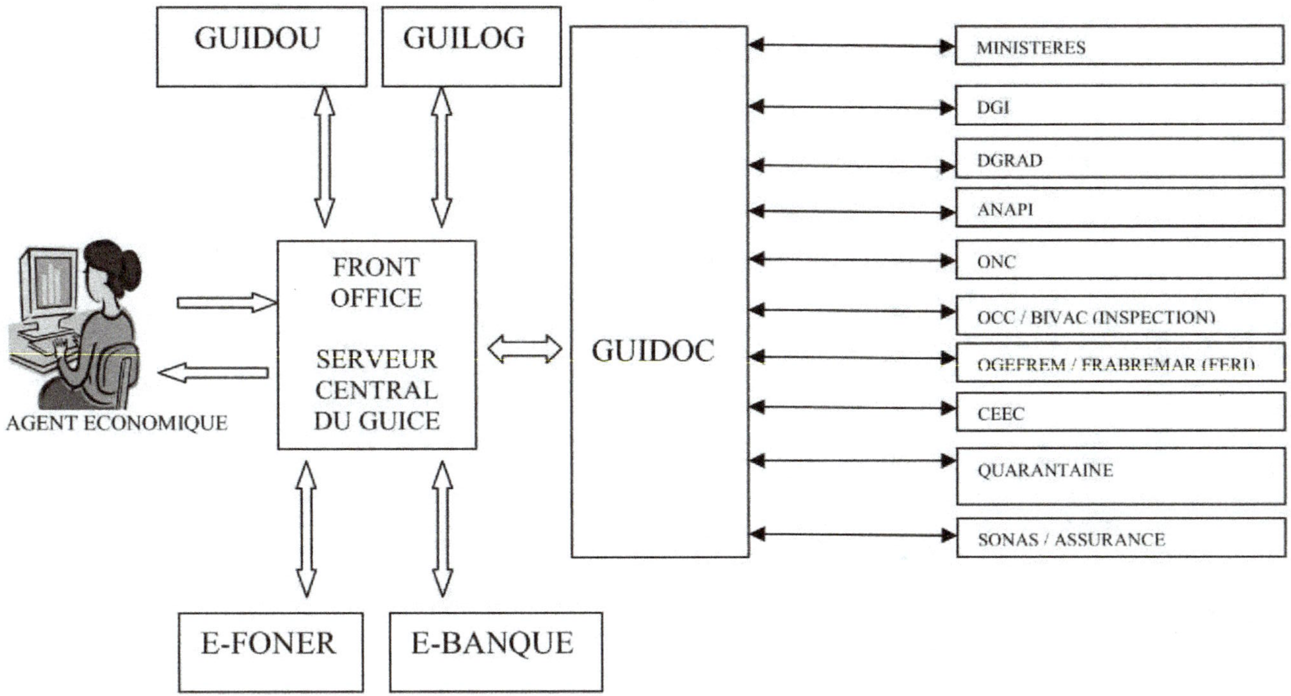

3.1.3. Intervenants

GUDOC interconnectera les intervenants suivants:

- *Le Ministère des Finances ;*
- *Le Ministère du Commerce extérieur ;*
- *Le Ministère de l'Economie et de l'Industrie ;*
- *Le Ministère de l'Agriculture et de l'élevage ;*
- *Le Ministère de la Santé ;*
- *Le Ministère de l'Environnement et conservation de la nature ;*
- *Le Ministère de la Culture et des arts ;*
- *Le Ministère des Affaires sociales ;*
- *Le Ministère des Mines ;*
- *Le Ministère des Affaires étrangères ;*
- *Le Ministère des Transports ;*
- *Le Ministère du Plan ;*
- *Le Centre d'expertise, d'évaluation et de certification des matières précieuses et semi- précieuses / CEEC ;*
- *L'Office Congolais de contrôle / OCC ;*
- *L'Office national du café / ONC ;*
- *L'Office de gestion du fret multimodal / OGEFREM ;*
- *L'Agence de contrôle de destination / OGEFREM / FRABREMAR (pour la FERI)*
- *La Quarantaine santé ;*
- *La Quarantaine animale et végétale ;*
- *L'Agence d'inspection (BIVAC) ;*
- *L'Agence nationale pour la promotion de l'industrie / ANAPI ;*
- *La Banque Centrale du Congo / BCC ;*
- *Les Banques commerciales ;*
- *La Direction générale des douanes et accises / DGDA ;*
- *La Direction générale des impôts / DGI;*
- *La Direction générale des recettes administratives / DGRAD ;*
- *La Société Nationale d'assurance / SONAS, (les assureurs) etc.*

Etant donné qu'il y a des documents, certificats, attestations et autres autorisations ou permis à obtenir avant de faire l'importation (avant l'embarquement) et d'autres à obtenir juste avant le dédouanement, l'opérateur économique introduira ses demandes en deux temps selon le cas. Les documents, certificats, attestations, permis et autres autorisations suivant seront notamment traités de manière électronique :

Tableau 24 :

1. Avant importation ou avant embarquement

N°	Code	Document	Service émetteur
1	LIC	Licence d'importation modèle « IB »	Banque commerciale
2	DPI	Déclaration préalable d'importation	Banque commerciale
3	OI	Ordre de contrôle ou d'inspection	Agence d'inspection BIVAC
4	AD	Attestation de destination/FERI	Ogefrem / Frabremar
5	AIPP	Autorisation d'importation des produits pharmaceutiques	Ministère de la Santé
6	CECI	Certificat d'exonération dans le cadre du code des investissements	DGDA
7	CEPD	Certificat d'exonération dans le cadre des privilèges diplomatiques	DGDA
8	CEONG	Certificat d'exonération dans le cadre des organismes philanthropiques ONG	DGDA
9	VEONG	Visa exonération dans le cadre des organismes philanthropiques ONG	Ministère des Finances
10	AEONG	Attestation d'exonération dans le cadre des organismes philanthropiques ONG	Ministère des Affaires Sociales
11	CEOD	Certificat d'exonération dans le cadre des objets de déménagement	DGDA
12	VNV	Visa note verbale	Ministère des Affaires étrangères
13	CIT	Certificat d'importation temporaire	DGDA
14	AIBB	Autorisation d'importation des billets de banque	Banque Centrale du Congo
15	ACKD	Autorisation CKD (complet knock down)	DGDA
16	AMKD	Autorisation MKD (Medium Knock down)	DGDA
17	AS	Autorisation spéciale	DGDA

18	AIA	Autorisation d'importation d'aéronef	Ministère des Transports
19	LPIO	Lettre de procédure d'importation d'aéronef	DGDA
20	AIE	Autorisation d'importation des explosifs	Ministère des Mines
21	PAS	Police d'assurance	SONAS
2. Avant dédouanement (Import)			
N°	**Code**	**Document**	**service émetteur**
1	AV	Attestation de vérification	Agence d'inspection BIVAC
2	ARA	Avis de refus d'attestation	Agence d'inspection BIVAC
3	FERI	Fiche électronique de renseignement à l'importation	Ogefrem/Frabremar
3. Avant exportation ou avant embarquement			
N°	**Code**	**Document**	**service émetteur**
1	CVE	Certificat de vérification à l'exportation	OCC
2	PEVA	Permis d'exportation des végétaux ou des animaux	Ministère de l'Agriculture
3	PCITES	Permis CITES	Ministère de l'Agriculture
4	PEDA	Permis d'exportation des denrées alimentaires	Ministère de l'Agriculture
5	PEPB	Permis d'exportation des produits biologiques, médicaments vétérinaires, intrants vétérinaires et d'élevage et produits phytosanitaires_	Ministère de l'Agriculture
6	CPV	Certificat phytosanitaire ou vétérinaire d'origine	Ministère de l'Agriculture
7	BACTT	Bulletin d'analyse sur le café, le thé et le tabac	ONC
8	CQCTT	Certificat de qualité sur le café, le thé et le tabac	ONC
9	DPE	Déclaration préalable d'exportation	Banque commerciale
10	ASPAV	Autorisation de sortie des plantes et des animaux vivants	Ministère de l'environnement
11	ASOAA	Autorisation de sortie de des œuvres d'arts et antiques	Ministère de la Culture et des arts
12	CEEC	Certificat d'expertise sur les matières précieuses	CEEC

3.2. Le Guichet Unique de la douane / GUDOU

Ce Guichet Unique de la douane, GUDOU, fonctionnera dans un environnement révolutionnaire reconnu aux normes standards modernes, notamment :

- La création électronique de la déclaration en douane, par le déclarant en douane dans le confort de ses installations, et transmission des références de la liasse unique documentaire du GUDOC ;
- La transmission des autres pièces jointes (facture, liste de colisage, etc.) à la déclaration par scannage via le multimédia ;
- La mise en œuvre de la sélectivité avec la création des comités national et locaux chargés de la constitution de la base de données et de renseignements ainsi que de l'évaluation des risques et de la mise en place des critères de sélection qui permettront à SYDONIA WOLRD d'identifier les expéditions à haut risque et d'aider la douane à contrôler ces transactions. Feront partie du comité : la douane, l'OCC, l'ONATRA / SCTP, la Quarantaine internationale, la Banque Centrale, tous les services de sécurité ;
- La création d'une unité centralisée de pré-vérification documentaire, dénommée Centre de Traitement des Documents, travaillant 24 heures / 7jours, installée à la Direction générale afin d'uniformiser la présentation et l'acceptation de tous dossiers introduits dans le système sur l'ensemble du territoire douanier Congolais et à partir de n'importe quel coin du monde. Cette unité va révolutionner la pratique de la déclarance et atténuer la propension qu'ont les déclarants à envoyer les marchandises dans le bureau de douane le moins regardant dans le même corridor douanier ;
- La mise en œuvre du paiement électronique sécurisé;
- La création du Centre de facilitation :

Le Centre de facilitation servira, d'une part, à assurer le back office du GUDOU et d'autre part, à prendre en charge les requêtes des déclarants en douane pour le suivi des dossiers. Le système de gestion SYDONIA WORLD s'adapte bien à la structure qui doit être mise en place pour le GUDOU. En effet, ce système permettra aux opérateurs économiques de terminer les formalités liées au dédouanement, avec les avantages qu'offre le nouveau Code des douanes, Ordonnance-Loi n°10/ 002 du 20 Août 2010, dans un délai acceptable de moins de deux (02) jours. En outre, il intégrera un système de base de données d'évaluation afin de faciliter le travail des vérificateurs, d'uniformiser l'évaluation sur l'échelle nationale et de contribuer à la maximisation des recettes par des arbitrages objectifs sur les valeurs à appliquer. Ce Guichet Unique de dédouanement doit être géré dans le cadre strictement public par la douane.

3.2.1. Description du fonctionnement

De façon schématique, GUDOU fonctionnera comme suit :

1. Création de la déclaration :

Le déclarant en douane va créer une déclaration électronique dans le réseau ;

2. Transmission électronique des pièces jointes :

Après la création de la déclaration douanière, de la déclaration des éléments constitutifs de la valeur "DV1" et la signature électronique, le déclarant transmettra les références de la liasse unique documentaire du GUDOC et transmettra par la même occasion toutes les autres pièces à scanner et à joindre comme fichier joint afin de constituer le dossier unique ;

3. Service contrôle de la douane :

Consultation du statut de la déclaration dans le système pour s'assurer du circuit vers lequel elle est orientée (VERT, BLEU, JAUNE, ou ROUGE) :

- *Circuit rouge : Les déclarations sélectionnées en circuit rouge doivent être soumises à une visite physique des marchandises avant de procéder à la liquidation, la visite se fera soit par scannage, soit par le dépotage physique ;*
- *Circuit jaune : Les déclarations sélectionnées en circuit jaune doivent être présentées à la douane pour un contrôle documentaire avant la liquidation ;*
- *Circuit bleu : Les déclarations sélectionnées en circuit bleu sont destinées au contrôle a posteriori. Cette option permet de libérer des*

marchandises à « faibles risques» et de procéder ultérieurement au contrôle a posteriori des déclarations ;

- *Circuit vert : Toutes les déclarations qui n'ont pas été sélectionnées en rouge, jaune ou bleu, sont dirigées en circuit vert. La liquidation est automatique juste après la saisie par le déclarant. Le circuit vert possède une option pour suspendre la liquidation automatique des déclarations afin de permettre à un douanier d'examiner de visu les déclarations et de les rérouter si cela lui semble utile vers les circuits de contrôle ;*

Les circuits peuvent être créés en fonction de la configuration et du nombre de circuit.

4. Vérification :

En cas de vérification dans les circuits jaunes ou rouges, s'il y a des anomalies, remplissage du certificat de vérification, ouverture d'un dossier contentieux avec établissement d'un procès-verbal, le cas échéant, en cas d'infraction et rectification de la déclaration en douane ; par contre, s'il n'y a pas d'anomalies, réroutage ou redirection vers le circuit vert pour la liquidation et le paiement ;

5. Paiement électronique sécurisé :

Le paiement se fera sur un bulletin de liquidation unique et déclenchera automatiquement la génération du bon à enlever (BAE) qui vaut mainlevée sur la marchandise ;

6. Service de recette :

Ce service assure le routage vers le Guichet Unique Logistique GULOG pour les formalités manuelles de sortie ; ce service sert de passerelle entre le GUDOU et avec le système de gestion logistique de la place portuaire GULOG ;

7. Clôture :

Le déclarant imprime lui-même le bon à enlever et le transmet à son transporteur soit électroniquement, soit manuellement pour lui permettre de se présenter au front-office du GULOG pour les formalités de sortie physique des marchandises.

3.2.2. Structure technologique

Figure 5 GUIDOU

GUDOU fonctionnera sous le système de gestion SYDONIA WORLD.

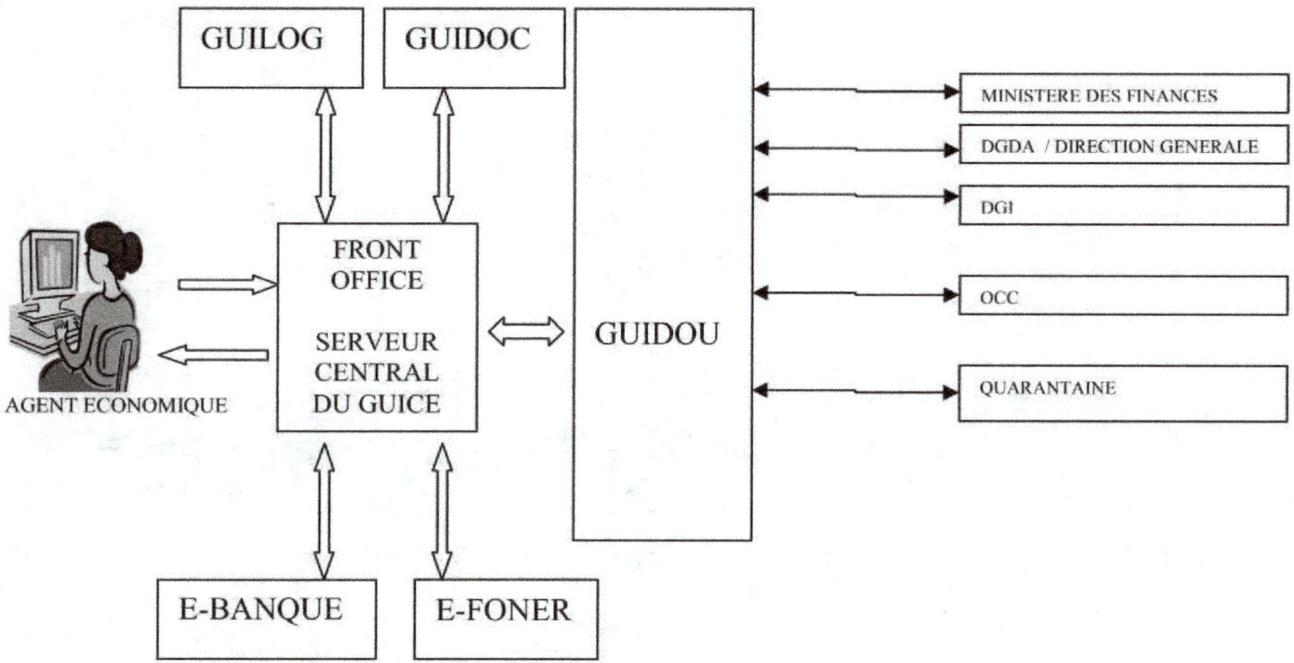

3.2.3. Intervenants

GUDOU interconnectera les intervenants suivants:

- Le Ministère des Finances ;
- L'Office Congolais de Contrôle / OCC ;
- La Quarantaine santé ;
- La Quarantaine animale et végétale ;
- La Banque Centrale du Congo / BCC ;
- Les Banques commerciales ;
- Les déclarants en douane ;
- La Direction générale des douanes et accises / DGDA ;
- La Direction générale des impôts / DGI[90].

3.3. Le Guichet Unique Logistique / GULOG

Ce Guichet Unique Logistique, est une plateforme de services logistiques dématérialisés et fonctionnera en deux temps : les formalités d'ouverture du dossier pour les agents maritimes pour la livraison du Laissez-suivre électronique et les formalités physiques de manutention pour la sortie des marchandises.

Ce système permettra aux opérateurs économiques de recueillir tous les documents requis pour l'entame des formalités chez les agents maritimes en moins d'une (1) heure et pour la sortie des marchandises en 0,5 jour.

Ses principaux objectifs étant de :

- *Sécuriser et faciliter le commerce (chaîne logistique internationale) qui est une recommandation de la Convention de KYOTO Révisée (CKR) ;*
- *Faciliter électroniquement la réservation des quais d'accostage et l'obtention de l'autorisation d'accostage et de déchargement de la douane par les armateurs et les agents maritimes ;*

---

[90] La DGI sera interconnectée pour le suivi en temps réel de l'enrôlement des contribuables, du suivi de leurs transactions et du traitement de la TVA tant à l'importation qu'à l'exportation et pour l'immatriculation des véhicules importés avant leur sortie des installations douanières.

- *Emettre électroniquement les Laissez-suivre des agents maritimes ;*
- *Charger automatiquement les manifestes cargos ;*
- *Partager l'historique de modification des manifestes ;*
- *Gérer électroniquement les états différentiels des manifestes après le constat sous-palan ;*
- *Identifier les documents requis pour chaque type de marchandise ;*
- *Router ou orienter les documents ;*
- *Consolider le dossier d'enlèvement par la collecte des différents bons de sortie (Bon à enlever et Bon de sortie / douane, Bon de sortie / OCC, Bon de sortie / Quarantaine internationale et Bon de sortie/Concessionnaire ONATRA) en vue de l'émission d'un Bon de sortie unique (BSU) à imprimer par le concessionnaire ;*
- *Calculer et faciliter le paiement électronique sécurisé des frais liés aux dossiers d'enlèvement ;*
- *Suivre la sortie des marchandises des magasins et aires de dédouanement et de l'enceinte du port ;*
- *Suivre les mouvements des conteneurs et des marchandises ;*
- *Faire le suivi électronique, en temps réel, de tous les mouvements des marchandises par GPRS (General Packet Radio Service) et GPS (Global Positionning System) à travers le système électronique de suivi des cargaisons (SESC en sigle, Electronic Cargo Tracking System : ECTS) ;*
- *Faciliter la gestion des péages et des ponts bascules par le FONER ;*
- *Faciliter l'accès aux données d'identification des acteurs logistiques ;*
- *Placer les marchés B2B pour les acteurs logistiques.*

Ce Guichet Unique logistique doit être géré dans le cadre du partenariat public privé (PPP).

3.3.1. Description des services à offrir

GULOG va offrir les services suivants aux usagers :

Pour les armateurs et les agents maritimes :

1. Transmission électronique du préavis d'arrivée du navire à la douane et de la réservation du quai d'accostage chez le concessionnaire ;

2. Transmission électronique de la déclaration du navire qui reprend notamment l'itinéraire suivi, la cargaison transportée, la liste des membres d'équipage, la liste des provisions de bord (manifeste de pacotille) et le plan de chargement du navire, en particulier pour la cargaison composée des marchandises diverses ;

3. Indication du quai d'accostage par le concessionnaire ;

4. Autorisation de déchargement par la douane.

Pour les opérateurs économiques :

1. Ouverture de dossier :

Ce service consiste pour l'utilisateur à créer un dossier électronique dans le réseau par la demande du Laissez-suivre chez l'agent maritime. L'ouverture d'un dossier donne droit :

- au routage du Laissez-suivre vers le système GUDOC en vue de la constitution du dossier unique documentaire;

- de bénéficier des services du help desk pour une assistance en ligne et pouvoir activer le traitement d'une requête et être informé sur l'état d'avancement des dossiers en cours et le positionnement physique de la marchandise (le tracking) ;

2. Dépôt du Bon à enlever :

Après la clôture du dossier au GUDOU, l'utilisateur (le déclarant ou l'opérateur économique) peut faire une demande de sortie, soit électroniquement ou soit manuellement, par une fenêtre unique au GULOG pour l'émission du bon de sortie unique ;

3. Paiement électronique sécurisé :

Pour le paiement des frais supplémentaires de retrait tardif dû au retard dans le chef de l'opérateur économique occasionné par le séjour prolongé dans les installations portuaires après la mainlevée;

4. Routage vers la douane :

Ce service sert de passerelle entre le GULOG et avec le système de la douane GUDOU ;

5. Editions du bon de sortie unique :

Ce service imprime le bon de sortie unique qui constate la sortie physique des marchandises. Le système n'autorisera que l'impression d'une copie originale. Le Bon de sortie doit refléter exactement la quantité à sortir réellement, ainsi un Bon à enlever peut être apuré par plusieurs Bons de sortie.

6. Centre de facilitation :

Le Centre de facilitation servira, d'une part, à assurer le back office du GULOG et d'autre part, à prendre en charge les besoins de tous les utilisateurs qui n'ont pas de moyens d'accès. Des opérateurs prendront en charge leurs requêtes et assureront le suivi des dossiers à leur place.

3.3.2. Structure technologique

La plateforme intègre l'ensemble des acteurs qui interviennent dans la prise en charge de la cargaison et des passages portuaires et aéroportuaires. Chaque catégorie d'acteurs dispose d'un module qui intègre l'ensemble des fonctionnalités nécessaires à l'exécution des opérations et transactions en toute sécurité et dans la transparence. Le système de gestion sera ORBUS LOGISTIC importé du Sénégal, qui a déjà été exporté au Kenya depuis 2005 et dont le succès n'est plus à démontrer.

Figure 6 GUILOG

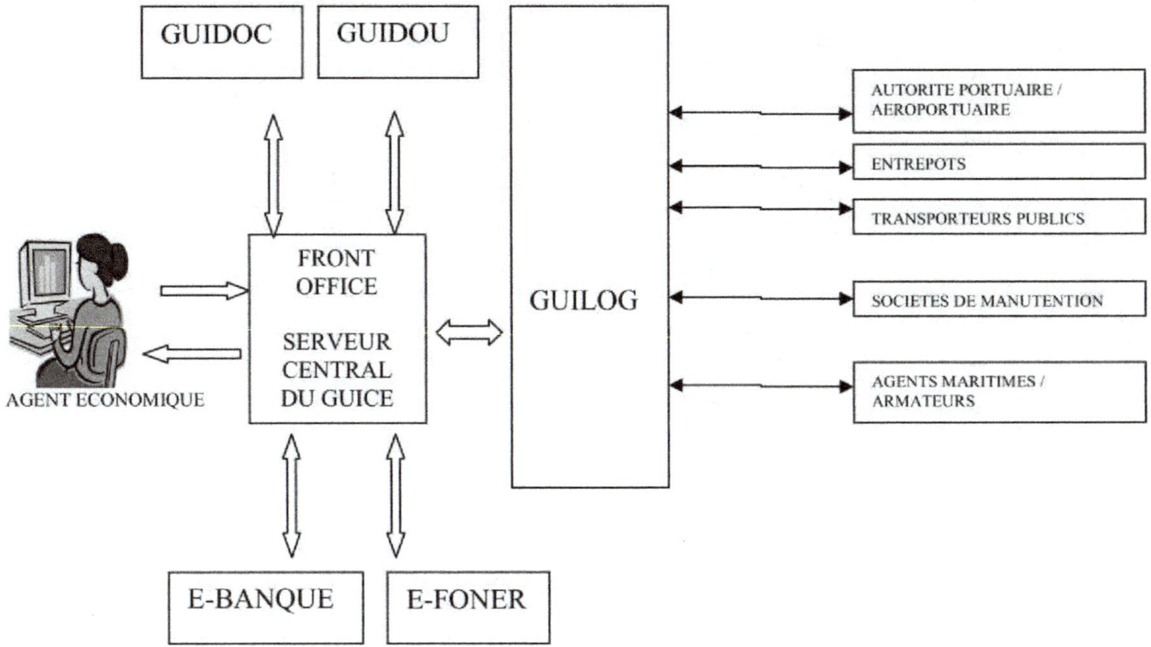

3.3.3. Intervenants

GULOG interconnectera les intervenants suivants:

- *Le concessionnaire / ONATRA / SCTP ;*
- *Les Entrepôts publics concédés et les entrepôts particuliers ;*
- *La Direction générale des douanes et accises / DGDA ;*
- *Les agents maritimes et les armateurs ;*
- *Les transporteurs publics agréés ;*
- *Les déclarants en douane ;*
- *Le FONER (chargé de la gestion des péages et des ponts bascules) ;*
- *Les sociétés privées de manutention opérant dans la plateforme portuaire (aéroportuaire).*

3.4. Les autres extensions du GUICE

3.4.1. L'E-BANQUE

C'est un portail de paiement et règlement électroniques regroupant la Banque Centrale, les Banques commerciales ainsi que les institutions financières agréées. Il doit être géré par la Banque centrale.

Ce système national de paiement électronique offrira :

1. Toutes les informations nécessaires pour le paiement dans le GUICE (du GUDOC en passant par le GUDOU jusqu'au GULOG) ;
2. Toutes les informations pour le paiement du FONER ;
3. Toutes les réponses de diverses institutions financières à l'agent économique ;
4. Transmission du paiement demandé et confirmation du paiement en temps réel.

Figure 6 : E-BANQUE

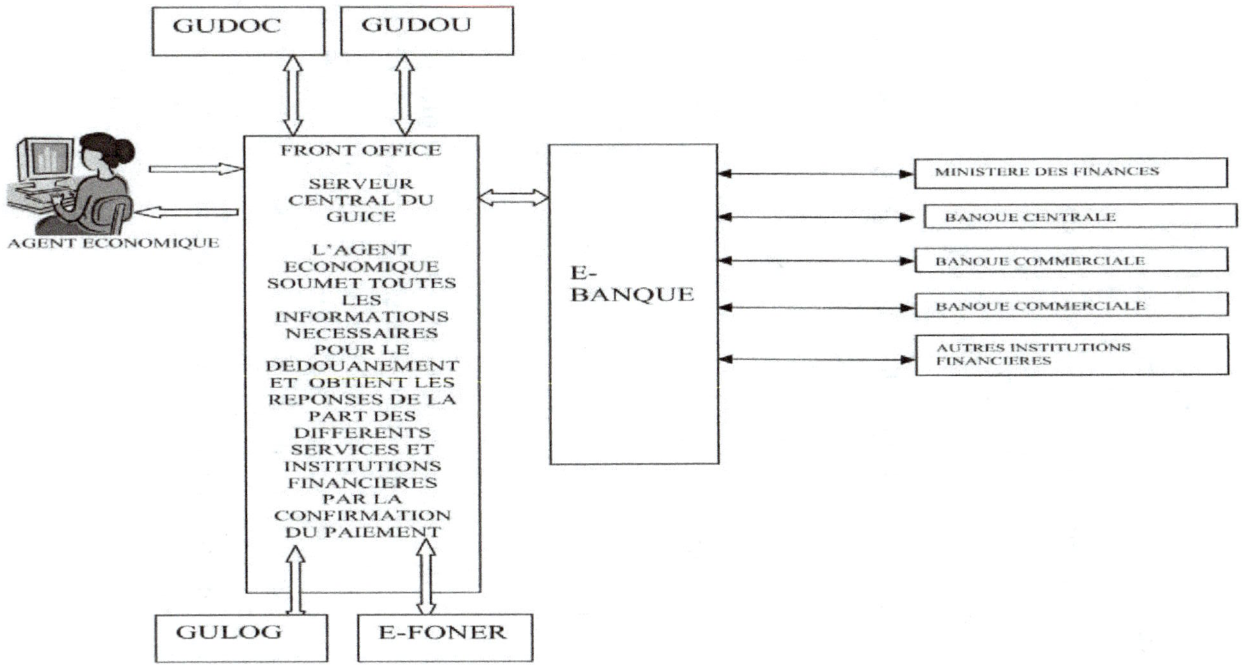

3.4.2. L'E-FONER

C'est un portail de gestion intégrée de tous les ponts bascules, toutes les stations de pesage fixes ou mobiles de contrôle des charges à l'essieu, des péages sur tout le réseau routier d'intérêt national.

La majorité des véhicules qui transportent des grands tonnages trafiquent dans les installations douanières (portuaires, aéroportuaires, entrepôts) pourvues de ponts bascules chargés de contrôler les poids de tous les véhicules entrant et sortant pour la taxation par les concessionnaires et la consolidation des statistiques exactes du commerce extérieur par la douane ; la gestion intégrée permettra de ne plus repeser[91] les mêmes véhicules sur le réseau routier afin de gagner le temps et d'éviter des files sans fin de véhicules en attente aux stations de contrôle et créant des embouteillages monstres sur les routes (les pertes de temps peuvent atteindre 2 à 3 jours) avec toutes les conséquences fâcheuses possibles : vols, insécurité, mauvaises pratiques, les problèmes transversaux.

L'interconnexion entre les ponts bascules du FONER et des concessionnaires (GULOG) ainsi que le GUDOU de la douane permettra des échanges de données en temps réel et la consolidation des résultats.

Ainsi, tous les véhicules circulant sur le réseau routier d'intérêt national devront avoir une carte magnétique pour l'identification : PINF (Personal Identification Number FONER) ou CIF (Code d'Identification FONER) afin de maîtriser la population taxable, la quantifier et faciliter toutes les traçabilités capables d'offrir une gestion aisée de contrôle a posteriori.

La solution informatique de la gestion de la collecte des redevances FONER en temps réel par la mise en place d'un réseau de communication unifié, innovant, sécurisé et propriétaire est vivement recommandée.

[91] Pesage obligatoire des cargaisons conteneurisées scellées à chaque pont-bascule le long du réseau routier d'intérêt national.

En effet, ce système va permettre d'élargir l'assiette imposable par des perceptions innovantes et efficaces notamment, la taxe poids lourds ou l'écotaxe ; cette taxe s'applique aux véhicules de transport de marchandises de plus de 3,5 tonnes qui empruntent le réseau taxable indépendamment du contenu transporté par ces véhicules. Elle vise à faire payer l'usage de ces routes par leurs utilisateurs en leur faisant supporter les coûts réels du transport routier de marchandises (dégradation de la voirie, financement des infrastructures routières) alors que ce coût est aujourd'hui intégralement supporté par l'impôt commun.

Il doit être géré par le FONER.

FIGURE 7 : E-FONER

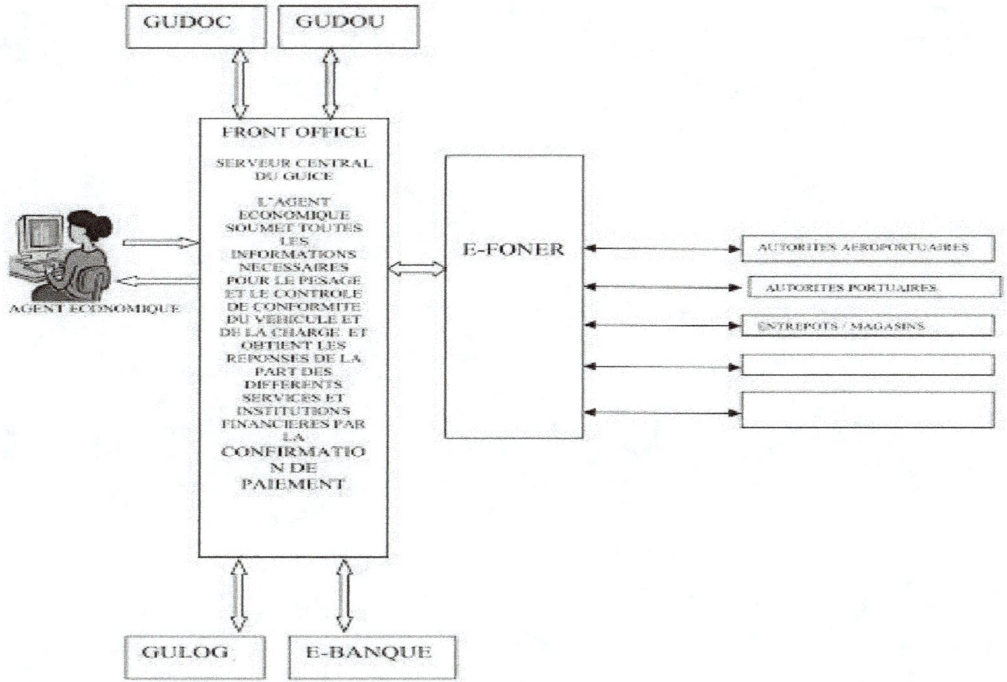

Conclusion générale

L'étude du Guichet Unique de Matadi a permis de répondre objectivement aux préoccupations des uns et des autres en ce qui concerne : la maximisation des recettes, la facilitation et la simplification des procédures de dédouanement tant en amont, dans, et en aval du Guichet Unique, la transparence des opérations concernant tous les intervenants dans le processus.

Le Guichet Unique, inauguré le 27 Juin 2003, a permis certes d'améliorer et de sécuriser les recettes de tous les intervenants, mais il peut encore faire davantage et beaucoup mieux. Il a simplifié certaines opérations liées au commerce extérieur, néanmoins beaucoup reste encore à faire pour atteindre les standards internationaux en matière de facilitation et de transparence.

De cette étude, dans le souci d'assainir le climat des affaires en RD Congo, est née la nécessité de l'érection d'un Guichet Unique Intégral et virtuel des opérations du commerce extérieur, GUICE en trois composantes : le Guichet Unique de prédédouanement ou Documentaire GUDOC ; le Guichet Unique de la douane, pour le dédouanement GUDOU ; et le Guichet Unique post dédouanement chargé de la gestion logistique GUILOG.

Cette proposition tient compte du contexte congolais et n'est pas une reproduction servile des formules supposées passe-partout. Elle devrait répondre à une vision claire et partagée des parties prenantes engagées dans un deal de commerce extérieur globalement gagnant-gagnant.

L'institution de ce Guichet Unique virtuel tant pour les formalités du commerce extérieur que celles de la gestion logistique, devrait intégrer le partenariat avec le secteur privé car pouvant relever du secteur commercial tandis que les formalités de dédouanement proprement dites relevant d'un service public ne peuvent faire l'objet d'un partenariat avec le privé. Il a été démontré que le concept de Guichet Unique représente une ambition supérieure, à la démarche consistant à laisser chaque administration travailler pour son compte. Les décisions de dématérialisation prises par celles-ci apparaissent au premier abord très liées à leur métier propre: douane, fiscalité, protection sociale, etc. Obliger ces administrations à réaliser les innombrables coordinations et standardisations que suppose un minimum d'harmonisation du "front-office"[92] offert à l'usager parait soulever des difficultés et des délais d'une toute autre ampleur. Une politique de Guichet Unique, par définition, ne peut donc être laissée totalement aux initiatives de terrain (sauf à n'offrir qu'une simple juxtaposition de procédures réunies en un lieu unique). Elle ne prendra sa pleine efficacité que replacée et intégrée dans une démarche ministérielle, interministérielle, visant la quasi-totalité des procédures s'imposant aux administrés. Cette coordination interministérielle devrait se faire sous la tutelle directe du Premier Ministre pour les arbitrages d'autorité toute en pérennisant officiellement les Comités de suivi locaux dont les participants seront dotés d'une bonne «qualité de signature». Seules, les économies d'échelle ainsi permises rendront attractif aux administrations, comme aux déclarants et autres usagers, l'investissement que suppose pour eux la communication à travers un Guichet Unique administratif et virtuel. Le Guichet Unique se traduit par de nombreuses dispositions s'interpénétrant, de technicité différente:

- *la simplification ou l'harmonisation des textes applicables en amont ;*
- *la normalisation (à droit constant) des messages échangés entre entreprises et administrations (le contenu d'une déclaration de douane ou d'impôt, par exemple) ;*
- *la publication sur serveur des formulaires et procédures ainsi que des modes d'emploi pour la transmission électronique ;*

---

[92] Les termes de *Front Office* (littéralement "boutique") et de *Back Office* ("*arrière-boutique*) sont généralement utilisés pour décrire les parties de l'entreprise (ou de son système d'information) dédiées respectivement à la relation directe avec le client et à la gestion propre de l'entreprise. Le Front-Office (parfois appelé également *Front line*) désigne la partie frontale de l'entreprise, visible par la clientèle. Le Back Office à l'inverse désigne l'ensemble des parties du système d'information auxquelles l'utilisateur final n'a pas accès. Il s'agit donc de tous les processus internes à l'entreprise (production, logistique, stocks, vente, comptabilité, gestion des ressources humaines, ...).

- la définition de règles communes, par un cadre juridique, concernant l'acceptation du document électronique, la signature électronique et le droit de la preuve, ainsi que la confidentialité ;

- la normalisation des protocoles d'accès aux serveurs publics destinataires des données télétransmises ;

- la mise en place de conventions communes entre partenaires de l'échange (administrés-administrations) pour régler tous les aspects juridiques ou techniques spécifiques à telle ou telle procédure justifiant des exigences propres (par exemple en matière de sécurité) ;

- le suivi et l'information en temps réel sur l'état d'avancement de la procédure (tracking et le tracing ou traçabilité). Cette facilité a été généralisée récemment par les messageries internationales de colis. Il est essentiel que les expéditeurs sachent où en sont leurs envois. Une revendication du même ordre s'exprime depuis longtemps dans le domaine administratif. (Ai-je répondu à mes obligations? Quand obtiendrai-je une réponse?). La satisfaire suppose un haut niveau d'intégration des procédures en réseau (work-flow[93]), qui n'a rien de techniquement impossible ;

- la réalisation de véritables conventions entre administrations pour que d'importants blocs de procédures susceptibles de relever d'une approche de Guichet Unique, soient effectivement intégrés. On retrouve là malheureusement tous les obstacles rendant difficile la simplification des procédures déjà évoquée, mais multipliés en fonction du nombre des administrations que l'on veut faire travailler ensemble.

Les avantages de ce Guichet Unique Intégral du Commerce Extérieur (GUICE) sont notamment :

- Le dépôt des documents depuis n'importe où et n'importe quand 24 heures / 7 jours ;

---

[93] On appelle "WorkFlow" (traduisez littéralement "flux de travail") la modélisation et la gestion informatique de l'ensemble des tâches à accomplir et des différents acteurs impliqué dans la réalisation d'un processus métier (aussi appelé *processus opérationnel*). Le terme de WorkFlow pourrait donc être traduit en français par *Gestion électronique des processus métier*.

- Une plus grande efficacité et un accroissement considérable de la responsabilité ainsi que la réduction du coût des affaires ;

- Une intégration et une plus grande coordination des services gouvernementaux (portail du gouvernement / e-gouvernement) ;

- La création d'un système de paiement électronique national sous la coordination de la Banque Centrale.

Le projet de la liasse unique GUDOC et du bon de sortie unique GULOG vise :

- la simplification, l'harmonisation, et la normalisation des formulaires requis par les différents administrations et organismes Congolais, lors de l'accomplissement des formalités administratives liées au passage des marchandises par les plates formes logistiques Congolaises ;

- l'instauration de liaisons d'échange d'informations par voie électronique, entre tous les intervenants dans la chaîne commerciale, logistique et financière impliquée dans les opérations d'importation et d'exportation ;

- L'établissement d'interface de communication standardisée entre les différents systèmes d'information existants ou à venir, afin d'accélérer la fourniture réciproque d'informations et d'éviter les ruptures de charge dans les circuits d'information ;

- La dématérialisation des échanges d'information, d'où la suppression progressive des documents papiers et des caractéristiques qui s'y attachent (en terme de preuve, d'authentification et de confidentialité) ainsi que le coût des imprimés de valeur ;

- La mise en relation de tous les maillons de la chaîne du commerce extérieur afin d'échanger des données dématérialisés (sans papier) de manière à ce que les procédures soient accomplies avec la célérité requise dans la transparence absolue et la lutte contre l'évasion fiscale ;

- La dématérialisation va minimiser l'interaction entre les usagers et les officiels, ce qui permettra la réduction de la brèche de l'intégrité, l'élimination de l'intervention humaine, la manipulation, la substitution des documents, la réduction des erreurs et des pratiques inappropriées ;

- Le GULOG va réduire l'évasion fiscale, faciliter la réconciliation des manifestes, assurer l'identification aisée des marchandises et de

leurs mouvements, et va calculer automatiquement les frais à payer pour le séjour et les différentes manipulations ;

- Il va en outre réduire la perte des marchandises et la génération en temps réel des rapports d'activité par l'éradication des registres manuels.

Les grandes innovations du nouveau Guichet Unique sont notamment:

- *Le Call Center, qui va améliorer la communication et les réponses aux requêtes et autres demandes de renseignements des contribuables rapidement. Il s'agira d'un centre de contact d'informations centralisées à Guichet Unique (une interface unique de tous les centres de facilitation des différents Guichets Uniques documentaires, de dédouanement et logistique).*

Le centre de contact va développer ses services pour répondre aux requêtes reçues par téléphone, fax, SMS (short message service ou service de courts messagerie), MMS (multimédia service), email et courrier livré physiquement. Les appelants pourront également avoir accès aux installations en libre-service à travers le système de réponse vocale intégrée (RVI) du centre de contact. Le but du centre de contact est d'intégrer tous les services clientèles existants, y compris tous les canaux de communication ainsi que les contacts sur une seule plate-forme. Cela permettra d'améliorer le service à la clientèle à travers un Guichet Unique pour tous les services, à la place des bureaux actuels de services indépendants répartis dans différents bureaux.

Il permettra également une gestion efficace et des contrôles plus stricts sur la surveillance et le suivi des canaux de communication entre le contribuable avec l'Autorité et veiller à ce que des réponses cohérentes soient données ;

- *Le système électronique de suivi des cargaisons (SESC en sigle, Electronic Cargo Tracking System : ECTS). Il s'agit d'un projet de réforme clé dans le management de la douane, un programme de suivi des cargaisons facilitant la surveillance effective de toutes les marchandises en transit sous-douane tant à l'importation qu'à l'exportation. Cela garantira mieux que le suivi physique de cargaison qui a montré les limites de l'interaction humaine et occasionné les possibilités d'abus.*

Ses activités exigent l'installation de scellés électroniques sur les conteneurs ou des dispositifs électroniques dans les véhicules à moteur, qui communiquent par le biais GPRS (General Packet Radio Service) et SGPS (Global Positionning System) en temps réel à la salle de contrôle la situation de la cargaison en transit jusqu'à la destination avec module de gestion intégrée des cautions et des licences.

La portée de l'initiative devra inclure les importations, les exportations et le transit à travers les Corridors Nord, Centre et Sud à travers des interconnections avec les Administrations douanières partenaires dans le cadre du COMESA et des assistances administratives mutuelles, ce qui nécessitera des équipements conséquents pour répondre aux grands volumes ;

- *La base de données de valeur intégrée :*

L'installation d'un système de base de données d'évaluation à travers les accords d'assistance administrative mutuelle avec les administrations partenaires et la base de données de la société d'inspection avant embarquement. L'objectif du projet est de développer une base de données de valeurs susceptible de fiabiliser les importations et les exportations à tous les postes douaniers.

Une fois en place, ce système permettra aux agents d'accéder à une valeur de référence chaque fois qu'ils auraient un doute sur la validité des documents commerciaux et des déclarations. Cette base de données électronique prendra en charge la gestion des risques avec l'inclusion des importations et des exportations très sensibles, qui sont soumises à des taux élevés, prohibées ou contingentées. La base de données d'évaluation apportera des gains importants pour la douane et engendra la fraternité d'affaires, ce qui contribuera grandement à la facilitation du commerce. La mise en œuvre de la base de données valeur conduira à l'uniformité et à la cohérence dans l'évaluation dans toutes les provinces, à la maximisation du recouvrement des recettes, à augmenter le respect par les commerçants ou agents, à accélérer le traitement et la résolution des requêtes d'évaluation, elle va aussi contribuer à la protection des producteurs et manufacturiers nationaux dans le cadre d'une concurrence loyale ;

- La nouvelle approche de vérification par le changement de contrôles physiques a priori en utilisant des approches d'audit en matière de douane pour identifier et corriger les incohérences dans l'application de la législation et les procédures et d'aider à l'identification de fraude potentielle et aussi l'emploi de techniques de gestion des risques qui améliorent l'efficacité du recouvrement des recettes ;

Enfin, nous pensons que l'objectif majeur de la réforme de l'Administration douanière est d'améliorer l'efficacité du système d'imposition, d'améliorer le taux de conformité et de réduire le coût de l'Administration et accroître le respect des lois. La réforme contribue également à attirer les recettes en devises grâce à l'investissement direct et le développement du secteur privé. Les investisseurs ne sont pas seulement préoccupés par les aspects quantitatifs de la fiscalité par exemples les taux d'imposition, les bases d'imposition, les types de taxes, entre autres, mais aussi sur les questions de facilité, de simplification du système fiscal, y compris comment il fonctionne et sa prévisibilité.

Par conséquent, une Administration douanière qui est perçue comme trop arbitraire dans l'application des lois décourage les investisseurs. Par conséquent, les réformes visent à simplifier les procédures fiscales, s'adressent à l'incidence de la corruption et à renforcer l'intégrité du régime fiscal du pays.

En outre, dans l'environnement commercial en évolution rapide, l'Administration douanière doit suivre le rythme des changements et soutenir les efforts de développement. Les réformes permettent l'Administration à s'adapter et à répondre à un environnement en mutation rapide et complexe.

Postface

De Ahmed BOILIL[94]

Cet essai demeure l'œuvre d'un polygraphe dont le souci majeur est d'expliquer aux lecteurs, notamment aux opérateurs économiques, aux chercheurs et aux curieux intellectuels, les mécanismes qui régissent des domaines techniques embrassant le commerce international avec certaines implications.

L'auteur tente, par une pédagogie imbibée de virtuel, de faire état de procédures encadrées par la législation ou non, en vue de mettre en relief l'intérêt de la voie électronique susceptible d'être un canal en mesure de régler en tout ou en partie, les problèmes douaniers, fiscaux et économiques enrôlés de transparence qu'offre le Guichet Unique.

Espérons que la méthodologie, la présentation de l'essai avec ses annexes et la précision dont a fait usage l'auteur pour son livre, sera le fil d'Ariane d'un droit virtuel des technologies de l'information et de la communication qui couvrira les différents droits énumérés (douanier, fiscal, économique, du transport, des assurances, etc.).

Souhaitons qu'il ne lui soit nullement tenu rigueur du style, du contenu littéraire ou technique. Un grand nombre d'informations utiles de très grande importance enrichit le livre et rehausse sa portée.

---

[94] Expert du Fonds Monétaire International, Ahmed BOILIL a été Directeur général adjoint des Douanes mauritaniennes.

Annexes

Les tableaux

Tableau n°25 :

Recettes DGDA / RDC de 2005 à 2012 en Franc congolais

ANNEE	RECETTES	TAUX D'AUGMENTATION % PAR RAPPORT A L'ANNEE PRECEDENTE	TAUX D'AUGMENTATION % PAR RAPPORT A L'ANNEE 2005
2005	145 576 740 852	0,00%	0,00%
2006	195 693 638 888	34,43%	34,43%
2007	277 912 485 802	42,01%	90,90%
2008	424 219 554 295	52,65%	191,41%
2009	559 531 514 685	31,90%	284,36%
2010	754 509 284 485	34,85%	418,29%
2011	1 001 268 544 227	32,70%	587,79%
2012	1 326 858 791 533	32,52%	811,45%

SOURCE: Banque Centrale du Congo / DGDA

Tableau n°26
Recettes OCC de 2005 à 2010 en Franc congolais

ANNEE 2005

MOIS	PAIEMENT SITE	PAIEMENT EXTERIEUR	PAIEMENT COMPENSATION	PAIEMENT DIFFERE	TOTAL
JANVIER	234 225 826,34	19 941 157,07	-	-	**254 166 983,41**
FEVRIER	228 966 860,36	111 363 928,58	-	-	**340 330 788,94**
MARS	264 574 007,71	50 553 501,04	-	-	**315 127 508,75**
AVRIL	243 219 081,49	52 724 803,37	-	-	**295 943 884,86**
MAI	274 747 567,05	71 347 866,30	-	-	**346 095 433,35**
JUIN	209 233 028,47	77 335 766,34	-	-	**286 568 794,81**
JUILLET	354 870 179,69	20 000 094,00	-	-	**374 870 273,69**
AOÛT	247 147 304,23	92 977 500,77	-	-	**340 124 805,00**
SEPTEMBRE	303 638 354,76	118 961 462,40	-	-	**422 599 817,16**
OCTOBRE	243 743 465,26	120 600 408,92	-	-	**364 343 874,18**
NOVEMBRE	338 562 463,42	86 410 690,57	-	-	**424 973 153,99**
DÉCEMBRE	335 420 772,38	82 664 455,84	-	-	**418 085 228,22**
TOTAL	**3 278 348 911,16**	**904 881 635,20**	-	-	**4 183 230 546,36**
%	0,7837	0,2163	-	-	

ANNEE 2006

MOIS	PAIEMENT SITE	PAIEMENT EXTERIEUR	PAIEMENT COMPENSATION	PAIEMENT DIFFERE	TOTAL
JANVIER	229 631 346,07	116 746 632,30	-	-	**346 377 978,37**
FEVRIER	267 776 613,06	101 827 138,82	-	-	**369 603 751,88**
MARS	435 426 481,42	190 848 249,29	-	-	**626 274 730,71**
AVRIL	389 050 640,94	70 923 857,76	-	-	**459 974 498,70**
MAI	418 372 095,16	43 664 370,39	-	-	**462 036 465,55**
JUIN	304 423 976,49	120 455 809,92	-	-	**424 879 786,41**
JUILLET	491 712 317,35	39 385 632,61	-	-	**531 097 949,96**
AOÛT	611 941 854,73	42 765 969,54	-	-	**654 707 824,27**
SEPTEMBRE	451 739 659,85	37 790 321,66	-	-	**489 529 981,51**
OCTOBRE	259 006 323,45	25 665 875,54	-	-	**284 672 198,99**
NOVEMBRE	643 253 523,34	126 627 530,07			**769 881 053,41**
DÉCEMBRE	488 526 224,57	111 233 401,46			**599 759 626,03**
TOTAL	**4 990 861 056,43**	**1 027 934 789,36**	-	-	**6 018 795 845,79**
%	0,8292	0,1708	-	-	

ANNEE 2007

MOIS	PAIEMENT SITE	PAIEMENT EXTERIEUR	PAIEMENT COMPENSATION	PAIEMENT DIFFERE	TOTAL
JANVIER	356 244 921,14	65 044 417,50	-	-	**421 289 338,64**
FEVRIER	372 323 730,33	46 320 731,51	-	210 168,00	**418 854 629,84**
MARS	412 965 685,89	153 359 287,99	-	1 051 788,79	**567 376 762,67**
AVRIL	378 864 483,69	50 527 303,83	-	849 425,93	**430 241 213,45**

MAI	305 648 160,13	17 758 449,46	-	-	**323 406 609,59**
JUIN	498 530 297,38	24 468 922,11	-	-	**522 999 219,49**
JUILLET	378 915 310,29	4 612 200,46	-	-	**383 527 510,75**
AOÛT	525 102 704,65	46 453 531,91	-	-	**571 556 236,56**
SEPTEMBRE	382 914 097,38	48 670 093,77	-	-	**431 584 191,15**
OCTOBRE	492 355 819,91	350 613 435,22	-	1 628 268,70	**844 597 523,83**
NOVEMBRE	492 074 114,79	304 791 691,73			**796 865 806,52**
DÉCEMBRE	476 169 062,74	132 228 279,32	-	12 563 873,27	**620 961 215,33**
TOTAL	**5 072 108 388,32**	**1 244 848 344,81**	-	**16 303 524,69**	**6 333 260 257,82**
%	0,8009	0,1966	-	0,0026	

ANNEE 2008

MOIS	PAIEMENT SITE	PAIEMENT EXTERIEUR	PAIEMENT COMPENSATION	PAIEMENT DIFFERE	TOTAL
JANVIER	417 709 212,13	135 051 955,26	-	33 667 310,53	**586 428 477,92**
FEVRIER	686 966 937,63	82 395 563,71	-	8 092 881,43	**777 455 382,77**
MARS	259 401 898,11	142 908 740,98	-	36 333 422,43	**438 644 061,52**
AVRIL	516 437 827,34	198 809 864,65	7 542 523,26	13 196,34	**722 803 411,59**
MAI	602 600 020,63	102 830 181,06	-		**705 430 201,69**
JUIN	612 062 431,15	206 866 273,37	-	802 972,39	**819 731 676,91**

JUILLET	552 832 592,84	148 215 635,36	-	-	**701 048 228,20**
AOÛT	478 455 067,73	155 966 833,14	-	12 052 448,26	**646 474 349,13**
SEPTEMBRE	534 891 841,88	84 804 647,85	-	161 276 571,34	**780 973 061,07**
OCTOBRE	541 968 672,76		-		**541 968 672,76**
NOVEMBRE	530 193 665,66				**530 193 665,66**
DÉCEMBRE	616 481 615,62		-		**616 481 615,62**
TOTAL	**6 350 001 783,48**	**1 257 849 695,38**	**7 542 523,26**	**252 238 802,72**	**7 867 632 804,84**
%	0,8071	0,1599	0,0010	0,0321	

ANNEE 2009

MOIS	PAIEMENT SITE	PAIEMENT EXTERIEUR	PAIEMENT COMPENSATION	PAIEMENT DIFFERE	TOTAL
JANVIER	485 359 896,52				**485 359 896,52**
FEVRIER	530 843 665,21				**530 843 665,21**
MARS	580 416 524,13				**580 416 524,13**
AVRIL	520 454 886,50				**520 454 886,50**
MAI	472 977 587,70				**472 977 587,70**
JUIN	615 550 524,33				**615 550 524,33**
JUILLET	606 444 978,31				**606 444 978,31**
AOÛT	496 137 463,66				**496 137 463,66**
SEPTEMBRE	697 080 774,97				**697 080 774,97**
OCTOBRE	773 150 316,58				**773 150 316,58**
NOVEMBRE	657 888 652,52				**657 888 652,52**

DÉCEMBRE	643 618 892,46				**643 618 892,46**
TOTAL	**7 079 924 162,89**	-	-	-	**7 079 924 162,89**
%	1,0000	-	-	-	

ANNEE 2010

MOIS	PAIEMENT SITE	PAIEMENT EXTERIEUR	PAIEMENT COMPENSATION	PAIEMENT DIFFERE	TOTAL
JANVIER	701 002 627,99				**701 002 627,99**
FEVRIER	512 870 033,27				**512 870 033,27**
MARS	670 860 888,45				**670 860 888,45**
AVRIL	668 857 024,63				**668 857 024,63**
MAI	671 930 584,76				**671 930 584,76**
JUIN	670 064 221,14				**670 064 221,14**
JUILLET	625 372 281,93				**625 372 281,93**
AOÛT	586 159 704,25				**586 159 704,25**
SEPTEMBRE	567 813 517,18				**567 813 517,18**
OCTOBRE	352 819 248,56				**352 819 248,56**
NOVEMBRE	534 552 395,45				**534 552 395,45**
DÉCEMBRE	818 073 771,65				**818 073 771,65**
TOTAL	**7 380 376 299,26**	-	-	-	**7 380 376 299,26**
%	1,0000	-	-	-	

source: OCC/ DEX

Tableau n°27 : Recettes OCC de 2005 à 2010 en Dollar américain

ANNEE 2005

MOIS	PAIEMENT SITE	PAIEMENT EXTERIEUR	PAIEMENT COMPENSATION	PAIEMENT DIFFERE	TOTAL
JANVIER	$467 135,64	$39 770,27	$0,00	$0,00	**$506 905,91**
FEVRIER	$490 474,13	$238 554,72	$0,00	$0,00	**$729 028,85**
MARS	$536 356,65	$102 484,39	$0,00	$0,00	**$638 841,04**
AVRIL	$477 524,50	$103 517,31	$0,00	$0,00	**$581 041,81**
MAI	$535 921,32	$139 170,81	$0,00	$0,00	**$675 092,13**
JUIN	$464 772,35	$171 787,05	$0,00	$0,00	**$636 559,40**
JUILLET	$727 214,30	$40 985,00	$0,00	$0,00	**$768 199,30**
AOÛT	$506 968,83	$190 723,08	$0,00	$0,00	**$697 691,91**
SEPTEMBRE	$651 444,66	$255 227,34	$0,00	$0,00	**$906 672,00**
OCTOBRE	$531 935,46	$263 193,25	$0,00	$0,00	**$795 128,70**
NOVEMBRE	$744 780,82	$190 089,07	$0,00	$0,00	**$934 869,89**
DÉCEMBRE	$766 588,44	$188 925,74	$0,00	$0,00	**$955 514,18**
TOTAL	**$6 901 117,08**	**$1 924 428,04**	**$0,00**	**$0,00**	**$8 825 545,12**
%	0,78	0,22	0,00	0,00	

ANNEE 2006

MOIS	PAIEMENT SITE	PAIEMENT EXTERIEUR	PAIEMENT COMPENSATION	PAIEMENT DIFFERE	TOTAL
JANVIER	$527 233,65	$268 050,31	$0,00	$0,00	**$795 283,97**
FEVRIER	$617 814,77	$234 935,79	$0,00	$0,00	**$852 750,56**
MARS	$996 303,97	$436 681,91	$0,00	$0,00	**$1 432 985,89**
AVRIL	$884 076,81	$161 167,03	$0,00	$0,00	**$1 045 243,84**
MAI	$937 801,70	$97 875,84	$0,00	$0,00	**$1 035 677,54**
JUIN	$678 200,76	$268 353,44	$0,00	$0,00	**$946 554,21**
JUILLET	$1 084 930,76	$86 901,80	$0,00	$0,00	**$1 171 832,55**
AOÛT	$1 320 918,37	$92 313,27	$0,00	$0,00	**$1 413 231,65**
SEPTEMBRE	$933 365,69	$78 080,79	$0,00	$0,00	**$1 011 446,48**
OCTOBRE	$502 573,59	$49 801,84	$0,00	$0,00	**$552 375,42**
NOVEMBRE	$1 211 126,53	$238 416,05	$0,00	$0,00	**$1 449 542,58**
DÉCEMBRE	$937 004,86	$213 348,30	$0,00	$0,00	**$1 150 353,16**
TOTAL	**$10 631 351,46**	**$2 225 926,37**	**$0,00**	**$0,00**	**$12 857 277,84**
%	0,83	0,17	0,00	0,00	

ANNEE 2007

MOIS	PAIEMENT SITE	PAIEMENT EXTERIEUR	PAIEMENT COMPENSATION	PAIEMENT DIFFERE	TOTAL

JANVIER	$674 409,19	$123 135,94	$0,00	$0,00	**$797 545,13**
FEVRIER	$678 167,14	$84 370,66	$0,00	$382,81	**$762 920,61**
MARS	$738 007,65	$274 067,15	$0,00	$1 879,64	**$1 013 954,44**
AVRIL	$685 727,57	$91 452,13	$0,00	$1 537,42	**$778 717,13**
MAI	$606 731,52	$35 251,68	$0,00	$0,00	**$641 983,19**
JUIN	$1 002 397,96	$49 199,81	$0,00	$0,00	**$1 051 597,78**
JUILLET	$764 678,31	$9 307,75	$0,00	$0,00	**$773 986,07**
AOÛT	$1 061 474,23	$93 903,97	$0,00	$0,00	**$1 155 378,20**
SEPTEMBRE	$773 428,05	$98 306,16	$0,00	$0,00	**$871 734,22**
OCTOBRE	$991 192,25	$705 841,81	$0,00	$3 277,97	**$1 700 312,03**
NOVEMBRE	$989 603,52	$612 962,40	$0,00	$0,00	**$1 602 565,92**
DÉCEMBRE	$950 926,76	$264 064,63	$0,00	$25 090,51	**$1 240 081,90**
TOTAL	**$9 916 744,17**	**$2 441 864,09**	**$0,00**	**$32 168,35**	**$12 390 776,61**
%	0,80	0,20	0,00	0,00	

ANNEE 2008

MOIS	PAIEMENT SITE	PAIEMENT EXTERIEUR	PAIEMENT COMPENSATION	PAIEMENT DIFFERE	TOTAL
JANVIER	$804 300,67	$260 043,05	$0,00	$64 826,53	**$1 129 170,26**
FEVRIER	$1 261 615,53	$151 319,54	$0,00	$14 862,59	**$1 427 797,65**
MARS	$469 367,31	$258 582,11	$0,00	$65 742,47	**$793 691,89**

AVRIL	$925 257,48	$356 190,63	$13 513,29	$23,64	**$1 294 985,04**
MAI	$1 079 232,07	$184 164,66	$0,00	$0,00	**$1 263 396,74**
JUIN	$1 094 763,26	$370 010,61	$0,00	$1 436,23	**$1 466 210,10**
JUILLET	$988 603,82	$265 046,86	$0,00	$0,00	**$1 253 650,68**
AOÛT	$856 202,56	$279 105,00	$0,00	$21 568,04	**$1 156 875,60**
SEPTEMBRE	$955 095,78	$151 426,06	$0,00	$287 973,31	**$1 394 495,15**
OCTOBRE	$952 875,76	$0,00	$0,00	$0,00	**$952 875,76**
NOVEMBRE	$909 407,50	$0,00	$0,00	$0,00	**$909 407,50**
DÉCEMBRE	$1 027 784,20	$0,00	$0,00	$0,00	**$1 027 784,20**
TOTAL	**$11 324 505,94**	**$2 275 888,53**	**$13 513,29**	**$456 432,81**	**$14 070 340,57**
%	0,80	0,16	0,00	0,03	

ANNEE 2009

MOIS	PAIEMENT SITE	PAIEMENT EXTERIEUR	PAIEMENT COMPENSATION	PAIEMENT DIFFERE	TOTAL
JANVIER	$714 414,88	$0,00	$0,00	$0,00	**$714 414,88**
FEVRIER	$729 104,64	$0,00	$0,00	$0,00	**$729 104,64**
MARS	$727 856,16	$0,00	$0,00	$0,00	**$727 856,16**
AVRIL	$623 453,75	$0,00	$0,00	$0,00	**$623 453,75**
MAI	$597 946,34	$0,00	$0,00	$0,00	**$597 946,34**
JUIN	$800 422,09	$0,00	$0,00	$0,00	**$800 422,09**
JUILLET	$792 148,31	$0,00	$0,00	$0,00	**$792 148,31**

AOÛT	$622 390,50	$0,00	$0,00	$0,00	**$622 390,50**
SEPTEMBRE	$899 374,70	$0,00	$0,00	$0,00	**$899 374,70**
OCTOBRE	$875 922,38	$0,00	$0,00	$0,00	**$875 922,38**
NOVEMBRE	$731 949,09	$0,00	$0,00	$0,00	**$731 949,09**
DÉCEMBRE	$708 624,49	$0,00	$0,00	$0,00	**$708 624,49**
TOTAL	**$8 823 607,33**	**$0,00**	**$0,00**	**$0,00**	**$8 823 607,33**
%	1,00	0,00	0,00	0,00	

ANNEE 2010

MOIS	PAIEMENT SITE	PAIEMENT EXTERIEUR	PAIEMENT COMPENSATION	PAIEMENT DIFFERE	TOTAL
JANVIER	$770 456,68	$0,00	$0,00	$0,00	**$770 456,68**
FEVRIER	$558 688,28	$0,00	$0,00	$0,00	**$558 688,28**
MARS	$735 832,55	$0,00	$0,00	$0,00	**$735 832,55**
AVRIL	$745 142,23	$0,00	$0,00	$0,00	**$745 142,23**
MAI	$748 782,39	$0,00	$0,00	$0,00	**$748 782,39**
JUIN	$744 602,18	$0,00	$0,00	$0,00	**$744 602,18**
JUILLET	$694 191,28	$0,00	$0,00	$0,00	**$694 191,28**
AOÛT	$650 181,30	$0,00	$0,00	$0,00	**$650 181,30**
SEPTEMBRE	$628 323,59	$0,00	$0,00	$0,00	**$628 323,59**
OCTOBRE	$388 743,72	$0,00	$0,00	$0,00	**$388 743,72**
NOVEMBRE	$586 548,58	$0,00	$0,00	$0,00	**$586 548,58**
DÉCEMBRE	$900 694,28	$0,00	$0,00	$0,00	**$900 694,28**
TOTAL	**$8 152 187,05**	**$0,00**	**$0,00**	**$0,00**	**$8 152 187,05**
%	1,00	0,00	0,00	0,00	

source: OCC/ DEX

Tableau n°28

Recettes OCC de 2005 à 2010 en Dollar américain : EXERCICES 2005 . 2006 . 2007 . 2008 . 2009 . 2010

	2002	2003	2004	2005	2006
JANVIER				$506 905,91	$795 283,97
FEVRIER				$729 028,85	$852 750,56
MARS				$638 841,04	$1 432 985,89
AVRIL				$581 041,81	$1 045 243,84
MAI				$675 092,13	$1 035 677,54
JUIN				$636 559,40	$946 554,21
JUILLET				$768 199,30	$1 171 832,55
AOÛT				$697 691,91	$1 413 231,65
SEPTEMBRE				$906 672,00	$1 011 446,48
OCTOBRE				$795 128,70	$552 375,42
NOVEMBRE				$934 869,89	$1 449 542,58
DÉCEMBRE				$955 514,18	$1 150 353,16
TOTAL	$0,00	$0,00	$0,00	$8 825 545,12	$12 857 277,84
% D'ACCROISSEMENT	#DIV/0!	#DIV/0!	#DIV/0!	-	45,68
PERIODE 2005					
MOYENNE MENSUELLE	$0,00	$0,00	$0,00	$735 462,09	$1 071 439,82

Tableau n°29

Recettes OCC de 2005 à 2010 en Dollar américain : EXERCICES 2005 . 2006 . 2007 . 2008 . 2009 . 2010

	2007	2008	2009	2010
JANVIER	$797 545,13	$1 129 170,26	$714 414,88	$770 456,68
FEVRIER	$762 920,61	$1 427 797,65	$729 104,64	$558 688,28
MARS	$1 013 954,44	$793 691,89	$727 856,16	$735 832,55
AVRIL	$778 717,13	$1 294 985,04	$623 453,75	$745 142,23
MAI	$641 983,19	$1 263 396,74	$597 946,34	$748 782,39
JUIN	$1 051 597,78	$1 466 210,10	$800 422,09	$744 602,18
JUILLET	$773 986,07	$1 253 650,68	$792 148,31	$694 191,28
AOÛT	$1 155 378,20	$1 156 875,60	$622 390,50	$650 181,30
SEPTEMBRE	$871 734,22	$1 394 495,15	$899 374,70	$628 323,59
OCTOBRE	$1 700 312,03	$952 875,76	$875 922,38	$388 743,72
NOVEMBRE	$1 602 565,92	$909 407,50	$731 949,09	$586 548,58
DÉCEMBRE	$1 240 081,90	$1 027 784,20	$708 624,49	$900 694,28
TOTAL	$12 390 776,61	$14 070 340,57	$8 823 607,33	$8 152 187,05
% D'ACCROISSEMENT	40,40	59,43	- 0,02	- 7,63
PERIODE 2005				
MOYENNE MENSUELLE	$1 032 564,72	$1 172 528,38	$735 300,61	$679 348,92

Tableau n°30

Recettes ONATRA de 2003 à 2010 en Franc congolais

ANNEE 2003

MOIS	PAIEMENT SITE	PAIEMENT EXTERIEUR	PAIEMENT COMPENSATION	PAIEMENT DIFFERE	TOTAL
JANVIER			-	-	-
FEVRIER			-	-	-
MARS			-	-	-
AVRIL			-	-	-
MAI			-	-	-
JUIN			-	-	-
JUILLET			-	-	-
AOÛT			-	-	-
SEPTEMBRE			-	-	-
OCTOBRE			-	-	-
NOVEMBRE	175 349 838,14	-	-	-	**175 349 838,14**
DÉCEMBRE	382 336 832,65		-	-	**382 336 832,65**
TOTAL	**557 686 670,79**	-	-	-	**557 686 670,79**
%	1,0000	-	-	-	

ANNEE 2004

MOIS	PAIEMENT SITE	PAIEMENT EXTERIEUR	PAIEMENT COMPENSATION	PAIEMENT DIFFERE	TOTAL
JANVIER	506 130 244,56			-	**506 130 244,56**
FEVRIER	514 341 452,37			-	**514 341 452,37**
MARS	555 822 455,90			-	**555 822 455,90**
AVRIL	499 262 635,71			-	**499 262 635,71**
MAI	554 329 157,87			-	**554 329 157,87**
JUIN	512 040 941,62			-	**512 040 941,62**
JUILLET	710 787 671,84			-	**710 787 671,84**
AOÛT	476 301 071,27			-	**476 301 071,27**
SEPTEMBRE	584 604 460,10			-	**584 604 460,10**
OCTOBRE	494 976 512,33				**494 976 512,33**
NOVEMBRE	445 913 442,64				**445 913 442,64**
DÉCEMBRE	617 581 547,52				**617 581 547,52**
TOTAL	**6 472 091 593,73**	-	-	-	**6 472 091 593,73**
%	1,0000	-	-	-	

ONATRA
ANNEE 2005

MOIS	PAIEMENT SITE	PAIEMENT EXTERIEUR	PAIEMENT COMPENSATION	PAIEMENT DIFFERE	TOTAL

JANVIER	392 009 265,88	108 685 128,68	-	-	**500 694 394,56**
FEVRIER	289 901 682,51	142 669 995,93	-	-	**432 571 678,44**
MARS	339 773 045,15	257 143 461,25	-	-	**596 916 506,40**
AVRIL	354 487 002,75	275 949 749,36	-	-	**630 436 752,11**
MAI	518 480 818,25	227 689 516,85	-	-	**746 170 335,10**
JUIN	395 961 114,77	218 196 939,84	-	-	**614 158 054,61**
JUILLET	307 926 126,86	428 580 053,80	-	-	**736 506 180,66**
AOÛT	110 278 070,99	555 624 105,06	-	-	**665 902 176,05**
SEPTEMBRE	374 707 446,65	269 581 933,08	-	-	**644 289 379,73**
OCTOBRE	266 401 032,93	244 446 000,20	-	-	**510 847 033,13**
NOVEMBRE	87 405 646,37	488 771 268,16	-	-	**576 176 914,53**
DÉCEMBRE	130 115 160,33	383 230 138,81	-	-	**513 345 299,14**
TOTAL	**3 567 446 413,44**	**3 600 568 291,02**	**-**	**-**	**7 168 014 704,46**
%	0,4977	0,5023	-	-	

ANNEE 2006

MOIS	**PAIEMENT SITE**	**PAIEMENT EXTERIEUR**	**PAIEMENT COMPENSATION**	**PAIEMENT DIFFERE**	**TOTAL**
JANVIER	105 059 181,35	297 601 764,62		-	**402 660 945,97**
FEVRIER	78 504 486,98	432 236 370,53		-	**510 740 857,51**

MARS	84 665 309,89	560 002 990,14		-	**644 668 300,03**
AVRIL	383 195 410,62	421 426 493,23		-	**804 621 903,85**
MAI	865 161 855,51	234 800 482,68		-	**1 099 962 338,19**
JUIN	597 566 956,22	185 020 212,78		-	**782 587 169,00**
JUILLET	824 484 194,78	528 886 218,36		-	**1 353 370 413,14**
AOÛT	495 741 167,78	509 526 235,52		-	**1 005 267 403,30**
SEPTEMBRE	553 649 020,75	359 245 159,00		-	**912 894 179,75**
OCTOBRE	682 345 180,66	201 341 999,02			**883 687 179,68**
NOVEMBRE	492 740 464,99	455 712 017,60			**948 452 482,59**
DÉCEMBRE	368 604 629,08	565 782 291,94			**934 386 921,02**
TOTAL	**5 531 717 858,61**	**4 751 582 235,42**	-	-	**10 283 300 094,03**
%	0,5379	0,4621	-	-	

ANNEE 2007

MOIS	PAIEMENT SITE	PAIEMENT EXTERIEUR	PAIEMENT COMPENSATION	PAIEMENT DIFFERE	TOTAL
JANVIER	613 095 418,30	55 403 803,21	-	-	**668 499 221,51**
FEVRIER	631 278 725,10	389 210 962,65	-	-	**1 020 489 687,75**
MARS	954 314 269,84	283 255 966,93	-	-	**1 237 570 236,77**
AVRIL	480 094 556,27	375 175 104,66	-	-	**855 269 660,93**

MAI	635 143 498,22	255 964 840,19	-	-	**891 108 338,41**
JUIN	593 792 498,19	414 589 065,36	-	-	**1 008 381 563,55**
JUILLET	385 198 284,86	508 154 779,21	-	-	**893 353 064,07**
AOÛT	390 557 668,83	719 005 251,99	-	-	**1 109 562 920,82**
SEPTEMBRE	414 801 472,02	327 916 163,40	-	-	**742 717 635,42**
OCTOBRE	560 969 951,88	432 677 338,31	-		**993 647 290,19**
NOVEMBRE	673 812 276,67	476 975 048,78			**1 150 787 325,45**
DÉCEMBRE	855 853 795,54	401 849 987,49	-	-	**1 257 703 783,03**
TOTAL	**7 188 912 415,72**	**4 640 178 312,18**	-	-	**11 829 090 727,90**
%	0,6077	0,3923	-	-	

ANNEE 2008

MOIS	PAIEMENT SITE	PAIEMENT EXTERIEUR	PAIEMENT COMPENSATION	PAIEMENT DIFFERE	TOTAL
JANVIER	1 121 298 048,08	289 720 377,20	-	-	**1 411 018 425,28**
FEVRIER	444 999 867,17	809 881 017,52	-	-	**1 254 880 884,69**
MARS	478 402 364,44	634 237 259,73	-	-	**1 112 639 624,17**
AVRIL	241 346 843,86	1 242 574 283,05	-	-	**1 483 921 126,91**
MAI	688 205 079,78	1 045 158 629,62	-	-	**1 733 363 709,40**
JUIN	748 209 843,74	961 803 117,05	-	-	**1 710 012 960,79**

JUILLET	710 088 063,37	1 171 652 680,16	-	-	**1 881 740 743,53**
AOÛT	314 417 829,20	1 052 192 951,83	-	-	**1 366 610 781,03**
SEPTEMBRE	313 538 834,64	1 210 541 838,11	-	-	**1 524 080 672,75**
OCTOBRE	1 899 929 952,87		-	-	**1 899 929 952,87**
NOVEMBRE	1 451 474 425,89			-	**1 451 474 425,89**
DÉCEMBRE	2 045 164 710,37		-	-	**2 045 164 710,37**
TOTAL	**10 457 075 863,41**	**8 417 762 154,27**	**-**	**-**	**18 874 838 017,68**
%	0,5540	0,4460	-	-	

ANNEE 2009

MOIS	**PAIEMENT SITE**	**PAIEMENT EXTERIEUR**	**PAIEMENT COMPENSATION**	**PAIEMENT DIFFERE**	**TOTAL**
JANVIER	331 765 763,51	788 445 182,58			**1 120 210 946,09**
FEVRIER	513 716 064,66	1 239 614 304,97			**1 753 330 369,63**
MARS	489 521 299,24	1 493 100 578,19			**1 982 621 877,43**
AVRIL	290 297 203,91	1 880 850 992,88			**2 171 148 196,79**
MAI	526 774 968,38	1 814 510 068,28			**2 341 285 036,66**
JUIN	678 996 035,81	702 966 106,65			**1 381 962 222,46**
JUILLET	632 824 986,51	470 335 400,22			**1 103 160 386,73**
AOÛT	540 966 771,83	1 003 586 682,21			**1 544 553 454,04**

SEPTEMBRE	718 580 517,03	1 125 683 324,50			**1 844 263 841,53**
OCTOBRE	867 566 277,95	1 711 185 580,75			**2 578 751 858,70**
NOVEMBRE	557 787 977,37	1 492 430 301,36			**2 050 218 278,73**
DÉCEMBRE	379 716 120,62	1 161 008 145,22			**1 540 724 265,84**
TOTAL	**6 528 513 986,82**	**14 883 716 747,81**	-	-	**21 412 230 734,63**
%	0,3049	0,6951	-	-	

ANNEE 2010

MOIS	PAIEMENT SITE	PAIEMENT EXTERIEUR	PAIEMENT COMPENSATION	PAIEMENT DIFFERE	TOTAL
JANVIER	619 289 670,68	1 697 429 750,79			**2 316 719 421,47**
FEVRIER	643 195 377,01	1 362 137 922,69			**2 005 333 299,70**
MARS	776 278 926,82	941 982 832,00			**1 718 261 758,82**
AVRIL	746 204 424,57	619 972 800,48			**1 366 177 225,05**
MAI	814 410 317,83	526 304 021,03			**1 340 714 338,86**
JUIN	918 232 941,45	495 297 142,32			**1 413 530 083,77**
JUILLET	850 171 015,40	1 764 134 611,66			**2 614 305 627,06**
AOÛT	889 568 318,14	2 104 979 981,54			**2 994 548 299,68**
SEPTEMBRE	870 851 185,41	1 781 780 898,85			**2 652 632 084,26**
OCTOBRE	707 055 088,63	1 869 314 094,72			**2 576 369 183,35**
NOVEMBRE	9 090 527,67	2 283 556 206,25			**2 292 646 733,92**
DÉCEMBRE	8 438 459,54	2 831 365 180,86			**2 839 803 640,40**
TOTAL	**7 852 786 253,15**	**18 278 255 443,19**	-	-	**26 131 041 696,34**
%	0,3005	0,6995	-	-	

source: Sous-Direction Commerciale et de Marketing Département des Ports maritimes, SCTP-Sarl, Evolution chiffres d'affaires.

Tableau 31 : Recettes ONATRA en 2010

ANNEE 2010

MOIS	PAIEMENT SITE	PAIEMENT EXTERIEUR	PAIEMENT COMPENSATION	PAIEMENT DIFFERE	TOTAL
JANVIER	$680 647,75	$1 865 607,97			**$2 546 255,72**
FEVRIER	$700 656,50	$1 483 827,18			**$2 184 483,68**
MARS	$851 460,13	$1 033 212,16			**$1 884 672,29**
AVRIL	$831 311,34	$690 682,61			**$1 521 993,94**
MAI	$907 558,19	$586 499,84			**$1 494 058,03**
JUIN	$1 020 377,19	$550 394,00			**$1 570 771,19**
JUILLET	$943 727,96	$1 958 268,54			**$2 901 996,50**
AOÛT	$986 728,84	$2 334 890,33			**$3 321 619,17**
SEPTEMBRE	$963 655,02	$1 971 659,61			**$2 935 314,62**
OCTOBRE	$779 048,26	$2 059 649,84			**$2 838 698,10**
NOVEMBRE	$9 974,77	$2 505 678,88			**$2 515 653,64**
DÉCEMBRE	$9 290,69	$3 117 315,95			**$3 126 606,64**
TOTAL	**$8 684 436,63**	**$20 157 606,90**	**$0,00**	**$0,00**	**$28 842 123,54**
%	0,30	0,70	0,00	0,00	

Tableau n°32 : Recettes ONATRA de 2003 à 2010 en Dollar américain

EXERCICES 2004 . 2005 . 2006 . 2007 . 2008 . 2009 . 2010

	2002	2003	2004	2005	2006
JANVIER			$1 343 991,45	$998 575,60	$924 509,68
FEVRIER			$1 355 911,90	$926 619,76	$1 178 382,39
MARS			$1 457 152,73	$1 210 096,71	$1 475 072,41
AVRIL			$1 300 035,82	$1 237 768,82	$1 828 418,95
MAI			$1 438 378,74	$1 455 476,36	$2 465 619,87
JUIN			$1 325 291,14	$1 364 238,16	$1 743 460,62
JUILLET			$1 827 938,50	$1 509 278,20	$2 986 122,44
AOÛT			$1 220 276,35	$1 365 953,18	$2 169 938,49
SEPTEMBRE			$1 445 058,44	$1 382 298,60	$1 886 183,97
OCTOBRE			$1 165 513,37	$1 114 851,02	$1 714 698,81
NOVEMBRE		$469 743,23	$1 039 258,36	$1 267 492,88	$1 785 759,31
DÉCEMBRE		$1 035 924,20	$1 403 856,69	$1 173 226,60	$1 792 176,23
TOTAL	$0,00	$1 505 667,43	$16 322 663,49	$15 005 875,90	$21 950 343,16
% ACCROI.			-	- 8,07	34,48
PER. 2004					
MOY. MENS.	$0,00	$752 833,71	$1 360 221,96	$1 250 489,66	$1 829 195,26

Tableau n°33 : Recettes ONATRA de 2003 à 2010 en Dollar américain

EXERCICES 2004 . 2005 . 2006 . 2007 . 2008 . 2009 . 2010

	2007	2008	2009	2010
JANVIER	$1 265 539,50	$2 716 921,34	$1 648 870,00	$2 546 255,72
FEVRIER	$1 858 765,69	$2 304 590,10	$2 408 169,10	$2 184 483,68
MARS	$2 211 651,80	$2 013 233,79	$2 486 255,12	$1 884 672,29
AVRIL	$1 547 999,39	$2 658 614,54	$2 600 821,92	$1 521 993,94
MAI	$1 768 908,12	$3 104 383,75	$2 959 892,51	$1 494 058,03
JUIN	$2 027 559,07	$3 058 608,51	$1 797 014,30	$1 570 771,19
JUILLET	$1 802 850,66	$3 365 026,06	$1 440 966,06	$2 901 996,50
AOÛT	$2 242 937,31	$2 445 570,61	$1 937 598,87	$3 321 619,17
SEPTEMBRE	$1 500 176,30	$2 721 378,25	$2 379 472,07	$2 935 314,62
OCTOBRE	$2 000 373,42	$3 340 409,32	$2 921 535,97	$2 838 698,10
NOVEMBRE	$2 314 332,64	$2 489 621,83	$2 281 017,31	$2 515 653,64
DÉCEMBRE	$2 511 679,73	$3 409 652,34	$1 696 337,63	$3 126 606,64
TOTAL	$23 052 773,63	$33 628 010,44	$26 557 950,86	$28 842 123,54
% ACCROI.	41,23	106,02	62,71	76,70
PER. 2004				
MOY. MENS.	$1 921 064,47	$2 802 334,20	$2 213 162,57	$2 403 510,29

Tableau n°34

Prime d'assurance / SONAS de 2006 à 2010 en Franc congolais

	2006	**2007**	**2008**	**2009**	**2010**
JANVIER	-	9 446 146,36	29 135 120,47	25 463 635,52	22 478 380,69
FEVRIER	-	16 814 010,49	12 748 605,86	78 544 893,25	16 242 969,50
MARS	-	12 289 053,40	13 612 431,42	40 987 962,46	22 220 543,00
AVRIL	3 389 585,96	15 797 043,57	23 894 002,42	15 141 070,04	18 778 003,72
MAI	32 426 156,90	16 412 562,99	28 120 848,67	75 814 341,46	21 324 662,81
JUIN	4 672 229,38	19 538 989,82	30 086 269,45	28 637 055,48	21 270 284,29
JUILLET	10 045 601,75	15 234 217,05	20 208 097,64	23 042 228,44	14 389 950,09
AOÛT	7 089 264,78	17 955 847,04	13 309 484,13	21 463 214,65	17 401 063,18
SEPTEMBRE	5 467 138,14	13 208 579,87	23 963 318,19	24 050 347,02	21 634 324,16
OCTOBRE	5 350 761,02	14 405 435,91	12 728 184,26	32 714 706,56	19 661 896,82
NOVEMBRE	8 613 554,42	9 930 157,86	13 061 184,13	28 838 926,12	46 925 024,00
DÉCEMBRE	9 373 498,36	19 933 993,75	9 174 500,99	13 820 501,90	40 641 181,00
TOTAL	**86 427 790,71**	**180 966 038,11**	**230 042 047,63**	**408 518 882,90**	**282 968 283,26**

source: Recette principale DGDA Guichet Unique

Tableau n°35
Prime d'assurance / SONAS de 2006 à 2010 en Dollar américain

	2006	**2007**	**2008**	**2009**	**2010**
JANVIER	$0,00	$17 882,55	$56 099,79	$37 480,64	$24 705,50
FEVRIER	$0,00	$30 625,79	$23 412,83	$107 880,06	$17 694,07
MARS	$0,00	$21 961,67	$24 630,62	$51 399,88	$24 372,56
AVRIL	$7 702,48	$28 591,93	$42 808,84	$18 137,51	$20 919,69
MAI	$72 684,83	$32 580,01	$50 363,29	$95 845,78	$23 763,66
JUIN	$10 408,87	$39 287,17	$53 813,70	$37 237,78	$23 636,39
JUILLET	$22 164,96	$30 743,74	$36 137,16	$30 098,13	$15 973,49
AOÛT	$15 302,66	$36 297,03	$23 817,52	$26 925,00	$19 301,64
SEPTEMBRE	$11 295,97	$26 679,32	$42 788,58	$31 029,80	$23 939,83
OCTOBRE	$10 382,57	$29 000,48	$22 378,38	$37 063,35	$21 663,89
NOVEMBRE	$16 217,72	$19 970,40	$22 403,02	$32 085,41	$51 489,44
DÉCEMBRE	$17 978,59	$39 808,90	$15 295,52	$15 216,37	$44 745,69
TOTAL	**$184 138,65**	**$353 429,00**	**$413 949,25**	**$520 399,72**	**$312 205,87**

Tableau n°36 : Prime d'assurance / SONAS de 2006 à 2010 en Dollar américain
EXERCICES 2006 . 2007 . 2008 . 2009 . 2010

	2002	2003	2004	2005	2006
JANVIER					$0,00
FEVRIER					$0,00
MARS					$0,00
AVRIL					$7 702,48
MAI					$72 684,83
JUIN					$10 408,87
JUILLET					$22 164,96
AOÛT					$15 302,66
SEPTEMBRE					$11 295,97
OCTOBRE					$10 382,57
NOVEMBRE					$16 217,72
DÉCEMBRE					$17 978,59
TOTAL	$0,00	$0,00	$0,00	$0,00	184 138,65
% D'ACCROI-SSEMENT					
PERIODE DE BASE 2007					
MOYENNE MENSUELLE	$0,00	$0,00	$0,00	$0,00	$20 459,85

Tableau n°37 : Prime d'assurance / SONAS de 2006 à 2010 en Dollar américain
EXERCICES 2006 . 2007 . 2008 . 2009 . 2010

	2007	2008	2009	2010
JANVIER	$17 882,55	$56 099,79	$37 480,64	$24 705,50
FEVRIER	$30 625,79	$23 412,83	$107 880,06	$17 694,07
MARS	$21 961,67	$24 630,62	$51 399,88	$24 372,56
AVRIL	$28 591,93	$42 808,84	$18 137,51	$20 919,69
MAI	$32 580,01	$50 363,29	$95 845,78	$23 763,66
JUIN	$39 287,17	$53 813,70	$37 237,78	$23 636,39
JUILLET	$30 743,74	$36 137,16	$30 098,13	$15 973,49
AOÛT	$36 297,03	$23 817,52	$26 925,00	$19 301,64
SEPTEMBRE	$26 679,32	$42 788,58	$31 029,80	$23 939,83
OCTOBRE	$29 000,48	$22 378,38	$37 063,35	$21 663,89
NOVEMBRE	$19 970,40	$22 403,02	$32 085,41	$51 489,44
DÉCEMBRE	$39 808,90	$15 295,52	$15 216,37	$44 745,69
TOTAL	$353 429,00	$413 949,25	$520 399,72	$312 205,87
% D'ACCROI-SSEMENT	-	17,12	47,24	- 11,66
PERIODE DE BASE 2007				
MOYENNE MENSUELLE	$29 452,42	$34 495,77	$43 366,64	$26 017,16

Tableau 38

SYNTHESE TONNAGE RECEPTIONNE AU PORT DE MATADI DE 2003 A 2010

	2003	2004	2005	2006
JANVIER	-	86 171,00	76 105,00	78 485,00
FEVRIER	-	80 090,00	76 883,00	93 717,00
MARS	-	63 514,00	99 786,00	106 006,00
AVRIL	-	87 751,00	81 143,00	79 413,00
MAI	-	71 054,00	120 814,00	90 497,00
JUIN	-	82 199,00	80 845,00	50 284,00
JUILLET	-	82 161,00	101 859,00	110 633,00
AOÛT	-	74 759,00	97 870,00	74 787,00
SEPTEMBRE	-	172 683,00	93 242,00	97 217,00
OCTOBRE	-	72 399,00	90 420,00	98 824,00
NOVEMBRE	65 026,00	66 607,00	82 477,00	95 868,00
DÉCEMBRE	92 692,00	224 259,00	89 057,00	87 335,00
TOTAL	157 718,00	1 163 647,00	1 090 501,00	1 063 066,00

SOURCE: ONATRA SERVICE COMMERCIAL PORT DE MATADI

Tableau 39

SYNTHESE TONNAGE RECEPTIONNE AU PORT DE MATADI DE 2003 A 2010

	2007	**2008**	2009	2010	TOTAL
JANVIER	89 434,00	131 721,00	136 624,00	132 166,00	730 706,00
FEVRIER	69 930,00	109 521,00	135 604,00	131 574,00	697 319,00
MARS	73 544,00	119 061,00	171 903,00	149 572,00	783 386,00
AVRIL	79 242,00	120 144,00	128 808,00	115 196,00	691 697,00
MAI	84 904,00	114 996,00	152 820,00	156 958,00	792 043,00
JUIN	95 720,00	145 123,00	145 912,00	128 701,00	728 784,00
JUILLET	93 816,00	141 351,00	131 804,00	105 117,00	766 741,00
AOÛT	88 276,00	117 451,00	154 189,00	113 909,00	721 241,00
SEPTEMBRE	109 436,00	110 859,00	176 525,00	116 011,00	875 973,00
OCTOBRE	107 433,00	100 004,00	159 314,00	117 909,00	746 303,00
NOVEMBRE	89 756,00	162 805,00	147 320,00	116 914,00	826 773,00
DÉCEMBRE	101 393,00	148 912,00	168 902,00	126 119,00	1 038 669,00
TOTAL	1 082 884,00	1 521 948,00	1 809 725,00	1 510 146,00	9 399 635,00

SOURCE: ONATRA SERVICE COMMERCIAL PORT DE MATADI

Tableau 40

Synthèse du tonnage réceptionné au port de Matadi de 2004 à 2010 en Tonne métrique

IMPORTATION

	2003	**2004**	**2005**	**2006**	**2007**
JANVIER	-	86 171,00	76 105,00	78 485,00	89 434,00
FEVRIER	-	80 090,00	76 883,00	93 717,00	69 930,00
MARS	-	63 514,00	99 786,00	106 006,00	73 544,00
AVRIL	-	87 751,00	81 143,00	79 413,00	79 242,00
MAI	-	71 054,00	120 814,00	90 497,00	84 904,00
JUIN	-	82 199,00	80 845,00	50 284,00	95 720,00
JUILLET	-	82 161,00	101 859,00	110 633,00	93 816,00
AOÛT	-	74 759,00	97 870,00	74 787,00	88 276,00
SEPTEMBRE	-	172 683,00	93 242,00	97 217,00	109 436,00
OCTOBRE	-	72 399,00	90 420,00	98 824,00	107 433,00
NOVEMBRE	65 026,00	66 607,00	82 477,00	95 868,00	89 756,00
DÉCEMBRE	92 692,00	224 259,00	89 057,00	87 335,00	101 393,00
TOTAL	157 718,00	1 163 647,00	1 090 501,00	1 063 066,00	1 082 884,00

SOURCE: SOUS-DIRECTION COMMERCIALE ET DE MARKETING DEPARTEMENT DES PORTS MARITIMES SCTP SARL (ONATRA PORT DE MATADI)

Tableau 41

Synthèse du tonnage réceptionné au port de Matadi de 2004 à 2010 en Tonne métrique

IMPORTATION

	2008	**2009**	**2010**	**TOTAL**
JANVIER	131 721,00	136 624,00	132 166,00	730 706,00
FEVRIER	109 521,00	135 604,00	131 574,00	697 319,00
MARS	119 061,00	171 903,00	149 572,00	783 386,00
AVRIL	120 144,00	128 808,00	115 196,00	691 697,00
MAI	114 996,00	152 820,00	156 958,00	792 043,00
JUIN	145 123,00	145 912,00	128 701,00	728 784,00
JUILLET	141 351,00	131 804,00	105 117,00	766 741,00
AOÛT	117 451,00	154 189,00	113 909,00	721 241,00
SEPTEMBRE	110 859,00	176 525,00	116 011,00	875 973,00
OCTOBRE	100 004,00	159 314,00	117 909,00	746 303,00
NOVEMBRE	162 805,00	147 320,00	116 914,00	826 773,00
DÉCEMBRE	148 912,00	168 902,00	126 119,00	1 038 669,00
TOTAL	1 521 948,00	1 809 725,00	1 510 146,00	9 399 635,00

SOURCE: SOUS-DIRECTION COMMERCIALE ET DE MARKETING DEPARTEMENT DES PORTS MARITIMES SCTP SARL (ONATRA PORT DE MATADI)

Tableau 42
Synthèse du tonnage déclaré au port de Matadi de 2004 à 2010 en Tonne métrique

	2003	2004	2005	2006	2007
JANVIER	-	72 856,00	71 358,00	75 349,00	82 050,00
FEVRIER	-	82 807,00	72 447,00	90 608,00	67 622,00
MARS	-	59 042,00	96 743,00	101 737,00	68 472,00
AVRIL	-	72 224,00	78 601,00	77 756,00	72 956,00
MAI	-	63 499,00	97 853,00	76 672,00	75 858,00
JUIN	-	135 910,00	78 332,00	48 732,00	84 720,00
JUILLET	-	67 220,00	96 450,00	105 964,00	86 597,00
AOÛT	-	71 913,00	88 387,00	74 165,00	74 026,00
SEPTEMBRE	-	93 137,00	87 803,00	90 787,00	95 533,00
OCTOBRE	-	68 410,00	89 098,00	92 443,00	97 541,00
NOVEMBRE	45 914,00	63 344,00	77 631,00	93 983,00	80 910,00
DÉCEMBRE	85 796,00	87 855,00	82 869,00	81 016,00	94 996,00
TOTAL	**131 710,00**	**938 217,00**	**1 017 572,00**	**1 009 212,00**	**981 281,00**

SOURCE: SOUS-DIRECTION COMMERCIALE ET DE MARKETING DEPARTEMENT DES PORTS MARITIMES SCTP SARL (ONATRA PORT DE MATADI)

Tableau 43

Synthèse du tonnage déclaré au port de Matadi de 2004 à 2010 en Tonne métrique

	2008	**2009**	**2010**	**TOTAL**
JANVIER	93 476,00	85 938,00	81 819,00	**562 846,00**
FEVRIER	78 954,00	81 950,00	63 297,00	**537 685,00**
MARS	85 556,00	117 529,00	77 413,00	**606 492,00**
AVRIL	94 141,00	70 239,00	91 000,00	**556 917,00**
MAI	83 578,00	95 465,00	82 116,00	**575 041,00**
JUIN	103 924,00	102 966,00	82 285,00	**636 869,00**
JUILLET	91 831,00	75 425,00	74 306,00	**597 793,00**
AOÛT	82 684,00	58 080,00	76 695,00	**525 950,00**
SEPTEMBRE	80 124,00	107 193,00	98 305,00	**652 882,00**
OCTOBRE	82 915,00	111 785,00	92 346,00	**634 538,00**
NOVEMBRE	105 066,00	80 107,00	78 375,00	**625 330,00**
DÉCEMBRE	103 911,00	98 375,00	100 182,00	**735 000,00**
TOTAL	**1 086 160,00**	**1 085 052,00**	**998 139,00**	**7 247 343,00**

SOURCE: SOUS-DIRECTION COMMERCIALE ET DE MARKETING DEPARTEMENT DES PORTS MARITIMES SCTP SARL (ONATRA PORT DE MATADI)

EXPORTATION

Tableau n°44:
Synthèse du tonnage exporté du port de Matadi de 2004 à 2010 en Tonne métrique

	2003	2004	2005	2006	2007
JANVIER	-	159,00	18 684,00	21 581,00	39 707,00
FEVRIER	-	68,00	35 543,00	24 938,00	34 562,00
MARS	-	-	24 095,00	33 062,00	48 518,00
AVRIL	-	-	26 936,00	20 871,00	47 477,00
MAI	-	-	31 593,00	33 159,00	43 190,00
JUIN	-	3,00	36 568,00	20 401,00	43 102,00
JUILLET	-	23 158,00	29 916,00	44 500,00	38 063,00
AOÛT	-	25 688,00	23 105,00	38 659,00	40 890,00
SEPTEMBRE	-	22 189,00	30 089,00	35 563,00	39 869,00
OCTOBRE	-	19 154,00	34 492,00	40 551,00	39 203,00
NOVEMBRE	8,00	24 357,00	29 430,00	37 716,00	32 008,00
DÉCEMBRE	-	28 994,00	30 275,00	23 640,00	36 132,00
TOTAL	8,00	143 770,00	350 726,00	374 641,00	482 721,00

SOURCE: ONATRA SERVICE COMMERCIAL PORT DE MATADI

EXPORTATION

Tableau n°45

Synthèse du tonnage exporté du port de Matadi de 2004 à 2010 en Tonne métrique

	2008	2009	2010	TOTAL
JANVIER	21 499,00	18 880,00	26 438,00	146 948,00
FEVRIER	23 964,00	29 289,00	28 679,00	177 043,00
MARS	30 372,00	21 472,00	39 530,00	197 049,00
AVRIL	36 530,00	22 198,00	31 113,00	185 125,00
MAI	32 898,00	34 169,00	33 048,00	208 057,00
JUIN	30 078,00	22 189,00	32 171,00	184 512,00
JUILLET	34 222,00	18 204,00	35 434,00	223 497,00
AOÛT	19 347,00	27 625,00	26 499,00	201 813,00
SEPTEMBRE	25 387,00	31 823,00	33 115,00	218 035,00
OCTOBRE	26 494,00	37 492,00	35 389,00	232 775,00
NOVEMBRE	21 505,00	31 918,00	33 237,00	210 179,00
DÉCEMBRE	15 201,00	26 111,00	33 430,00	193 783,00
TOTAL	317 497,00	321 370,00	388 083,00	2 378 816

SOURCE: ONATRA SERVICE COMMERCIAL PORT DE MATADI

Tableau 46 :
Cours de change moyens mensuels de 2002 à 2010

2002	DOLLAR	EURO
janv-02	327,6510	291,9044
févr-02	336,5139	291,5568
mars-02	335,4974	291,1783
avr-02	321,0653	282,4729
mai-02	320,7173	292,4290
juin-02	337,1753	318,9331
juil-02	338,7187	336,3460
août-02	346,2542	343,8574
sept-02	361,0703	356,4854
oct-02	370,3706	365,6676
nov-02	398,0805	405,8689
déc-02	382,1393	388,6511
MOYENNE ANNUELLE	347,9378	330,4459
2003	DOLLAR	EURO
janv-03	414,2915	417,0976
févr-03	416,8290	441,1502
mars-03	446,1079	490,4685
avr-03	414,6471	451,3618
mai-03	416,0209	482,7508
juin-03	419,6319	492,2373
juil-03	430,2680	488,5736
août-03	423,1274	472,0413
sept-03	393,5349	448,6111
oct-03	373,2480	435,2607
nov-03	373,2887	432,8196
déc-03	369,0780	450,9766
MOYENNE ANNUELLE	407,5061	458,6124
2004	DOLLAR	EURO
janv-04	376,5874	474,7398
févr-04	379,3325	480,2551
mars-04	381,4442	468,9524

avr-04	384,0376	461,1938
mai-04	385,3847	462,1118
juin-04	386,3611	469,5969
juil-04	388,8466	477,6916
août-04	390,3223	476,6321
sept-04	404,5542	494,5355
oct-04	424,6854	531,8217
nov-04	429,0689	556,9145
déc-04	439,9178	587,3289
MOYENNE ANNUELLE	397,5452	495,1478
2005	**DOLLAR**	**EURO**
janv-05	501,4086	603,7280
févr-05	466,8276	607,3864
mars-05	493,2800	652,9385
avr-05	509,3332	659,7976
mai-05	512,6640	653,8502
juin-05	450,1839	548,4397
juil-05	487,9857	587,0710
août-05	487,5000	604,0500
sept-05	466,1000	573,1200
oct-05	458,2200	550,7600
nov-05	454,5800	537,2800
déc-05	437,5500	518,6300
MOYENNE ANNUELLE	477,1361	591,4210
2006	**DOLLAR**	**EURO**
janv-06	435,5400	529,5000
févr-06	433,4254	518,1911
mars-06	437,0418	525,9674
avr-06	440,0643	537,4810
mai-06	446,1200	569,7300
juin-06	448,8700	570,0300
juil-06	453,2200	574,3400
août-06	463,2700	592,8900
sept-06	483,9900	616,3700
oct-06	515,3600	649,2000

nov-06	531,1200	682,0300
déc-06	521,3700	687,8500
MOYENNE ANNUELLE	467,4493	587,7983
2007	**DOLLAR**	**EURO**
janv-07	528,2326	686,4814
févr-07	549,0147	717,1813
mars-07	559,5683	739,7619
avr-07	552,5000	750,1112
mai-07	503,7618	682,9165
juin-07	497,3377	666,5118
juil-07	495,5225	680,1972
août-07	494,6919	695,2850
sept-07	495,0869	681,2439
oct-07	496,7309	705,6435
nov-07	497,2437	729,5953
déc-07	500,7421	729,4172
MOYENNE ANNUELLE	514,2028	705,3622
2008	**DOLLAR**	**EURO**
janv-08	519,3446	763,2033
févr-08	544,5137	801,4015
mars-08	552,6629	848,8098
avr-08	558,1558	877,3655
mai-08	558,3600	871,5100
juin-08	559,0820	868,7395
juil-08	559,2054	883,3797
août-08	558,8106	841,3769
sept-08	560,0400	809,3500
oct-08	568,7716	759,7097
nov-08	583,0100	744,5500
déc-08	599,8162	802,0991
MOYENNE ANNUELLE	560,1477	822,6246
2009	**DOLLAR**	**EURO**
janv-09	679,3810	907,2467
févr-09	728,0761	932,5607

mars-09	797,4330	1 053,7969
avr-09	834,7931	1 097,6692
mai-09	791,0034	1 076,9299
juin-09	769,0324	1 076,4414
juil-09	765,5700	1 075,2949
août-09	797,1482	1 133,1760
sept-09	775,0727	1 127,1130
oct-09	882,6699	1 305,5635
nov-09	898,8175	1 338,8794
déc-09	908,2651	1 330,1937
MOYENNE ANNUELLE	802,2719	1 121,2388
2010	**DOLLAR**	**EURO**
janv-10	909,8534	1 293,3841
févr-10	917,9896	1 261,9630
mars-10	911,7032	
avr-10	897,6233	
mai-10	897,3643	
juin-10	899,8956	
juil-10	900,8645	
août-10	901,5327	
sept-10	903,6960	
oct-10	907,5883	
nov-10	911,3523	
déc-10	908,2702	
MOYENNE ANNUELLE	905,6445	425,8912

source:Banque Centrale / Matadi

Les graphiques

Graphique n°6 Evolution annuelle des recettes OCC en Dollar américain

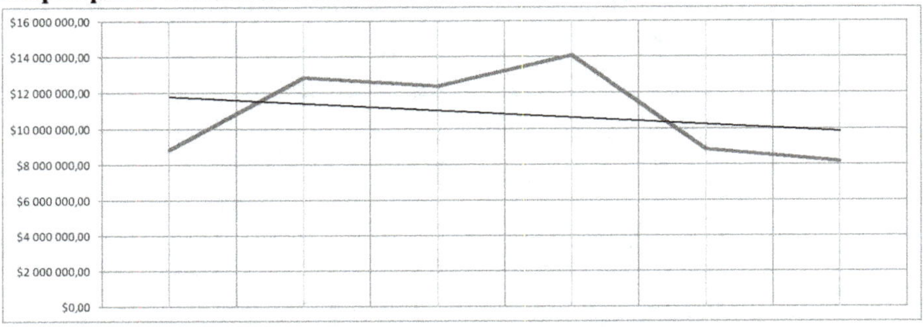

Graphique n°7 Evolution annuelle des recettes ONATRA en Dollar américain

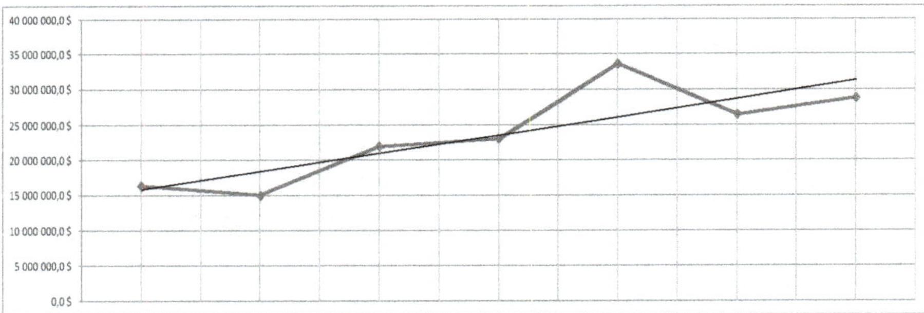

Graphique n°8 Evolution annuelle de la Prime d'assurance / SONAS en Dollar américain

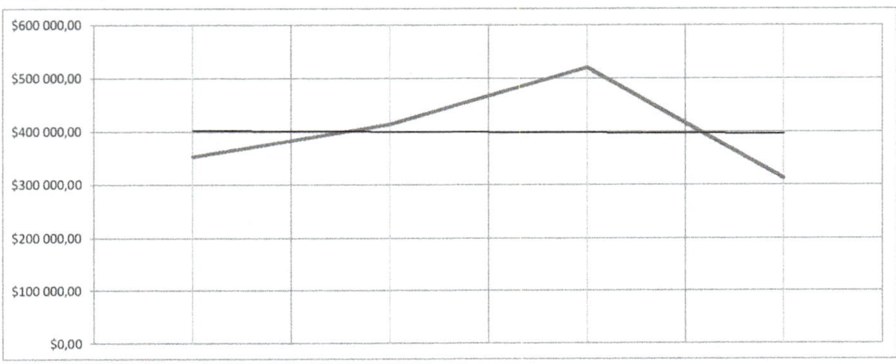

Graphique n°9 Evolution annuelle du Tonnage réceptionné au port de Matadi

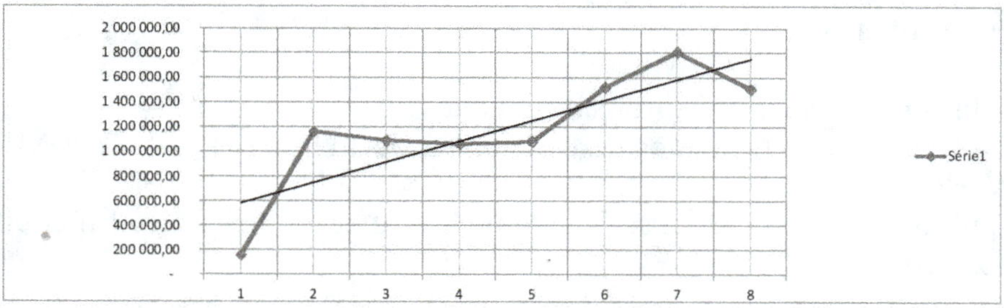

Graphique n°10 Evolution annuelle du Tonnage déclaré au port de Matadi

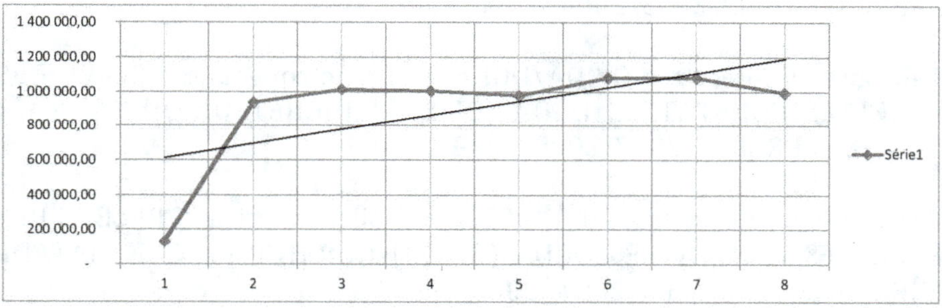

Graphique n°11 Evolution annuelle du Tonnage exporté du port de Matadi

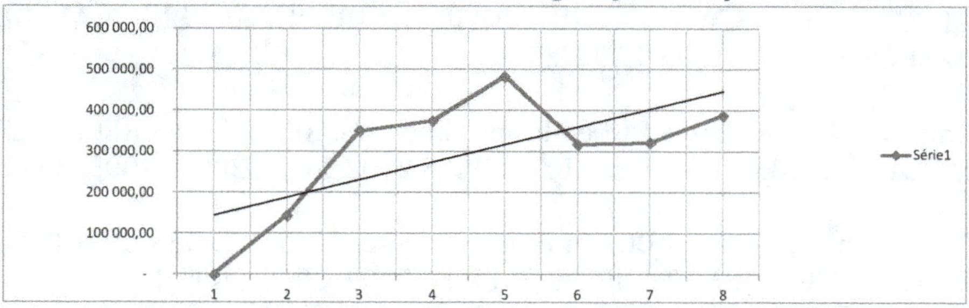

Liste des matériaux d'illustrations utilisés

Les Tableaux

Les Graphiques

Les Schémas

Les Figures

Bibliographie

1. JODEL DIONGO BELINGA, *Procédure de dédouanement des marchandises en Guichet unique : cas spécifique de Matadi – Beach.*

2. ALAIN TENDAY LUPUMBA, *L'impact de l'informatique dans la maximisation des recettes douanières et connexes : cas du guichet unique de l'OFIDA/ Bas Congo,*
Conférence tenue à l'I.S.C. Matadi, mars 2007.

3. Albert PARISIS, *La Science des finances publiques,* Edition Fernand Gothier, Liège, 1976.

4. WEMO DJUNGA, *Contrôle externe des finances publiques type latin,* Bruylant, Bruxelles, 1993.

5. Cf. www.http// admifrance.gouv.fr.

6. AFOTO jean Elenga-di-Okanga, Lutte contre la fraude douanière en RD Congo, Edition
l'Harmattan RDC, Kinshasa, 2010.

7 Marie-Nicolas Bouillet et Alexis Chassang (dir.), « Ferme générale » dans *Dictionnaire universel d'histoire et de géographie,* 1878.

8 Yves Durand, Les fermiers généraux au XVIIIe siècle, Paris, Maisonneuve et Larose, 1996.

9 Jean Clinquart, Les services extérieurs de la ferme générale *à la fin de l'Ancien Régime. L'exemple de la direction des fermes du Hainaut,* Paris, Comité pour l'histoire économique et financière de la France, 1996.

10 Vida Azimi, Un modèle administratif de l'Ancien Régime : les commis de la Ferme générale et de la régie générale des aides, Paris, Éditions du CNRS, 1987.

11 S.ZALA LIHAU N'KANZA, les origines du sous-développement politique au Congo Belge « De Padroado à la loi fondamentale » (1482-1960), PUZ, Kinshasa, 1985.

12 MANDJUMBA Mwanyimi-Mbomba, Chronique générale de l'histoire du Zaïre (des origines à 1988), CRP, Kinshasa.

13 Adam Hochschild, Les fantômes du roi Léopold, un holocauste oublié, éditions Belfond, 1998.

14 Baron Émile Borchgrave, Les origines de l'État indépendant du Congo, Bull. de la Classe des Lettres et Sciences morales de l'Académie royale de Belgique, 1919.

15 François Bontinck, La genèse de la Convention entre le Saint Siège et l'EIC, Église catholique, 1981.

16 H.LECLERCQ, « Evolution des finances publiques zaïroises », in CAHIERS ECONOMIQUES ET SOCIAUX N°2, IRES, Kinshasa, Septembre 1969.

17 André-Bernard Ergo, L'Héritage de la Congolie. Naissance d'une nation en Afrique centrale. L'Harmattan, 2007.

18 Guy Vanthmesche, La Belgique et le Congo. Empreintes d'une colonie (1885-1980), Complexe, 2007.

19 Compte rendu de la réunion mixte OFIDA-OCC sur la mise en œuvre du décret 05/183 du 30 décembre 2005 tenue à Kinshasa le vendredi 23 janvier 2009 ;

20 Compte rendu de la réunion mixte OFIDA-OCC-CTC-SINTEL-Gestionnaire de l'entrepôt-Banquiers sur la nouvelle configuration du guichet unique tenue à Kinshasa le lundi 10 février 2009.

21 MARIANO GBEHA, Implication du Guichet Unique portuaire dans la facilitation des opérations d'enlèvement des marchandises au port de Cotonou : cas de CAT Logistics Benin, Mémoires Master II 2010 ULCO-UCAO.

22 Programme de Réforme et de Modernisation Douanière de l'OFIDA, 2002.

23 CNUCED - SITE

24 www.gainde2000.sn

25 Ibrahima Diagne, Directeur général, GAINDE 2000, Sénégal.

26 Mathias BUABUA wa KAYEMBE, « Question de la fraude dans les entrepôts douaniers au Congo », *Revue de la Faculté de Droit de l'UPC*, n°01, 1999.

27 A. COLIN, H. CAPITANT et L. JULLIOT DE LA MONRANDIERE, *Droit civil*, T. II, 3ème éd. Dalloz, Paris, 1964

28 Jean-Marc FEDIDA, *Le contentieux douanier*, Coll. « Que sais-je ? », PUF, Paris, 2001.

29 Nguyen Chan TAM, AZAMA LANA, Philippe DARTOIS, Jerassier KABONGO, Styliani DARANAS, Guide juridique de l'Entreprise, UNAZA, Campus de Kinshasa, Faculté de Droit, 1978.

30 Robert UMBA-di-NDANGI, *Finances publiques : commentaires des principes-procédures-pratiques-des origines à nos jours en République Démocratique du Congo*, B.E.C.I.F., Kinshasa, 2006.

31 Claude J. BERR et Henri TREMEAU, *Le Droit douanier communautaire et national*, Coll. « Droits des affaires et de l'entreprise », série études et recherches, 6ème éd., Economica, Paris, 2004.

32 Yoram ECIBA w'ISSANGANINO, *Vente publique des marchandises abandonnées sous douane, Aspects juridiques*, CEDI, Kinshasa, 2007.

33 Claude J. BERR et Henri TREMEAU, *Introduction au droit douanier*, Coll. « Connaissance du droit », Dalloz, Paris, 1997.

34 François MBILO BOMPATE, *L'entreprise publique congolaise face au défi du management moderne*, Bruxelles, Kinshasa, 2002.

35 Alexis TAMBWE MWAMBA, *Droit douanier zaïrois*, PUZ, Kinshasa, 1996.

République démocratique du Congo aux éditions L'Harmattan

Dernières parutions

FRANCO LE GRAND MAÎTRE
Die Lala Raoul Yema - Préface d'Augustin Matata Ponyo
Franco. Sa guitare, sa voix, sa musique marquent son immortalité en défiant le temps, les époques et les modes. Elles continuent, deux décennies après sa disparition, à captiver et à susciter des débats. Ce livre révèle le portrait contrasté et éclatant d'un musicien hors du commun. C'est aussi un livre de souvenirs pour ceux qui ont connu Franco autant que pour ceux qui ne l'ont pas connu, mais qu'il fait chanter, danser, rire et pleurer.
(Coll. Comptes Rendus, 17.50 euros, 164 p.)
ISBN : 978-2-343-00394-8, ISBN EBOOK : 978-2-296-53062-1

PATERNALISME (LE) EN QUESTION
Les anciens ouvriers de la Gécamines face à la libéralisation du secteur minier katangais (RD Congo)
Rubbers Benjamin
En 1926, l'Union minière du Haut-Katanga jette les bases de sa politique paternaliste, qui touchera tous les aspects de la vie quotidienne de ses travailleurs pendant plus d'un demi-siècle. En 2003, après une décennie dans la tourmente, 10000 agents sont licenciés de l'entreprise dans le cadre du projet de libéralisation du secteur minier conçu par la Banque mondiale. De quelle façon ont-ils réagi à leur «abandon» par l'entreprise ? Comment ont-ils fait face à leur nouvelle indépendance ?
(Coll. Cahiers Africains, 33.00 euros, 322 p.)
ISBN : 978-2-343-00238-5, ISBN EBOOK : 978-2-296-53105-5

PROVINCE DU SUD-KIVU (RDCONGO)
Enjeux économiques et financiers
Bukavu Journal of Economics and Social Sciences 1
L'objectif de cette nouvelle revue est de collecter des données, d'organiser des connaissances sur différents aspects de la vie socioéconomique de la région du Kivu. Au sommaire de ce volume : L'adoption de la TVA en RD Congo. Analyse de la compétitivité de la banane au Sud-Kivu. Les clients des institutions de microfinances à Bukavu. Les structures financières des PME à Bukavu.
(24.00 euros, 232 p.)
ISBN : 978-2-343-00436-5, ISBN EBOOK : 978-2-296-53132-1

CAHIERS CONGOLAIS DE COMMUNICATION (VOL. X)
CECOM Centre d'études en communication de masse
La première partie de ce dixième volume des *Cahiers congolais de communication* rend compte d'une série de recherches en sciences de la communication. La seconde partie comprend des études pluridisciplinaires sur des enjeux culturels, psychosociopolitiques et géostratégiques.
(Coédition IFASIC (Unikin), 29.00 euros, 282 p.)
ISBN : 978-2-343-00399-3, ISBN EBOOK : 978-2-296-53168-0

PLURALISME JURIDIQUE ET RÈGLEMENT DES CONFLITS FONCIERS EN RÉPUBLIQUE DÉMOCRATIQUE DU CONGO
Mulendevu Mukokobya Richard
En RDC, les conflits fonciers coutumiers sont de la compétence des tribunaux étatiques. Mais les populations locales font appel à d'autres forums pour leur règlement. On vit un pluralisme «juridictionnel» qui fait intervenir les tribunaux coutumiers, les ONG des droits de l'homme et/

ou de développement, les services de médiation liés à des confessions religieuses, etc. La pluralité de ces instances rend le règlement des conflits encore plus aléatoire.
(Coll. Études africaines, 34.00 euros, 332 p.)
ISBN : 978-2-296-99829-2, ISBN EBOOK : 978-2-296-53060-7

DÉVELOPPEMENT RÉGIONAL EN RÉPUBLIQUE DÉMOCRATIQUE DU CONGO DE 1960 À 1997
L'exemple du Kwango-Kwilu
Mashini D.M. Jean-Claude
Cet ouvrage pose la question du développement régional au Congo (ex-Zaïre), à partir de l'exemple du Kwango-Kwilu, pour la période allant de 1960 à 1997, deux dates importantes dans l'histoire sociopolitique du pays. Cette étude met en évidence des mécanismes de sous-développement et des stratégies de blocage d'une région en dépression en Afrique noire. L'avenir est à envisager dans le cadre d'une autonomie régionale bien comprise.
(Coll. Etudes africaines, 36.00 euros, 348 p.)
ISBN : 978-2-296-99773-8, ISBN EBOOK : 978-2-296-51587-1

VIOLENCES SEXUELLES, RÉGIME JURIDIQUE ET LIMITES À LA RÉPRESSION DE CES CRIMES EN RDC
Mapatano Karume Joël
En temps de guerre, les viols deviennent une arme stratégique, une façon d'affirmer l'occupation d'un territoire, une forme de représailles ou d'humiliation de l'ennemi vaincu ; bref, ces actes sèment la terreur parmi les populations civiles. La plupart de ces violences correspondent à des crimes contre l'humanité. Pendant les récents conflits en République démocratique du Congo, les violences sexuelles ont pris des proportions inquiétantes, au point de devenir un outil ordinaire de guerre...
(Coll. Harmattan Italia, 24.00 euros, 176 p.)
ISBN : 978-2-336-00028-2, ISBN EBOOK : 978-2-296-51611-3

QUEL EST LE MEILLEUR SYSTÈME POLITIQUE POUR LA RÉPUBLIQUE DÉMOCRATIQUE DU CONGO : FÉDÉRALISME, RÉGIONALISME, DÉCENTRALISATION ?
Tshiyembe Mwayila
Qu'est-ce que le fédéralisme apporterait de plus à la RDC que le régionalisme politique et la décentralisation en vigueur ? L'auteur privilégie une analyse comparée et s'attache à dégager les fondements de ces différents systèmes politiques aux USA, en France, en Espagne, en Italie, au Canada et en Belgique ; il autopsie le régionalisme politique et la décentralisation de l'État congolais en examinant les atouts potentiels de ce système.
(Coll. Géopolitique mondiale, 13.50 euros, 122 p.)
ISBN : 978-2-336-00645-1, ISBN EBOOK : 978-2-296-51187-3

DROIT CONSTITUTIONNEL ET POUVOIR EXÉCUTIF EN RDC
1re et 3e Républiques
Makengo Nkutu Alphonse
Cet ouvrage présente de manière claire et synthétique l'examen de la théorie générale du droit constitutionnel et les pouvoirs exécutifs sous la 1re et la 3e République en République démocratique du Congo. Le lecteur y trouvera de nombreuses explications permettant de comprendre l'État, la Constitution, le pouvoir politique et les pouvoirs exécutifs durant ces périodes. La première partie développe la théorie générale du droit constitutionnel et la seconde analyse les pouvoirs exécutifs.
(Coll. Études africaines, 13.50 euros, 132 p.)
ISBN : 978-2-336-00817-2, ISBN EBOOK : 978-2-296-51182-8

INDUSTRIE (L') MINÉRALE CONGOLAISE
Chiffres et défis Tome 1
Monti Léonide Mupepele ; Préface de Jean-Pierre Tshibangu ; postface de Jean-Claude Masangu
Dans ce livre, toutes les ressources du sous-sol congolais, jugées exploitables, regroupées en ressources minières, hydrocarbures et matériaux de construction sont passées en revue. Quelles

sont ces ressources ? A quels usages sont-elles destinées ? Où les trouve-t-on en RD Congo ? Quelles sont les réserves de la RDC et des pays du monde ? Quels sont les opérateurs miniers qui assurent la mise en valeur des exploitations ?
(Coll. Harmattan RDC, 32.00 euros, 322 p.)
ISBN : 978-2-336-00216-3, ISBN EBOOK : 978-2-296-50897-2

UNE SEMAINE MÉMORABLE – Qui a tué Laurent-Désiré Kabila ?
Finia Buassa Serge
En 2001 en RDC survint la disparition mystérieuse de son président Mzee Kabila. Une dizaine d'années plus tard, jugé sur les actes, le fils, placé à la tête du pays, n'a pas su relever le défi : il bloque l'alternance au pouvoir, l'intérêt particulier s'impose à l'intérêt général, le pays est toujours perméable aux attaques armées, il viole les droits des congolais, dont celui de savoir qui a tué Laurent Désiré Kabila.
(Coll. Ecrire l'Afrique, 14.50 euros, 142 p.)
ISBN : 978-2-296-99508-6, ISBN EBOOK : 978-2-296-50999-3

RESSOURCES (LES) NATURELLES DANS LES CONFLITS ARMÉS EN RÉPUBLIQUE DÉMOCRATIQUE DU CONGO
Owona Mfegue Félicité Kourra - Préface de Joseph Owona
Tout à la fois chronique des événements récents et analyse des aspects juridiques de l'exploitation illégale des ressources en RDC, cet ouvrage s'attache à déceler les signes de la fin de l'hypothèque géante sur les ressources du pays et les promesses de reconstruction de ce Congo-continent.
(Coll. Défense, Stratégie et Relations Internationales, 24.50 euros, 246 p.)
ISBN : 978-2-336-00177-7, ISBN EBOOK : 978-2-296-50996-2

DÉMOCRATIE, FEMME ET SOCIÉTÉ CIVILE EN AFRIQUE
Ngoma-Binda P.
Cet ouvrage indique que la démocratie politique, reconnue être force civilisatrice des nations, réclame pourtant d'être elle-même civilisée. Mais le succès de la civilisation de la politique est aussi lié à la condition nécessaire de la vie préalable pour l'individu, homme et femme, de la société civile et de la politique, de la plénitude de sa citoyenneté au sein de l'espace public. Les matériaux d'analyse et de réflexion proviennent des efforts de la femme et de la société civile du Congo.
(Coll. Comptes Rendus, 18.00 euros, 170 p.)
ISBN : 978-2-336-00233-0, ISBN EBOOK : 978-2-296-51005-0

DE GAULLE ET MOBUTU
Deux figures paradoxales en quête de stabilité politique
Kirongozi Bometa Mathieu - Préface de Mwayila Tshiyembe
Cet ouvrage s'attaque à l'un des paradigmes fondateurs de la sociologie politique contemporaine : la stabilité politique comme antithèse de l'instabilité politique. Le cas de la France et du Zaïre, deux pays sortis meurtris de la Seconde Guerre mondiale et de la crise de la décolonisation, dirigés par deux chefs militaires, De Gaulle et Mobutu, en est une illustration. En quête de stabilité politique, le premier optera pour la démocratie et le second pour la dictature.
(Coll. Géopolitique mondiale, 20.00 euros, 196 p.)
ISBN : 978-2-336-00492-1, ISBN EBOOK : 978-2-296-50979-5

PREMIÈRES ÉLECTIONS PLURALISTES POST-MOBUTU
(Bukavu, R. D. Congo 2006)
Makuta Mwambusa Pacifique
De la symbolique électorale de 2006, il ressort qu'à Bukavu, les symboles ont rempli deux fonctions notamment de participation et de communication politiques. L'usage des symboles que les acteurs connaissent et comprennent est essentiel pour gagner les suffrages. Dans ce livre sont analysées les multiples formes d'identification mobilisées par les compétiteurs et leurs partisans durant la campagne électorale.
(Coll. La Région des Grands Lacs Africains, 18.00 euros, 156 p.)
ISBN : 978-2-296-12991-7, ISBN EBOOK : 978-2-296-50959-7

RÉVOLUTION (LA) DU POUVOIR-FAIRE
Pour une économie du bien commun au Congo
Mumengi Didier
Il n'y a ni pays prédestiné au développement, ni peuple condamné au sous-développement. Comment bâtir un environnement national propice au partage des connaissances essentielles ? Cet ouvrage met en exergue le besoin de transformation des structures éducationnelles, formatives et culturelles, afin que la société congolaise accède à une vie nationale intellectuellement et professionnellement aussi performante qu'épanouissante.
(Coll. Comptes Rendus, 36.00 euros, 354 p.)
ISBN : 978-2-336-00225-5, ISBN EBOOK : 978-2-296-50797-5

ETATS-UNIS (LES) DU BASSIN DU CONGO
Une éco-région pour un co-développement
Mumengi Didier
La reconstruction de l'Afrique centrale dévastée plaide pour un changement de regard tant sur ce qui fait la richesse d'une région que sur ce qui devrait dorénavant faire valeur pour l'Afrique centrale. Cet ouvrage lance l'idée des États-Unis du Bassin du Congo comme un projet de «co-développement» pour cette partie médiane de l'Afrique façonnée par la nature pour être une éco-région confédérale.
(Coll. Comptes Rendus, 22.00 euros, 220 p.)
ISBN : 978-2-336-00224-8, ISBN EBOOK : 978-2-296-50796-8

MASSACRE DE LUBUMBASHI (11-12 MAI 1990)
Koyagialo Ngbase Te Gerengbo Louis Alphonse
Ce livre revient sur les circonstances de ce drame de mai 1990 : une rixe entre étudiants, à caractère ethnico-politique, sur fond de fin de régime dictatorial du président Mobutu. L'auteur souligne l'iniquité du procès et décrit ses années de prison et sa réhabilitation dans l'opinion. Dirigeant politico-administratif sous le mobutisme, il est aujourd'hui un pilier du nouveau régime mené par le président J. Kabila.
(Coll. Mémoires lieux de savoir, 22.00 euros, 222 p.)
ISBN : 978-2-296-12990-0, ISBN EBOOK : 978-2-296-50743-2

RÉGIMES (LES) POLITIQUES CONGOLAIS ET FRANÇAIS
Une analyse comparative
Kalombo Francis
Dans ce livre, l'auteur tente de confronter le régime politique congolais au régime français, afin d'examiner si les deux modèles sont conformes et /ou totalement identiques, sans négliger les points de dissemblance. Le propos du livre vient rappeler la complexité, la richesse et la profondeur des relations entre la France et la RDC.
(Coll. Comptes Rendus, 19.00 euros, 186 p.)
ISBN : 978-2-336-00217-0, ISBN EBOOK : 978-2-296-50688-6

STRATÉGIE DE DÉVELOPPEMENT DE L'ENSEIGNEMENT PRIMAIRE, SECONDAIRE ET PROFESSIONNEL DE LA RÉPUBLIQUE DÉMOCRATIQUE DU CONGO (2010-2011 - 2015-2016)
Ministère de l'Enseignement Primaire, Secondaire et Professionnel - Préface de Joseph Kabila, Président de la République
L'enjeu de la stratégie de développement de l'enseignement primaire, secondaire et professionnel concoctée par le gouvernement congolais est d'adapter l'offre d'éducation et de formation non seulement à la demande sociale du pays, mais également à la demande de l'excellence imposée par la révolution scientifique et technologique et par la compétition entre les savoirs et les nations, à l'échelle mondiale.
(Coll. Géopolitique mondiale, 15.00 euros, 126 p.)
ISBN : 978-2-336-00164-7, ISBN EBOOK : 978-2-296-50776-0

L'HARMATTAN ITALIA
Via Degli Artisti 15; 10124 Torino

L'HARMATTAN HONGRIE
Könyvesbolt ; Kossuth L. u. 14-16
1053 Budapest

L'HARMATTAN KINSHASA
185, avenue Nyangwe
Commune de Lingwala
Kinshasa, R.D. Congo
(00243) 998697603 ou (00243) 999229662

L'HARMATTAN CONGO
67, av. E. P. Lumumba
Bât. – Congo Pharmacie (Bib. Nat.)
BP2874 Brazzaville
harmattan.congo@yahoo.fr

L'HARMATTAN GUINÉE
Almamya Rue KA 028, en face du restaurant Le Cèdre
OKB agency BP 3470 Conakry
(00224) 60 20 85 08
harmattanguinee@yahoo.fr

L'HARMATTAN CAMEROUN
BP 11486
Face à la SNI, immeuble Don Bosco
Yaoundé
(00237) 99 76 61 66
harmattancam@yahoo.fr

L'HARMATTAN CÔTE D'IVOIRE
Résidence Karl / cité des arts
Abidjan-Cocody 03 BP 1588 Abidjan 03
(00225) 05 77 87 31
etien_nda@yahoo.fr

L'HARMATTAN MAURITANIE
Espace El Kettab du livre francophone
N° 472 avenue du Palais des Congrès
BP 316 Nouakchott
(00222) 63 25 980

L'HARMATTAN SÉNÉGAL
« Villa Rose », rue de Diourbel X G, Point E
BP 45034 Dakar FANN
(00221) 33 825 98 58 / 77 242 25 08
senharmattan@gmail.com

L'HARMATTAN BÉNIN
ISOR-BENIN
01 BP 359 COTONOU-RP
Quartier Gbèdjromèdé,
Rue Agbélenco, Lot 1247 I
Tél : 00 229 21 32 53 79
christian_dablaka123@yahoo.fr

634645 - Décembre 2015
Achevé d'imprimer par

1livre.com
du rêve à la réalité !

www.ingramcontent.com/pod-product-compliance
Lightning Source LLC
LaVergne TN
LVHW010019081026
849535LV00016B/1213
* 9 7 8 2 3 4 3 0 4 1 2 4 7 *